*Introdução
à Sociologia*

FUNDAÇÃO EDITORA DA UNESP

Presidente do Conselho Curador
Mário Sérgio Vasconcelos

Diretor-Presidente
Jézio Hernani Bomfim Gutierre

Superintendente Administrativo e Financeiro
William de Souza Agostinho

Conselho Editorial Acadêmico
Danilo Rothberg
Luis Fernando Ayerbe
Marcelo Takeshi Yamashita
Maria Cristina Pereira Lima
Milton Terumitsu Sogabe
Newton La Scala Júnior
Pedro Angelo Pagni
Renata Junqueira de Souza
Sandra Aparecida Ferreira
Valéria dos Santos Guimarães

Editores-Adjuntos
Anderson Nobara
Leandro Rodrigues

THEODOR W. ADORNO

Introdução à Sociologia (1968)

Organização editorial
Cristoph Gödde e Arquivo Theodor W. Adorno

Apresentação
Gabriel Cohn

Tradução
Wolfgang Leo Maar

© Suhrkamp Verlag Frankfurt am Main 1993
Título original em alemão Einleitung in die Soziologie (1968)

© 2007 da tradução brasileira:
Fundação Editora da UNESP (FEU)
Praça da Sé, 108
01001-900 – São Paulo – SP
Tel.: (0xx11) 3242-7171
Fax: (0xx11) 3242-7172
www.editoraunesp.com.br
www.livrariaunesp.com.br
atendimento.editora@unesp.br

A tradução deste trabalho foi apoiada por uma subvenção do
Goethe-Institut, que é mantido pelo Ministério de Relações Exteriores.

CIP – Brasil. Catalogação na fonte
Sindicato Nacional dos Editores de Livros, RJ

A187i

Adorno, Theodor W., 1903-1969
  Introdução à Sociologia/Theodor W. Adorno; tradução
Wolfgang Leo Maar. – São Paulo: Editora Unesp, 2008.

  Tradução de: Einleitung in die Soziologie
  Inclui bibliografia e índice
  ISBN 978-85-7139-863-4

  1. Sociologia.   I. Título.

08-3978   CDD: 301
                                                                          CDU: 316

Editora afiliada:

Sumário

Introdução à Coleção . 15
Apresentação à edição brasileira . 19
Breve nota à tradução brasileira . 35
Parágrafo introdutório à edição alemã . 39
1ª Aula . 41
  Perspectivas profissionais e expectativas profissionais dos sociólogos
  A Sociologia como estudo formativo e trabalho socialmente útil
  Dificuldades do planejamento racional dos estudos
  Escolarização da universidade e liberdade acadêmica
  Lacunas e saltos no estudo
  Ausência de continuidade do conhecimento
  Introdução e *contrario*
  Aglomerado
  Ausência de homogeneidade da Sociologia em Comte
2ª Aula . 61
  Antagonismo na Sociologia
  Posição da Sociologia diante da política

Negação da verdade, controvérsia metodológica e
tecnocracia
O caráter afirmativo da Sociologia em Comte:
estática e dinâmica; a teoria das forças produtivas
em Marx
Pareto: circulação das elites e ciclo da história
Sociologia como conhecimento do essencial da
sociedade; contra as definições
A "má infinitude" do contexto temático da
Sociologia; o interesse pelo essencial e a
"desvinculação do mundo fenomênico"
Práxis

3ª Aula . 79
A retomada da questão do essencial
A posição do positivismo quanto ao conceito de essência;
a orientação da sociologia positivista por métodos e
demandas da pesquisa; o técnico de pesquisa
Sobre a relação entre essência e fenômeno
As leis objetivas do movimento da sociedade; acerca
do conceito de classe e da consciência de classe
Consciência de classe e integração; a relação com
o mundo empírico
Acerca do conceito de essência
O problema do pragmatismo: acerca da relação
entre teoria e prática
O conceito de sociedade

4ª Aula . 97
Sociologia dialética e ênfase na práxis; posição em
relação à reforma
A sociedade não é passível de definição

Os tipos de sociedade e o conceito dialético
de sociedade
A polêmica de Albert contra o conceito abstrato
de sociedade
A razão objetiva da abstração: a relação de troca;
"sociedade" como conceito funcional; crítica do
critério positivista de sentido do dado
Mediação

5ª Aula . *113*
Anúncio de uma conferência de Frederik Wyatt sobre
protestos estudantis nos Estados Unidos
Sequência da análise do conceito de sociedade; o
"impenetrável" de Durkheim
Crítica à hipóstase durkheimiana da sociedade
como "dado de segundo grau"
O conceito dialético de sociedade
A mediação dialética de indivíduo e sociedade
O princípio dinâmico da expansão no capitalismo
A determinação spenceriana da dinâmica
como integração progressiva
Integração e adaptação
A dialética histórica entre integração e diferenciação
Recaída na metafísica?; contra representações
organicistas e holistas de sociedade
Alienação

6ª Aula . *129*
Antagonismo de interesses e irracionalidade crescente da
sociedade; integração e desintegração no fascismo
Sociedade, conceito metafísico? Acerca da
polêmica de Scheuch

Recaída no pensamento pré-crítico?
Mediação entre fato e conceito; Berlim após o
   atentado a Dutschke; o prognóstico
Acerca da escolha de exemplos durante o curso
O incitamento ao ódio contra os estudantes de
   Berlim pela imprensa
A ilusão do concreto
O exemplo da formação política
Acerca do paradoxo da experiência social; empirismo
   e experiência restrita
Ideia de uma experiência desregulamentada

7ª Aula . *145*
Problemas da divisão da Sociologia: sociologia geral
   e especial; desenvolvimento histórico da Sociologia;
   Sociologia e Filosofia
Saint-Simon e Comte
As assim chamadas sociologias com hífen; o risco
   do concretismo
Excurso sobre a reforma universitária: autonomia
   acadêmica ou "fábrica de ensinar"
A sociologia teórica não é um universal abstrato
O significado de conhecimentos comparativos;
   Etnologia e Antropologia; a "totalidade concreta"

8ª Aula . *163*
A Sociologia não é o somatório de achados singulares;
   acerca do conceito de ciência
Formalização como panaceia
O problema da especialização
Desenvolvimento histórico da tendência à
   formalização (Simmel)

A debilidade da sociologia formal: o modelo da
"sociologia do conflito"
Acerca da neutralidade axiológica
Sobre a relação entre método e tema

9ª Aula . *181*
A crítica da separação entre método e tema
A inter-relação entre sujeito e objeto da Sociologia
A fertilidade do material sociológico: os estudos
   sobre a comunidade de Darmstadt
O método precisa ser desenvolvido a partir do tema;
   autonomização do método; procedimentos
   de elaboração de escalas
A aporia entre conhecimento quantitativo
   e qualitativo
Tentativas de solução: a "entrevista clínica"; "plano
   do singular" e "plano da maioria"
A fetichização do método e a perda dos "lugares
   transcendentais"
Divergência sobre o método: Durkheim e Max Weber;
   acerca do problema da neutralidade axiológica
Controvérsia metodológica na história dos dogmas
Deturpação do conceito
Estreitamento por meio da metodologia

10ª Aula . *205*
Continuação da discussão acerca do método: a
   controvérsia metodológica é uma disputa temática
A relação entre método e tema em Durkheim e Max
   Weber; o ininteligível no "*chosisme*"
A exigência da inteligibilidade em Max Weber
Compelindo por uma teoria dialética da sociedade

A opção metodológica não é acidental
Configuração
Crítica da ideologia
Estímulo e resposta
Lasswell e a *"content analysis"*
Momentos quantitativos e qualitativos
A análise de produtos intelectuais

11ª Aula . *223*
Problemas da análise quantitativa; a falseabilidade de hipóteses (Popper); reificação
A ambiguidade dos *"items"*
Cui bono
A ideia do todo
Acerca do conteúdo social de formações espirituais; o caráter duplo
O significado da história dos dogmas na Sociologia; o discurso da obsolescência
Exemplos da história dos dogmas: Comte, Spencer, Tarde
O não obsoleto

12ª Aula . *241*
A delimitação da Sociologia com outras disciplinas; necessidade da divisão do trabalho
Métodos especificamente sociológicos
Técnicas da pesquisa social empírica
A crítica de uma Sociologia que "não quer ser nada além de Sociologia": Sociologia não é uma "especialidade"
A dificuldade da delimitação do tema da Sociologia

A definição da Sociologia em Max Weber; o conceito
  de "ação social"
A interpretação da ação social: o "sentido" social

13ª Aula . 259
  A reflexão da divisão do trabalho mediante referência
    ao todo
  O risco da autonomização da reflexão sociológica
  Cada plano temático impele para além de si; a unidade
    concreta da sociedade
  Momentos sociais e nexos no interior dos planos
    temáticos singulares: o modelo da Psicanálise
  O conceito de "necessidade vital"; o campo das
    "imagens arcaicas"
  Nota acerca da teoria do inconsciente coletivo
    de Jung
  A análise dialética do indivíduo em Freud; eu, isso e
    supereu
  Acerca da dialética entre o particular e o universal
    em Freud
  Indivíduo e sociedade; a teoria do suicídio de
    Durkheim

14ª Aula . 275
  Sobre o falecimento de Fritz Bauer
  Anúncio de uma conferência de Ernesto Grassi
    sobre Vico
  A Sociologia "pura" degrada como estatística
    aplicada
  Tipo ideal e material histórico em Max Weber
  Contra uma autonomização dos conceitos

Max Weber como ele "não está no mapa";
a sociologia da dominação de Max Weber
A construção "desistoricizada" dos tipos ideais: o
modelo da dominação carismática
O questionável ideal de "pureza" de uma ciência;
medo do contato com outras disciplinas
Fetichismo da "cientificidade" e experiência pré-
-científica; a experiência restrita da ciência pura

15ª Aula . 295
Nota preliminar sobre a sequência do curso
Fetichização da ciência; a exigência de poder da
Sociologia; a concepção dos reis-filósofos de Platão;
a ideia da *"intelligentsia socialmente desvinculada"*
de Mannheim
Intenção e conteúdo social na história dos dogmas;
Comte e Spencer
A exigência de poder da Sociologia hoje: o controle
de situações sociais; *Mayo study*
O irracional na racionalidade aparente da sociedade
burguesa
O culto do pequeno grupo irracional;
a "sociologia da vaca"
Sociologia como instância de controle social;
tecnocratização do ideal sociológico
A tarefa da crítica

16ª Aula . 311
Sujeito e objeto na Sociologia
Administrative research e ideal da administração total
Distinção entre Sociologia e Filosofia Social?

A função ideológica da divisão abstrata do
   trabalho científico
A distinção entre Sociologia e Economia Política;
   a justificativa da Economia Política
Abstração da sua própria *raison d'être*
Autorreflexão da ciência; o conceito de economia
   política em Marx
Afirmação
Relação com a história

17ª Aula . 327
O significado constitutivo da história; a história
   acumulada nos fenômenos; sobre a dimensão da
   interpretação
Esfera pública e história
O estatuto absoluto do fato como momento
   presente
Coincidência entre instante e coisa; a cegueira da
   sociologia anti-histórica
O condicionamento histórico do conhecimento: as
   Teses sobre Feuerbach de Marx
Outros exemplos: Durkheim e Max Weber; o risco
   da história intelectual; a resistência da sociologia
   marxista diante da Psicologia; o papel do fator
   subjetivo; a indústria cultural
Uma questão acadêmica

Posfácio do editor alemão . 347

Índice onomástico . 355

Introdução à Coleção

Figura maior no panorama filosófico do século XX, Theodor W. Adorno foi responsável por uma experiência intelectual gerada pela confrontação incessante da Filosofia com o "campo da empíria", em especial a Teoria Social, a Crítica Literária, a Estética Musical e a Psicologia. Nessa desconsideração soberana pelas fronteiras intelectuais, estava em jogo a constituição de um conceito renovado de reflexão filosófica que visava a livrá-la da condição de discurso que se restringe à tematização insular de seus próprios textos. Sempre fiel a um programa que traçou para si mesmo já em 1931, quando assumira a cadeira de professor de Filosofia da Universidade de Frankfurt, Adorno construirá uma obra capaz de realizar a constatação de que: "plenitude material e concreção dos problemas é algo que a filosofia só pode alcançar a partir do estado contemporâneo das ciências particulares. Por sua vez, a Filosofia não poderia elevar-se acima das ciências particulares para tomar delas os resultados como algo pronto e meditar sobre eles a uma distância mais segura. Os problemas filosóficos encontram-se contínua e, em certo sentido, indissoluvelmente presentes nas questões mais determinadas das ciências particulares".[1] Essa característica interdisciplinar do pensamento adorniano permitiu que seus leitores desenvolvessem pesquisas em campos distintos de saberes, colaborando com isso para a transformação da Teoria Crítica em base maior para a reflexão sobre a contemporaneidade e seus desafios. Uma transformação que influenciou de maneira decisiva a constituição de tradições de pesquisa no Brasil, a partir sobretudo da década de 1960.

No entanto, o conjunto limitado de traduções das obras de Adorno, assim como a inexistência de uma padronização capaz de fornecer aparatos críticos indispensáveis para textos dessa complexidade, fez que várias facetas e momentos do pensamento adorniano ficassem distantes do público leitor brasileiro. Foi o desejo de suprir tal lacuna que nos levou a organizar esta Coleção.

A Coleção editará os trabalhos mais importantes de Theodor Adorno ainda não publicados em português, assim como algumas novas traduções que se mostraram necessárias tendo em vista padrões atuais de edição de textos acadêmicos. Todos os seus volumes serão submetidos aos mesmos critérios editoriais. Registrarão sempre a página original da edição canônica das *Gesammelte Schriften* e dos *Nachlaß*, indicada por duas barras verticais inclinadas (//) no texto. Serão sempre acompanhados por uma Introdução, escrita por especialistas brasileiros ou estrangeiros. Tal Introdução tem por função contextualizar a importância da obra em questão no interior da experiência

---

1 ADORNO, Theodor W. "Die Aktualität der Philosophie". In: *Gesammelte Schriften I*. Frankfurt a. M.: Suhrkamp, 1973, p.333-4.

intelectual adorniana, atualizar os debates dos quais esta fazia parte, assim como expor os desdobramentos e as influências da referida obra no cenário intelectual do século XX. Ao final, o leitor encontrará sempre um índice onomástico. Em todos os volumes serão inseridas apenas notas de contextualização, evitando-se ao máximo a introdução de notas de comentário e explicação. Trata-se de uma convenção que se impõe devido à recusa em interferir no texto adorniano e em projetar chaves de interpretação.

Há quatro coletâneas exclusivas desta Coleção. Duas seguem a orientação temática das *Gesammelte Schriften*: *Escritos sobre música* e *Escritos sobre sociologia*. Nesses dois casos, os critérios de escolha dos textos foram: importância no interior da obra adorniana ou ineditismo de abordagem (assuntos relevantes, porém pouco abordados em outros textos).

As duas outras coletâneas, *Indústria cultural* e *Escritos de psicologia social e psicanálise* justificam-se em virtude de algumas especificidades da recepção brasileira da obra de Theodor Adorno. Sabemos que um dos públicos mais importantes de leitores universitários de Adorno encontra-se em faculdades de Comunicação e pós-graduações de Estudos de Mídia. Por isso, a edição de uma coletânea com alguns textos fundamentais sobre indústria cultural e cultura de massa visa, sobretudo, a alimentar o debate que ali se desenvolve. Isso também vale para outro importante público-leitor de Adorno no Brasil: os pesquisadores de Psicologia Social e Psicanálise.

Se a dialética pode ser pensada como a capacidade de insuflar vida no pensamento coagulado, então uma abordagem dialética do legado de Adorno não pode abrir mão dessa perspectiva crítica, como já sugeria o Prefácio de 1969 à segunda edição da *Dialética do esclarecimento*, obra escrita em parceria com Max Horkheimer: "não nos agarramos a tudo o que está dito no livro. Isso seria incompatível com uma teoria que atribui à verdade um núcleo temporal, em vez de opô-la ao movimento histórico como algo de imutável". Pensar o atual teor de verdade do pensamento de Adorno significa, portanto, a dupla tarefa de repensá-lo em face dos dilemas do mundo contemporâneo e refletir sobre o quanto esses dilemas podem ser iluminados sob o prisma de suas obras.

Comissão Editorial

Jorge de Almeida
Ricardo Barbosa
Rodrigo Duarte
Vladimir Safatle

Apresentação à edição brasileira
A Sociologia como ciência impura

Gabriel Cohn
Universidade de São Paulo

Um dos grandes pensadores europeus de sua época se apresenta, neste livro, em uma atividade que poucos dos seus pares aceitariam. Em fase avançada da carreira, amplamente reconhecido, Adorno não hesita em ministrar curso introdutório à Sociologia para um público numeroso e sem preparo prévio. Logo em seguida, a expressão "fase avançada" serviria também para caracterizar sua vida, embora ninguém pudesse prevê-lo naquele momento de 1968, quando tinha 65 anos de idade. Morreria no ano seguinte, de enfarte, acossado por todos os lados – não só pela direita conservadora, como era de hábito – e após amargos embates com os militantes dos movimentos estudantis, que resultaram no cancelamento do curso de Sociologia preparado para 1969. Em uma das últimas aulas do curso de 1968, ele presta emocionada homenagem a colega recém-falecido, na qual enfatiza a tristeza, o desalento e as dúvidas do amigo sobre o acerto do retorno à Alemanha após a emigração, para comentar que ele próprio havia compartilhado esses sentimentos. Impossível não enxergar nessas palavras algo de premonitório.

Para além de testemunhar o modo como um representante eminente da teoria crítica da sociedade praticada pelos membros da chamada "Escola de Frankfurt" concebia a Sociologia, no registro informal e introdutório próprio à transcrição direta de aulas, este volume torna presente algo que merece atenção antes mesmo de examinarmos os grandes temas substantivos daquelas preleções. Trata-se do espírito da coisa, do modo como Adorno entendia sua relação com os estudantes que acorriam em massa às suas aulas. Esses jovens (mesclados, é claro, com as variadas figuras que aproveitavam a oportunidade de ouvi-lo) são tratados com o mais profundo respeito, sem o mais leve traço de arrogância acadêmica. Em nenhuma das ocasiões em que é levado a fazer afirmações mais incisivas Adorno deixa de advertir que irá sustentar posição pessoal, nem "minhas senhoras e senhores" ou mesmo "colegas" deixam de ser lembrados de que o dito será entregue a seu discernimento crítico e não imposto em estilo professoral autoritário.

Costuma-se atribuir a Adorno, e em geral à teoria crítica da sociedade, uma atitude estritamente teórica quando não especulativa e, sobretudo, hostil à pesquisa empírica, menosprezada como "empirista" ou "positivista". Certamente Adorno sempre se opôs à valorização do dado empírico como tal, do mero fato observado em nome de sua objetividade de coisa dada. Igualmente, travou longo combate contra a posição teórica que denominava positivismo, na qual via dois traços inaceitáveis. Em primeiro lugar, a primazia concedida aos dados da observação sem mais, reservando posição subalterna à teoria, reduzida a mero subproduto auxiliar na pesquisa. Até aqui, ainda haveria nessa posição algo de aceitável para Adorno, para o qual (embora em outros termos) a primazia sempre cabe ao objeto. O problema maior para ele era o segundo daqueles traços, aquilo que denominava nominalismo (sem referência a doutrinas historicamente específicas, como também se dá com o termo positivismo). Nesse caso, a dificuldade era mais funda e envolvia problemas filosóficos complexos, que felizmente não precisam nos preocupar aqui. Estava em jogo a questão do conceito e de seu papel no conhecimento social. Para Adorno, era inaceitável a ideia de que os conceitos fossem meros nomes, reservados unicamente para designar objetos e prontos a ser invocados ou rejeitados, ou simplesmente substituídos, conforme as exigências do momento; no limite, ferramentas convencionais de utilidade pontual na pesquisa. Em seu entender, os conceitos não podem ser desvinculados dos objetos a que se referem, são intrínsecos a eles. É essa a maneira, altamente intrincada e de novo com implicações das quais podemos fugir aqui, na qual ele formula a natureza inerentemente social dos conceitos da Sociologia. Estes, na sua concepção, só têm valor para o conhecimento da sociedade quando, longe de apenas permitirem reconhecer esse ou aquele fenômeno social, permitem que a própria sociedade encontre neles a expressão do que lhe é mais intimamente próprio e não se encontra manifesto naquilo que se observa a olho nu (ou com simples lentes de aumento). Exemplo disso é o conceito de classe social. Longe de ser mero recurso classificatório (quem pertence a qual classe), ele permite tornar manifestos certos processos que ocorrem no mais íntimo da sociedade. Isso se dá como que a contrapelo do objeto e sem contar com sua anuência passiva, pois é próprio à sociedade que engendra classes também produzir efeitos que ocultam a real natureza delas. Nesse sentido, falar em classes sociais não é o mesmo que classificar fenômenos sociais, mas é trazer ao conhecimento quais são os processos reais que, em determinada sociedade, obrigam quem queira conhecê-la a falar de classes. Pensar assim é incompatível com o nominalismo do qual fala Adorno, pois os conceitos (como o de classe) não se limitam a nomear fenômenos que permitem reconhecer o objeto (a sociedade), mas apontam mais fundo para aquilo que está no objeto, mas não é evidente nos fenômenos. São, em um sentido muito especial, produzidos em oposição às formas de manifestação do objeto, como que as negando. Daí a aversão de Adorno pela concepção meramente "positiva" dos conceitos sociais e de seu próprio objeto, a qual, quando tornada sistemática, seria o "positivismo".

Tudo o que foi dito acima parece reforçar a tese de que Adorno tinha aversão pela pesquisa empírica e preferia contentar-se com a elucubração teórica. Não é bem assim, entretanto. Em primeiro lugar, havia razões substantivas para isso não ocorrer. Essas razões dizem respeito, em um primeiro momento, ao período de seu exílio norte-americano, que se estendeu por pouco mais de uma década, entre 1938 e 1949. Nesse período ele se envolveu em grandes projetos de pesquisa, dos quais o principal foi o grande estudo interdisciplinar sobre a "personalidade autoritária", que resultou em um dos livros clássicos das Ciências Sociais de meados do século XX, dedicado ao exame da propensão de parcelas da sociedade norte-americana a aceitar teses básicas do ideário da direita potencialmente fascista. Naquele período ele trabalhou em duas frentes. De um lado, participava efetivamente da pesquisa empírica. De outro, refinava seus argumentos antiempiristas em favor do cuidado com a dimensão teórica do conhecimento social; o único meio, em seu entender, de livrar os resultados empíricos da irrelevância, ao permitir conectá-los às grandes tendências e processos da sociedade na qual ocorrem. Em um segundo momento, ao retornar à Alemanha, na atmosfera conservadora do governo Adenauer, seu combate continuou nas mesmas frentes, mas de certo modo com sinal trocado. Ao defrontar-se com a presença ainda forte de uma vertente especulativa de análise social de forte cunho conservador, não raro representada por remanescentes acadêmicos do período nacional-socialista, foi levado a dar ênfase à importância da pesquisa empírica, em especial no tocante ao exame das condições efetivas para a redemocratização alemã.

Não obstante essas oscilações circunstanciais, a preocupação que o acompanhou até o fim era a de reservar o espaço devido a uma concepção de Sociologia como uma ciência marcada pelo empenho em descobrir na sociedade o que nela é essencial. Isso, na linguagem de Adorno, significava buscar o que objetivamente dá sentido aos fenômenos observáveis: a essência como contrapartida necessária das aparências. Nesse ponto, é bom acautelar-mo-nos contra as armadilhas da linguagem: essa "essência" não é uma abstração vazia, mas diz respeito aos grandes processos internos à própria sociedade e às tendências que eles imprimem nela. É isso que cabe à Sociologia descobrir e tomar como referência maior em suas atividades correntes. Uma passagem de um importante artigo de Adorno, publicado originalmente em 1957, quando ele estava envolvido na retomada das atividades do Instituto de Pesquisa Social em Frankfurt (a sede da chamada Teoria Crítica da Sociedade), sobre "Sociologia e pesquisa empírica" oferece uma expressão sintética de sua concepção:

Não somente a teoria como também sua ausência se converte em força material quando se apodera das massas. A pesquisa social empírica não é corretiva apenas ao impedir construções cegas a partir de cima, mas também no tocante à relação entre essência e aparência. Se cabe à teoria da sociedade relativizar criticamente o valor de conhecimento da aparência, então à pesquisa empírica, por seu turno, cabe proteger a essência da sua mitificação. A aparência é sempre uma manifestação da essência e não mera ilusão. Suas mudanças não são indiferentes para a essência. Quando de fato ninguém mais sabe que é trabalhador, isso afeta a composição interna do conceito correspondente, ainda que a sua definição objetiva – aquela baseada na separação dos meios de produção – se mantenha plena.

Isso não esgota, porém, o significado que Adorno atribui a esse cuidado com o essencial que, longe de exibir-se sem mais nos fenômenos, se esconde neles. Seu ponto de partida para chegar às questões estritamente cognitivas da Sociologia é simples, mas de importância fundamental em seu pensamento em sua vertente prática. Sustenta ele que o interesse mais fundo da Sociologia está voltado para questões essenciais em uma acepção muito precisa. Trata-se daquelas dotadas de "significado essencial para a sobrevivência e para a liberdade da espécie humana". Note-se que, nessa concepção, a referência última para a Sociologia não é essa ou aquela sociedade, nem mesmo a sociedade de modo geral: é a espécie humana, a humanidade, para além de suas conformações particulares. E as questões essenciais dizem respeito, certamente, à sobrevivência humana. É verdade que na segunda metade do século XX a preocupação europeia era com a literal sobrevivência, pois se vivia a ameaça de a Guerra "Fria" entre as duas grandes potências restantes da guerra encerrada em 1945 tornar-se "quente" à tecnologia nuclear. Mas a concepção de Adorno não se restringia a esse aspecto conjuntural. O essencial é que, ao incorporar a exigência básica da liberdade, ele introduz uma qualificação fundamental na mera sobrevivência. O princípio da autopreservação a qualquer preço, que Adorno e seu companheiro de trabalho Max Horkheimer viam como atuando no cerne do pensamento moderno, sempre foi alvo de sua crítica. Daí a exigência de um princípio adicional que permita converter a mera vida em vida digna de ser vivida e, ademais, permita propor, no limite, a ideia da espécie humana (e da sociedade enquanto associação livre de homens livres) como meta prática última do conhecimento social. A liberdade desempenha esse papel nessa formulação de Adorno.

A referência à espécie humana como tema abre imensamente o alcance das preocupações do sociólogo. Demais, talvez, se ficarmos nesse nível de abstração. Aqui, porém, entra outro componente importante do pensamento adorniano. É que ele, longe de perder-se em referências a entidades que escapam ao alcance de qualquer pesquisa por mais que constituam seu horizonte, concebe a tarefa do sociólogo como a de estar atento ao que se pode perguntar de relevante à sociedade em uma perspectiva muito singular: a indagação se concentra naquilo em que ela se apresenta mais próxima a nós, ao invés de no mais distante e abstrato. E, nesse ponto, comparece uma característica de seu pensamento que merece atenção. É que, ao se aludir ao que está mais próximo, essa expressão pode proveitosamente ser tomada ao pé da letra. Trata-se de ficar atento àquilo que acontece de miúdo, de aparentemente secundário, na existência corrente da sociedade. É em suas pequenas formas de manifestação, nos fenômenos que habitualmente escapam à atenção que, de certo modo, a sociedade trai a sua índole mais íntima. É nisso que ele pensava quando, por exemplo, cogitava de pesquisas sobre o riso e seus sentidos sociais, especialmente no que tange às formas sociais de manifestação da agressividade.

Sabemos que Adorno não recuava diante de projetos de pesquisa em grande escala e ambiciosos. Mas o que o fascinava era uma espécie de Sociologia ensaística – não no sentido do "achismo", mas da tentativa sempre renovada de captar os aspectos mais finos da vida social mediante a percepção mais plástica e sensível da conformação e do ritmo de suas manifestações. Seria injusto não recordar, neste ponto, um personagem clássico da Sociologia na fase inicial do século passado, que Adorno olhava com um misto de admiração e reserva: Georg Simmel. A admiração provinha da capacidade de Simmel de captar formas mínimas porém expressivas das relações sociais, coisa que Adorno aprendeu a praticar de modo sumamente refinado (por talento e esforço próprio, é claro, mas sem dispensar o apoio de seu amigo Siegfried Krakauer, do qual os leitores brasileiros conhecem a excelente análise das relações entre cinema alemão e advento do nazismo, *De Caligari a Hitler*). A reserva dizia respeito aos fundamentos da posição teórica de Simmel, situados praticamente no polo oposto a seu materialismo de inspiração marxista (via Walter Benjamin, seu grande mestre e outro virtuoso das diferenças finas). A base disso tem importância decisiva no pensamento de Adorno e constitui uma de suas grandes contribuições para qualquer projeto contemporâneo de renovação da Sociologia. Trata-se da ênfase no tratamento da questão das *formas de experiência social*. Isso se converte em problema porque, para ele, o que a sociedade em sua configuração histórica dada oferece para o estudo são formas de experiência obstruída, cuja gênese e dinâmica devem ser examinadas com referência às grandes tendências do conjunto social.

Isso tudo remete a um aspecto decisivo do pensamento de Adorno, que aqui se apresenta no tratamento que ele dá ao problema da relação entre teoria e pesquisa na Sociologia, no contexto de seu repúdio ao positivismo e de sua valorização do pensamento dialético (que, para ele, enquanto pensamento crítico e marcado pela negação, constitui o oposto polar ao positivismo). A formulação mais abrangente que podemos recolher dessas aulas de Adorno (em consonância com seus outros escritos) consiste no seguinte: não é que haja teórico demais e empírico de menos, nem empírico demais e teórico de menos. O que há é teórico de menos e empírico de menos. Em ambas as dimensões e não em uma só delas é preciso ir além, pensar mais longe, não esmorecer. É por isso que esse grande teórico não é contra a pesquisa empírica, muito pelo contrário; como diz ele, a Sociologia que preconiza até "leva o empírico mais a sério". Cabe aqui um daqueles termos compostos alemães intraduzíveis que Adorno usa e é central em seu pensamento crítico: *weiterdenken*, para o qual "pensar além" oferece correspondência fraca, mas passável, talvez melhor do que "seguir pensando", que capta sua outra face. Nesse termo se encontra, talvez, a distinção mais forte entre o pensamento de matriz positivista e o pensamento de matriz dialética (que Adorno não separa do ímpeto crítico): onde um para o outro prossegue, em sua implacável busca de limites para transcendê-los. É como se, no exato ponto em que a veloz lebre positivista estaca e descansa, a infatigável tartaruga dialética encontrasse alento para prosseguir em seu rumo crítico, dilatando ao extremo os limites do campo. É nesses termos que a Sociologia de Adorno é uma

Sociologia crítica. Não, é claro, porque simplesmente rejeite tal ou qual condição na sociedade (o capitalismo, por exemplo). Mas porque não cessa seu empenho em encontrar, tanto em escala global quanto nos mínimos recessos da sociedade, as grandes leis que regem as tendências do conjunto. Nisso, ele busca surpreender os limites intrínsecos às formações sociais dadas e, no mesmo passo, vislumbrar aquilo que as tendências sinalizam no horizonte, como alternativa.

Essa posição nada tem de escatológica, por mais que recuse a aceitação resignada do estado de coisas vigente e seja implacável na crítica bem fundada. Cabe, aqui, uma citação, ainda que um tanto longa. "Não acreditem", diz ele na aula de 2 de maio de 1968, a poucos dias da explosão do movimento estudantil,

> que, em decorrência da alternativa aqui apresentada, eu faça pouco caso de melhoramentos específicos como os sugeridos pela Sociologia positivista de orientação pragmática. Minimizar em função da estrutura toda a possibilidade de aperfeiçoamentos no âmbito da sociedade vigente seria uma abstração idealista e danosa. Pois nisso se expressaria um conceito de totalidade sobreposto aos interesses dos homens individuais, que vivem aqui e agora. Quanto mais a estrutura social presente tem o caráter de uma construção bloqueada, de uma "segunda natureza" terrivelmente aglomerada, em certas condições as mais modestas intervenções na realidade vigente possuem um significado, até mesmo simbólico, muito maior do que efetivamente lhe corresponderia.

Todos os grandes temas estão presentes nessa passagem enganosamente amena. O miúdo, o aparentemente insignificante, é valorizado na prática como já havia sido na teoria, com fundamento preciso, que retoma as teses principais do pensamento de Adorno. Ao prevalecer cada vez mais a estrutura total sobre os indivíduos que a integram, pequenas intervenções podem atingir pontos nevrálgicos do todo e ganhar intenso significado. Talvez até, cogita Adorno em outras ocasiões, algumas delas poderiam desatar um nó central no intrincado novelo da sociedade altamente aglomerada.

Não cabe, portanto, rejeitar sem mais o pensamento positivista e seu ímpeto pragmático. É preciso, sim, seguir para além dos pontos em que ele se dá por satisfeito e destarte recai na posição conservadora, sem prejuízo de antes acompanhá-lo em tudo o que tem de avanço. Como que de passagem aparece nessa formulação de Adorno um de seus grandes temas, de importância central em sua concepção de sociedade. Isso ocorre quando ele rejeita a posição que sustenta um conceito de totalidade "sobreposta aos interesses dos homens individuais que vivem aqui e agora". Em outras passagens ele insiste em uma ideia que lhe é cara (e a qual partilhava com seu amigo Horkheimer): nenhuma grande intervenção no decurso histórico pode ser feita ignorando-se o sofrimento que ela possa acarretar naqueles que a vivem. Do mesmo modo, não cabe enaltecer esse ou aquele fenômeno social sem considerar o que sua vigência representa para os que a ele estão expostos. A esse respeito, ele cita a voga da época, de valorizar o papel criativo do conflito social. Certo, diz ele, desde que não se ignore o que significa para aqueles que são envolvidos em suas consequências. Afinal, a Sociologia não se dirige a conceitos de homens e grupos sociais: sua referência são seres humanos concretos. Como, então, reunir essas duas coisas que se repelem, a abstração conceitual imprescindível e o cuidado com os sujeitos reais?

Sabemos que um dos pontos centrais da crítica de Adorno à sociedade contemporânea é a de que nem esta nem os indivíduos que a compõem têm como se alçar à condição de sujeitos, obstados que estão pela conformação da totalidade histórica em curso. Para fazer justiça a essa proposição e levar adiante a questão de como conectar o plano conceitual da análise às exigências substantivas de caráter normativo com relação ao mundo social, é preciso prover a Sociologia de uma perspectiva teórica adequada e, dentro dela, oferecer um conceito de sociedade altamente elaborado. Vejamos isso, que nos faz chegar ao ponto mais difícil e talvez também mais central da Sociologia tal como a propõe Adorno. O primeiro passo para tal nos leva a retomar tema já comentado antes. Uma segunda citação é expressiva.

No âmbito de uma teoria da sociedade, certas questões subjetivas ou, se quisermos, sociopsicológicas, em si desprovidas de maior dignidade em face dos problemas estruturais da sociedade, possuem mesmo assim uma dignidade. Isso ocorre porque acredito que, após Auschwitz – e nisso Auschwitz foi prototípico para algo que se repete continuamente no mundo desde então – simplesmente o interesse em que isso nunca mais ocorra e seja interrompido onde e quando ocorrer, que esse interesse, ainda que trate de aparentes epifenômenos da sociedade, deve ser determinante na escolha dos problemas e dos meios de conhecimento.

Desde logo, fica claro que não se separa escolha dos problemas e escolha dos métodos; nem, tampouco, encontramos límpida separação entre questões de fato e questões normativas. Depois, que se retoma a ideia de que fenômenos aparentemente laterais do ponto de vista das grandes estruturas importam muito. Auschwitz, o campo de extermínio nazista, o tormento burocraticamente organizado, é emblemático para Adorno, e aqui aparece em sua versão mais pungente, como caso exemplar de algo que se vem repetindo sob outras formas. O grande lema de Adorno, "que Auschwitz não se repita" ganha, nisso, todo seu alcance: que se enfrentem por todos os modos – e o conhecimento propiciado pela Sociologia é um deles, e não dos menores – as condições que, apesar de tudo, permitem sua repetição sob outras formas. Para uma ciência que lida com grandes tendências intrínsecas à sociedade, trata-se justamente de buscar modos de evitar que o evento isolado se consolide em tendência, em regularidade como que natural. O ponto decisivo é anunciado pela alusão a "certas questões subjetivas". Se lermos "questões subjetivas" como as que dizem respeito a sujeitos, defrontamo-nos com um dos aparentes becos sem saída aos quais o pensamento de Adorno costuma conduzir. É que, como se não bastasse que a posição de Adorno com relação a uma ciência crítica da sociedade contemporânea envolvesse a tese de que ela é conformada de tal modo que se torna avessa à constituição plena de sujeitos, somos levados a admitir que sem a referência a sujeitos não é possível obter um conceito aceitável de sociedade. Isso significa que a saída mais confortável de conceber a sociedade como externa aos sujeitos que a constituem para depois perguntar como ela se projeta neles não é rica e flexível o bastante – sem dizer que qualquer modalidade de "holismo", com sua primazia ao todo, causava arrepios a Adorno. Nem tampouco vale a solução do "individualismo metodológico", que reduz a sociedade ao conjunto dos indivíduos em suas ações enquanto agentes.

A solução de Adorno – a única compatível com a dialética, diria ele – é caracteristicamente sutil e intrincada. Em primeiro lugar, claro, o próprio conceito de sociedade deve ser crítico, não simplesmente positivo ou afirmativo; muito menos, como vimos, pode ser tomado como mera designação, que se aplica por conveniência ao objeto de análise. Sendo intrinsecamente crítico, ele assinala desde logo sua própria insuficiência real: a sociedade plena como associação livre de homens livres dotada de autonomia, que constitui seu conteúdo pleno, não existe (ainda) – embora possa ser criticamente cobrada, como promessa de realização. O essencial, entretanto, é que o conceito de sociedade não se refere, em Adorno, a um ente constituído já dado, da mesma forma como não é mero nome. É outra coisa: é aquilo que Adorno, na linguagem da dialética, chama de "categoria de mediação". Como tal, esta não se basta nem se fecha em si mesma (logo, não é algo a ser definido). Como mediadora, a sociedade não se esgota nem na referência universal abstrata (a humanidade sem mais), nem no singular igualmente abstrato (o indivíduo sem mais). Ambos os polos se comunicam nela, vibram na dinâmica que lhe é própria, entre a realização efetiva de um e outro. Importam as configurações concretas dessa dinâmica: a prevalência desse ou daquele polo, as condições de efetivação de um ou de outro – de ambos, no limite – enfim, as condições históricas e sociais de sua existência efetiva, na sociedade tal como se apresenta. Nessa perspectiva, não é possível pensar a sociedade sem no mesmo passo pensar algo que se distingue dela, mas lhe é inerente, no sentido de que se encontra implicada em seu próprio conceito. Trata-se de seu outro, o indivíduo: o oposto que, longe de confrontá-la externamente, a habita de modo inseparável, em convivência tensa. E isso se dá de tal modo que um e outro polo, seja sociedade ou indivíduo, só se determina – só ganha forma particular – nesse jogo que os opõe e simultaneamente vincula entre si. Disso decorre que, pensadas as coisas desse modo, o conceito de indivíduo também é categoria de mediação na teoria social crítica. Em seu contraditório entrelaçamento, ambos, sociedade e indivíduo, compartilham a limitação, imposta pela dinâmica do processo maior do qual participam, de não terem como se constituir plenamente em sujeitos (entes capazes de dar início a ações de modo autônomo), levados que são a se determinarem reciprocamente como objetos.

Uma Sociologia concebida dessa forma dificilmente poderia satisfazer à exigência de alguns, de constituir um corpo íntegro e fechado no sistema das ciências, com segura pureza conceitual e metodológica. Adorno sempre desconfiou dessa exigência. Em uma apresentação de escritos de Durkheim ele se refere à ansiedade deste com a pureza da Sociologia como ciência, para qualificá-la como "medo de ser tocado", inibição paralisante. Em uma de suas aulas finais desse curso, ao fazer severa crítica a Max Weber, ele trata do tema à sua maneira peculiar, já mencionada antes. "Pergunto agora aos senhores, ou melhor, pergunto a mim mesmo para discutir com os senhores, em que consiste propriamente esse interesse tão peculiar pela pureza da Sociologia ou de qualquer outra disciplina". Esse dogma da pureza disciplinar o irritava sobremaneira. Claro que nisso havia os efeitos das objeções levantadas com frequência de que a Sociologia de Adorno mais parecia Filosofia, ou então Teoria Musical. Mas não é só isso. Para ele, a Sociologia só afastaria o risco de se esterilizar ao elaborar de modo consequente e criativo sua condição de ciência impura, intimamente mesclada a outras. E não se tratava de convite trivial à "interdisciplinaridade". O desafio proposto por Adorno (nos seus termos: primeiro a si para depois discutir com os outros) só poderia ser formulado, em se tratando dele, em termos dialéticos. A questão decisiva, para ele, refere-se à "mediação interna das disciplinas tratadas e de certo modo postas em relação entre si". Nesses termos, tal como a sociedade à qual se refere, a Sociologia também não se basta. Encontra-se em contínua, íntima e tensa relação com seus outros, sejam eles a Psicologia (motivo de especial interesse para Adorno, por sua preocupação com a dimensão social da psique individual), ou qualquer outra ciência do homem. A Sociologia recebe, destarte, a incumbência de ousar ser impura sem deixar de ser ela mesma: ciência da sociedade que não hesita em perturbar o severo rigor do método com os ruídos da crítica, do entrelaçamento com outras ciências e das exigências normativas.

Bibliografia básica recomendada

ADORNO, T. (Org.). *Der Positivismusstreit in der deutschen Soziologie.* Darmstadt e Neuwied: Luchterhand, 1989 (versão em inglês: *Positivist Disput in German Spciology*, Ashgate, 1981).
COHN, G. *Difícil reconciliação*: Adorno e a dialética da cultura, *Lua Nova*, São Paulo, n.20, p.5-18, 1990.
DUBIEL, H. *Wissenschaftsorganisation und politische Erfahrung.* Frankfurt a. M.: Suhrkamp, 1978.
HONNETH, A. *Kritik der Macht.* Frankfurt a. M.: Suhrkamp, 1985 (versão em inglês: *Critique of Power: Reflective Stages in a Critical Social Theory.* MIT Press, 1991).
NOBRE, M. *A dialética negativa de Theodor W. Adorno*: a ontologia do estado falso. São Paulo: Iluminuras, 1998.
WIGGERHAUS, R. *A Escola de Frankfurt*: história, desenvolvimento teórico, significação política. Rio de Janeiro: Difel, 2002.

Breve nota à tradução brasileira

A linguagem falada de Adorno tornou ainda mais presente o que para ele era uma necessidade implícita à sua exposição: a grande extensão das sentenças, existente também em seus textos escritos. O espírito vivo de sua argumentação não deparou com os freios do registro tipográfico e pôde desfraldar plenamente toda a riqueza de sua dinâmica. O pensamento precisa ser apreendido como um todo; apenas a dificuldade de conviver com essa totalidade explicaria a fragmentação recorrente que reduz o sentido pela sequência justaposta. Sempre que possível, sem oferecer dificuldades à compreensão para além da intenção do autor, procuramos corresponder ao estilo da fala expositiva de Adorno. Assim evitamos "a indiferença diante da exposição linguística, que se manifesta na mecânica entrega da intenção ao *clichê* tipográfico, desperta a suspeita de que justamente a dialética, que perfaz o conteúdo da teoria, se encontra paralisada e que o objeto lhe é subsumido a partir de cima, sem discussão". (Adorno, *Satzzeichen*, in: *Noten zur Literatur*; ver Adorno, *Gesammelte Schriften*, 11, p.110)

Wolfgang Leo Maar
Agosto de 2007

A edição alemã deste *Introdução à Sociologia*, contrariamente aos textos editados na *Gesammelte Schriften*, contém numerosas notas de autoria do organizador do livro. Por essa razão, este volume é uma exceção em relação ao padrão editorial adotado na Coleção Adorno. Todos os outros volumes serão marcados pela parcimônia na inclusão de notas que não são de autoria do próprio Adorno.

A Comissão Editorial

Introdução à Sociologia
(1968)

Parágrafo introdutório à edição alemã

8 // Em 1962, ao aprovar a publicação da transcrição de uma conferência, Adorno declarou em uma nota preliminar "estar consciente de que, em sua eficácia característica, palavra falada e escrita se distanciam uma da outra ainda mais do que já ocorre usualmente hoje. Se falasse tal como a imposição da representação objetiva obriga a escrever, seria incompreensível; mas nada do que fala pode fazer jus ao que deve cobrar de um texto... Na tendência onipresente de gravar palestras em fita para a seguir divulgá-las, ele mesmo vê um sintoma daquele comportamento do mundo administrado pelo qual até mesmo a palavra efêmera, cuja verdade reside em sua própria transitoriedade, é fixada firmemente para conjurar o palestrante. O registro em fita é como se fosse a impressão digital do espírito vivo". Essas palavras valem de modo reforçado em relação à presente publicação do último curso acadêmico de Adorno, oferecido em 1968, um ano antes de seu falecimento. Além disso trata-se das suas únicas preleções acadêmicas de que se

conservaram as próprias fitas gravadas. Isso motiva a edição a avançar um passo além do que o próprio Adorno fazia ao entregar ocasionalmente ao prelo conferências improvisadas com escassas correções. Mediante uma reprodução tão meticulosa e literal quanto possível, procura-se transmitir o que de outro modo estaria irremediavelmente perdido: uma impressão viva das preleções de Adorno, por mais incompleta que seja sua versão impressa. Em momento algum o leitor deve esquecer que não lê um texto de Adorno, mas o registro de um discurso "cuja verdade" residia "em sua própria transitoriedade".

// 1ª Aula
23.4.1968[1]

Senhoras e senhores,

A minha satisfação pelo comparecimento tão numeroso à minha aula inaugural é justificável. Seria falso pretender enganar a mim e aos senhores a esse respeito. Sou grato pela confiança em mim depositada que essa presença certifica, justamente tendo em vista certas manifestações públicas[2] de que, como eu, certamente tomaram conhecimento. [*Grito: mais alto!*]

---

1 É incorreta a data de 16 de abril de 1968, encontrada tanto em uma edição pirata desse curso (ver Theodor W. Adorno, *Vorlesung zur Einleitung in die Soziologie* [*Lições introdutórias à sociologia*], Editora Junius, Frankfurt a. M., 1973), quanto na transcrição de nove aulas feita por uma secretária do Instituto de Pesquisa Social e conservada no Arquivo Theodor W. Adorno. Imediatamente após o término da reunião da Sociedade Alemã de Sociologia, ocorrida de 8.4 a 11.4.1968 em Frankfurt, Adorno viajou para férias em Baden-Baden até 22.4.1968. As aulas tiveram lugar às terças e às quintas-feiras, das 16 às 17 horas.

2 Adorno referiu-se aos relatos da imprensa sobre a reunião da Sociedade Alemã de Sociologia, que, em uníssono com as exposições de Ralf Dahrendorf e Erwin K. Scheuch, lamentavam sobretudo o distanciamento da sociologia de "orientação frankfurtiana" em rela-

O sistema de som não funciona de maneira adequada? — Por outro lado, precisamente devido ao público numeroso sinto-me obrigado a dizer algumas palavras acerca das perspectivas do estudo da Sociologia.

Por ocasião da reunião da "Sociedade Alemã de Sociologia" (*Deutsche Gesellschaft für Soziologie*)[3] houve diversas manifestações no sentido de que a "Sociedade"[4] efetivamente ficou devendo informações adequadas a esse respeito aos senhores. Mesmo assim, sou obrigado a dizer que justamente o meu colega Kluth,[5] de Hamburgo, presidente da comissão para questões

---

ção à prática: "Milhares de estudantes de Sociologia constataram após a conclusão de seu estudo que na prática não há demanda por eles e sua teoria" (*Der Spiegel*, 22.4.1968, p.84). Ao mesmo tempo a imprensa noticiou a crítica dos estudantes à Sociedade Alemã de Sociologia, que falhara ao "não fornecer informação precisa acerca da situação profissional dos sociólogos", do número de estudantes e "do planejamento de estudos para Sociologia" (ibidem).

3 O 16° Encontro da Sociedade Alemã de Sociologia teve como tema a questão "Capitalismo tardio ou sociedade industrial?". Esse foi também o título da conferência de abertura, proferida por Adorno na qualidade de presidente da Sociedade Alemã de Sociologia entre novembro de 1963 e novembro de 1967 e presidindo o comitê organizador do encontro. Ver *Spätkapitalismus oder Industriegesellschaft? Verhandlungen des 16. Deutschen Soziologentages. Im Auftrag der Deutschen Gesellschaft für Soziologie*, editado por Theodor W. Adorno, Stuttgart, 1969, p.12-26. Encontra-se em: Theodor W. Adorno, *Gesammelte Schriften* (doravante GS) 8, p.354-70.

4 A Sociedade Alemã de Sociologia foi fundada em 1909 por Max Weber (1864-1920), Georg Simmel (1858-1918), Werner Sombart (1863-1941) e outros. Entre 1933 e 1945 foi obrigada a interromper suas atividades. Em abril de 1946 foi reconstituída sob a presidência de Leopold von Wiese (1876-1969).

5 Heinz Kluth (1921-1977) lecionou a partir de 1961 como professor titular de Sociologia na Universidade de Hamburgo.

Introdução à Sociologia

universitárias, não mediu esforços nesse sentido. Contudo, acho que devo apresentar-lhes ao menos parte do material que elaboramos em Frankfurt, por mais incompleto que seja, simplesmente para que os senhores, na medida em que forem efetivamente iniciantes, possam decidir livremente se querem estudar Sociologia e, principalmente, se querem fazê-lo como eixo principal da graduação. Devo dizer que as perspectivas profissionais para sociólogos são ruins.[6] Seria de uma falsidade inominável ser otimista a esse respeito. As perspectivas não melhoraram, como se poderia esperar, mas pioraram. De um lado, porque o número de formados aumentou, de modo lento mas contínuo; // mas, de outro, também porque a capacidade de absorção de formados em Sociologia diminui no contexto dos processos econômicos correntes.[7] Essa é a ocasião para expressar algo que antes não parecia tão claro para mim e que aprendi apenas quando me ocupei mais de perto com essas questões. Ou seja, que também nos Estados Unidos, por assim dizer no paraíso da Sociologia, onde certamente a Sociologia é reconhecida com igualdade de direitos na *res publica* das ciências,

---

6 Como resultado da piora das perspectivas profissionais para sociólogos, a direção da Sociedade Alemã de Sociologia apresentou no ano seguinte, em uma reunião em 11.4.1969, uma resolução contrária à introdução de novas graduações de Sociologia no ensino superior. A introdução de Sociologia como estudo de graduação seria recusada sobretudo em face da precariedade de oportunidades profissionais. Recomendou-se a organização de novas graduações em Ciências Sociais. Pensava-se na combinação de várias disciplinas, tendo a Sociologia como centro ou disciplina secundária.

7 Referência à recessão de 1966 e 1967, que, pela primeira vez, lançou dúvidas sobre a capacidade de reprodução de parcelas do mundo acadêmico.

não se pode afirmar que graduados em Sociologia encontrem empregos por toda parte e sem muito esforço. Portanto, mesmo que na Alemanha houvesse um desenvolvimento no sentido do ocorrido nos Estados Unidos, conforme era meu prognóstico sobre o tema dez anos atrás, nada de essencial mudaria a esse respeito. O número de estudantes de graduação em Sociologia aumentou desde 1955[8] de um modo extraordinário. Algumas cifras: em [19]55 eram trinta, em [19]59, eram 163 estudantes de graduação nessa disciplina; em 1962, [eram] 331, em 1963, 383 e, atualmente, são 626. Eu precisaria de fato ser o profissional alienado, que procuro a todo custo não ser, se neste contexto lhes dissesse quão maravilhosa é a opção de todos os senhores pelo estudo da Sociologia!

Quando se comparam entre si as expectativas dos estudantes, as pretensões profissionais dos que hoje estudam, com as profissões de fato abraçadas, então o resultado é ainda pior. Por exemplo – o que é muito interessante –, apenas 4% dos estudantes almejavam uma atividade no próprio ensino superior e 28% dos formados retornaram à universidade. Em outras palavras: a universidade, incubadora dos sociólogos, constitui ao mesmo tempo seu principal consumidor, seu destinatário principal. São relações que, sem o rigor terminológico das teorias psicanalíticas, chamei de incestuosas. [*Risos*] Penso que isso não é o desejável. Além disso, só 4% dos estudantes – e me restrinjo // a alguns números pois não pretendo me de-

---

   8 O motivo principal para o número crescente de estudantes de Sociologia a partir de 1955 foi a introdução, em 1954, na Universidade de Frankfurt, da graduação que possibilitou o estudo de Sociologia. Aqui e em seguida Adorno utilizou estatísticas de levantamentos internos do Instituto de Pesquisa Social.

morar nesse assunto – desejaram como profissão a pesquisa de mercado e a pesquisa de opinião, ao passo que de fato 16% ingressaram nessas áreas. Por sua vez, um número relativamente grande, 17%, almejou atividades de imprensa, rádio e televisão, onde apenas 5% dos formados encontraram emprego. Na sociologia empresarial e industrial, a relação é mais favorável, de uma procura de 3% para uma profissionalização de 4%.

Não pretendo cansá-los mais com esses informes, mediante os quais, contudo, é possível ter um quadro dessas coisas. Segundo a hipótese muito convincente do senhor von Friedeburg,[9] na atualidade a Sociologia tem essencialmente o papel de um estudo formativo; do que resultam as evidentes contradições entre, de um lado, a necessidade e o desejo de formação e, de outro, as possibilidades do emprego profissional. Existe certa tensão entre essas coisas, configurando um problema digno para uma Sociologia crítica investigar. De modo geral, profissões que oferecem pouca satisfação, em que se encontra uma espécie de sacrifício à sociedade, em que se apresenta o que contraria nossa natureza e de que a rigor não gostamos, em geral as profissões que impomos a nós mesmos, as coisas que fazemos contra nossa vontade – e aqui abstraio do trabalho manual e me refiro unicamente às chamadas profissões intelectuais – são socialmente mais bem remuneradas do que aquelas em que perseguimos o que em épocas mais humanistas se denominava "a destinação do

---

9 Ludwig von Friedeburg (nascido em 1924), chefe de departamento no Instituto de Pesquisa Social entre 1955 e 1962 e, em seguida, professor de Sociologia na Universidade Livre de Berlim, regressou a Frankfurt em 1966 e em 1968 era um dos dirigentes do Instituto e um dos diretores do Centro de Sociologia.

homem".¹⁰ Isso precisa ser levado em conta também nesta discussão. É claro que, por essa via, também se modifica um pouco o conceito de necessidade formativa na Sociologia. Creio que, se atentarmos realmente ao fenômeno, // de certo modo este se diferencia muito do conceito tradicional de formação. Certamente encontra-se por trás disso a necessidade de se orientar no mundo, de apreender o que mantém unida essa sociedade particular, apesar de suas peculiaridades; de apreender a lei que nos rege anonimamente. Hoje em dia fala-se muito no conceito de alienação, ao qual eu próprio impus certa restrição, pois penso que a rigor este desloca ao âmbito espiritual, ao sentimento da estranheza e do isolamento, algo que, de fato, tem seu fundamento em relações materiais. Porém, se excepcionalmente me for permitida a utilização desse conceito de alienação, eu diria que a Sociologia exerce um pouco o papel de ser um meio espiritual mediante o qual se espera dar conta da alienação. Essa é uma questão muito difícil. À medida que efetivamente perseguimos o objetivo nela contido, pelo lado inverso alienamo-nos em relação aos fins práticos, às exigências profissionais práticas da sociedade. É extraordinariamente difícil conduzir uma visão sociológica

---

10 Adorno alude à ideia da formação cultural (*Bildung*), tal como esta fora formulada no conceito de formação do idealismo alemão, por exemplo, em Fichte e Schelling. (Ver, por exemplo, Johann Gottlieb Fichte, "Die Bestimmung des Menschen", in: *Fichtes Werke*, ed. Immanuel Hermann Fichte, v.2: *Zur theoretischen Philosophie II*, Berlin, 1971 (reprodução fotomecânica), p.165-319; F. W. J. Schelling, "Vorlesung über die Methode des akademischen Studiums", in: *Schellings Werke*. Publicado em nova sequência conforme a edição original por Manfred Schröter. Terceiro volume: *Schriften zur Identitätsphilosophie von 1801-1806*, München, 1927, p.229-374.)

real e profunda em um sentido consequente, a uma fórmula que seja partilhada pelas exigências profissionais com que as pessoas de modo geral deparam. Uma das dificuldades da Sociologia — com o que chego ao problema que deverá nos ocupar hoje — reside em [reunir] essas aspirações divergentes. Ou seja, de um lado, realizar o que para Marx, em um sentido de extrema ironia, significa trabalho socialmente útil; e, de outro, justamente aquela orientação intelectual referida. Talvez já nem seja mais possível reunir essas duas coisas em um denominador comum. Antes — ainda me recordo bem — justamente os estudantes mais sérios e atentos eram muito afetados por isso. Hoje é provável que no setor intelectualmente // mais desenvolvido dos estudantes um contingente muito numeroso — certamente os que julgo aqui presentes — tenha-se conscientizado em relação a que, quanto mais se compreende da sociedade, tanto mais difícil é tornar-se útil nesta sociedade. Ocorre que uma contradição assim, ou seja, expressa em termos muito diretos, de que quanto mais eu compreendo da sociedade, tanto menos me situo na sociedade, não pode ser atribuída à responsabilidade do sujeito, à responsabilidade de quem conhece, tal como parece à consciência ingênua. Mas essa característica impossível e contraditória relacionada ao estudo da Sociologia vincula-se profundamente ao objeto do conhecimento sociológico, ou melhor, do conhecimento social. E os senhores não devem nos recriminar a falta de capacidade de reunir tais coisas em um denominador comum. Desde o início precisamos contar com essa ausência de homogeneidade da Sociologia, de que falarei aos senhores mais adiante. Em vez de serem conduzidos por uma consciência obnubilada, inapta a distinguir o que se encontra de cada lado, os senhores precisam tentar adquirir conscientemente as capacitações e os conhecimentos da Sociologia de que necessitam para sua sobrevivência e, simultaneamente, procurar adquirir pelo estudo da Sociologia aquelas concepções que provavelmente motivaram a maior parte dos senhores a se decidir por este estudo.

Sei que, entre as críticas que muitos dentre os senhores dirigiram, assim o penso, à "Sociedade Alemã de Sociologia" – por cuja direção, aliás, já não sou mais responsável –[11] [*Manifestação de apoio*] – também constava a falta de um guia ou // um plano de estudos por parte da "Sociedade". Direi apenas, sem querer minimizar as deficiências assim eventualmente expostas e sem qualquer intenção apologética em relação a esta sociedade científica, que a responsabilidade por isso em certa medida é da própria disciplina. Pois na Sociologia é impossível uma continuidade, no sentido em que ela é possível na Medicina, nas Ciências Naturais Exatas ou, de certo modo, inclusive nas Ciências Jurídicas; a continuidade não pode ser objeto de promessas ou de expectativas.

Portanto, se os senhores esperam de minha exposição uma orientação de como planejar melhor seu estudo de Sociologia, não posso corresponder a essa expectativa. Nesta universidade tomamos algumas precauções para que os senhores aprendam algo a respeito de todas as coisas a que se referem os exames de Sociologia. Mas não existe uma via régia na Sociologia, pela qual

---

11 Em 4 de novembro de 1967 o sociólogo Ralf Dahrendorf (nascido em 1929), da Universidade de Konstanz, foi eleito sucessor de Adorno como presidente da Sociedade Alemã de Sociologia. Em 1968 Dahrendorf tornou-se membro do diretório nacional do partido FDP (*Freie Demokratische Partei* – Partido Liberal da Alemanha).

primeiro se aprenderia qual é o objeto da Sociologia, a seguir quais são suas áreas principais e, enfim, quais são seus respectivos métodos. Ao menos no que se refere à minha posição pessoal, que não posso nem pretendo evitar, a Sociologia não pode ser exercida dessa maneira. Acredito, sim, que quando se quer estudar Sociologia, é bom assistir a uma aula expositiva introdutória, bem como a algumas exposições específicas acerca de técnicas empíricas ou sobre temas especiais de nosso interesse. Mas creio que cada um precisa escolher por si próprio a maneira pela qual se aprofunda nessa configuração um pouco difusa da Sociologia. Peço que compreendam se nesta ocasião manifesto aquilo em que acredito, ou seja, justamente quando se leva muito a sério a ideia da liberdade, o que no contexto acadêmico significa liberdade acadêmica, liberdade de estudo – e creio // que os senhores levam essa ideia da liberdade tão a sério quanto eu próprio – em certa medida isso se refere até mesmo ao planejamento do estudo pelos próprios estudantes. Penso que se elaborássemos uma sequência rigorosa de estudo nessa disciplina e a impuséssemos aos senhores, certamente isso facilitaria muitas coisas, levando aqueles que pensam sobretudo nos exames – a quem de modo algum respeito menos – a uma posição de segurança maior para atingir essa meta, do que provavelmente aconteceria conforme as presentes condições. Contudo, de outro lado, por esse intermédio se inocularia também nessa disciplina nova e, por isso mesmo, ainda relativamente livre, um momento de escolarização, de normatização, que, a meu ver, contraria justamente o que os senhores esperariam aprender.

Aqui há uma contradição peculiar que, a meu juízo, ainda não motivou uma reflexão adequada nas questões da reforma universitária, embora seja bastante evidente e não exija um grande pensador para sua descoberta: que há duas ideias dominantes contraditórias se confrontando nas iniciativas para a reforma universitária. De um lado, a ideia de um *streamlining* da universidade, ou seja, uma escolarização da universidade que, no sentido da formação e preparação profissional, a desonera de desvios, *faux frais* etc., que se situa sob o princípio da desoneração, e que, portanto, é racionalizada no sentido da racionalidade técnica. De outro, a exigência de uma reforma universitária não tutelada, que mantenha o predomínio do pensamento livre e autônomo pelo qual prioritariamente se orienta. Com base nos termos em que formulei a questão, não deveria ser difícil saber por qual lado se decidir, e para mim não há // grandes dúvidas em considerar o segundo caminho o mais importante. Entretanto, considero ser mais digno da autonomia intelectual não se restringir a isso, mas ver com clareza que, justamente nessas demandas de tão difícil confluência entre si, se expressa aquela antinomia a que me referi no início. Portanto, se abstrairmos da divisão em exposições introdutórias e exposições altamente especializadas, que pressupõem toda sorte de técnicas e capacitações, não posso lhes fornecer uma orientação para o estudo da Sociologia. Apenas por acreditar que, justamente quando esse estudo, conforme sua atribuição, deve contemplar a função formativa, esta também diz respeito à própria autonomia de quem se forma, de quem "busca o seu caminho no nevoeiro", como a famosa mula de Goethe.[12]

---

12 A citação é do poema *"Kennst Du das Land, wo die Zitronen blühn?"* do romance *Wilhelm Meisters Lehrjahre* [*Os anos de aprendizado de Wilhelm Meister*] de Goethe. Na terceira estrofe lê-se: "O muar busca seu caminho no nevoeiro" (ver Goethe, *Poetische Werke. Romane und Erzählungen II: Wilhelm Meisters Lehrjahre*, Berlin, 1976 (v.10), p.149).

Introdução à Sociologia

Em disciplinas desse tipo – o que, aliás, também vale para a Filosofia, de que me recuso a separar de modo estrito a Sociologia – o caminho em direção ao entendimento não ocorre, por exemplo, nos termos em que na escola aprendemos Matemática, em que progredimos do simples ao complexo em passos inteiramente claros, cada um dos quais inteiramente evidente para nós, ou coisa semelhante. Anos atrás escrevi para a revista *Diskus* um ensaio sobre o estudo da Filosofia[13] que, acredito, se aplica *mutatis mutandis* também à Sociologia. Sabe Deus que não tenho nem a intenção de ser leviano, nem de encorajar qualquer ímpeto voluntarista e amador de estudo. Trata-se apenas de expressar a experiência da distinção consequente entre estudo acadêmico e escola, de que nem tudo ocorre de modo tão gradual e mediado, sem lacunas, mas conforme certos saltos. Que de repente temos uma luz, como se costuma dizer, e quando nos ocupamos com o assunto durante um tempo suficiente, mesmo que de início com eventuais dificuldades de compreensão, // simplesmente devido ao tempo de duração do estudo e, sobretudo, ao tempo de duração do contato com a matéria, sucede uma espécie de salto qualitativo por intermédio do qual se esclarecem as coisas que de início não eram claras. Quero remeter ao pequeno texto "Lacunas" de *Minima Moralia*,[14] em que há mais de vinte anos e antes de deparar com os chamados problemas pedagógicos, procurei

---

13 Theodor W. Adorno, *"Zum Studium der Philosophie"* [Sobre o estudo da filosofia], in: *Diskus. Frankfurter Studentenzeitung*, ano 5 (1955), caderno 2 (suplemento), p.81-3. Encontra-se em Theodor W. Adorno, GS 20.1, p.318-26.

14 Theodor W. Adorno, GS 4, p.88-90. Theodor W. Adorno (*Minima Moralia*, § 50).

apresentar esta situação. Creio que os senhores fariam bem em seu estudo de Sociologia se justamente nessa dimensão que procurei registrar desde o início se movimentassem com certa liberalidade ou paciência. Acredito que precisamente quando acompanhamos de modo gradual o movimento de cada passo, em vez de logo insistir em compreendê-lo, isto será muito mais favorável do que prejudicial para a compreensão do conjunto. É claro que isso não significa abrir mão da crítica e subordinar-se às palavras do professor mesmo quando estas são desprovidas de evidência para nós. Significa apenas que em relação à teoria que procuro introduzir não se deva proceder de antemão conforme um modelo positivista cartesiano gradualista, cuja validade absoluta, embora pleiteada a seu tempo, hoje é incerta. É o que pretendia expor a respeito desse assunto.

Muitos dos presentes já devem ter concluído a partir de minha breve exposição que a tarefa de uma introdução à Sociologia enfrenta dificuldades bem determinadas, precisamente porque a Sociologia não é o que em Matemática se designa como uma multiplicidade definida.[15] Além disso, porque dispensa aquele gênero de continuidade, // de modo geral própria ao estudo das ciências que, conforme a expressão de Max Scheler, transmitem sobretudo "saber de dominação".[16] Aqui

---

15 Como pode ser depreendido do uso da formulação em Theodor W. Adorno, GS 13, p.220, Adorno compreendia uma "multiplicidade definida" como uma "multiplicidade fechada em si mesma". Não se identificou o uso do termo em Matemática.

16 Max Scheler (1874-1928) denominou "saber de domínio ou de produção" os resultados das ciências positivas destinados "à domi-

há algo de paradoxal para aqueles que se abandonam com certa confiança ingênua ao estudo da Sociologia, que em uma aula introdutória presumo haver entre os presentes. Para nós, mais calejados, o paradoxo é menor uma vez que sabemos que, de modo constitutivo, a sociedade em que vivemos – e, salvo se negamos sua existência como o fazem alguns sociólogos, a sociedade constitui o objeto da Sociologia – é essencialmente contraditória em si mesma. Assim já não surpreende tanto que a ciência que se ocupa com fenômenos sociais ou fatos sociais, *faits sociaux*,[17] também não apresente uma continuidade em si mesma. Fôssemos malvados e maliciosos, poderíamos até mesmo imaginar que já na exigência cientificista de um contínuo ininterrupto para o conhecimento sociológico, como o que fundamenta, por exemplo, o grande sistema de Talcott Parsons,

---

nação e transformação do mundo para nossos fins e propósitos humanos" (Max Scheler, *Gesammelte Werke*, 9: *Späte Schriften*, com apêndice de Manfred S. Frings, Bern, München, 1976, p.114).

17 Ver Emile Durkheim, "Die Regeln der soziologischen Methode" [*As regras do método sociológico*], ed. e introd. René König, 3. Neuwied, Berlin, 1970, cap. I: "O que é um fato social?". Ao final desse capítulo, Durkheim chega à definição: "É um fato social toda maneira de fazer, fixada ou não, suscetível de exercer sobre o indivíduo uma coação exterior"; ou ainda, "que é geral no conjunto de uma dada sociedade tendo, ao mesmo tempo, uma existência própria, independente das suas manifestações individuais" (Emile Durkheim, *Die Regeln der soziologischen Methode* [*As regras do método sociológico*], in: Auguste Comte e Emile Durkheim, *Textos*. São Paulo: Abril, 1973, p.394-5, v. XXXIII. (Col. Os Pensadores). Em relação a Durkheim, ver também a introdução escrita por Adorno para Emile Durkheim, "Soziologie und Philosophie" [*Sociologia e filosofia*] Frankfurt a. M., em Theodor W. Adorno, GS 8, p.245-79.

existe uma tendência de harmonização.¹⁸ Que, portanto, a continuidade da forma de apresentação, da sistematização dos

---

18 Ver Talcott Parsons, *The Social System*, Glencoe, IL 1951. Em sua *Einleitung zum "Positivismusstreit in der Deutschen Soziologie"*, [Introdução à Controvérsia sobre o positivismo na sociologia alemã] Adorno insistiu na direção contrária a essa *tendência harmonizadora* na *contraditoriedade do objeto*: "Constitui exemplo recente para esta tendência a mui conhecida tentativa de Talcott Parsons de fundar uma ciência unificada do homem, cujo sistema de categorias compreende igualmente indivíduo e sociedade, Psicologia e Sociologia, ou, pelo menos, as apresenta em um contínuo. O ideal de continuidade vigente desde Descartes e sobretudo a partir de Leibniz não se tornou duvidoso apenas devido ao desenvolvimento mais recente das ciências naturais. No plano social é enganoso a respeito do abismo existente entre o universal e o particular, no qual o permanente antagonismo se expressa; a unificação da ciência desloca a contraditoriedade de seu objeto [...] o momento da divergência entre indivíduo e sociedade, socialmente posto, bem como as ciências dedicadas a ambos, lhe escapam. O esquema totalizador de tão pedante organização, o que abrange desde o indivíduo e suas regularidades até as formações sociais mais complexas, tem lugar para tudo, menos para a separação histórica de indivíduo e sociedade, embora não sejam estes radicalmente distintos". Theodor W. Adorno, "Einleitung zum ‚Positivismusstreit in der deutschen Soziologie'", in: Theodor W. Adorno, Hans Albert et al., *Der Positivismusstreit in der Deutschen Soziologie* [Controvérsia do positivismo na sociologia alemã]. 3.ed. Neuwied, Berlin, Luchterhand, p.24. Também em: Theodor W. Adorno, GS 8, p.297. Em nota Adorno remete nesse texto a seu trabalho anterior *Zum Verhältnis von Soziologie und Psychologie* [*Sobre a relação entre sociologia e psicologia*], que fora publicada ainda em 1955, no primeiro volume das *Frankfurter Beiträge zur Soziologie* [*Contribuições à sociologia – Frankfurt*], atualmente em Theodor W. Adorno, GS 8, p.42-85. Nesse ensaio há uma crítica detalhada à tentativa de Parsons de uma unificação entre Psicologia e Teoria Social, publicada por este último no ensaio "Psychoanalysis and the social structure" (in: *The Psychoanalytic Quarterly*, v.XIX, 1950, n.3, p.371ss.).

fenômenos sociais, contém em si – de modo inconsciente, pois aqui opera o espírito objetivo – a tendência a excluir pela explicação as contradições constitutivas da sociedade.

Nesta oportunidade destaco que, como aproximação às ideias aqui introduzidas, recomenda-se aos que realmente são iniciantes o livro *Soziologische Exkurse* [*Temas básicos de sociologia*]. Sobretudo em seus dois primeiros capítulos essas questões, além de serem desenvolvidas teoricamente, são documentadas com farto material da história das ideias.[19]

19 // Imagino que muitos venham aqui esperando que, antes de mais nada, seja determinado o campo da Sociologia e, a seguir, se complete a divisão desta em campos específicos, para, por fim, serem explicitados os seus métodos. Não questiono a possibilidade de um tal procedimento, nem também sua fecundidade pedagógica. Ainda assim não posso me decidir por ele, mesmo tendo clareza que dessa maneira tenho uma expectativa que vai além do que muitos presentes esperam de uma aula introdutória e, ao mesmo tempo, também saber claramente que essa decisão inclui certas posições teóricas que só podem ser desenvolvidas realmente durante o curso desta exposição. Mas não pretendo expor essa divergência, motivo de estranhamento para muitos, de modo dogmático. Contudo, quero justificar porque não posso proceder à maneira apresentada, ou à maneira que corresponde ao chamado bom senso, em relação ao qual é preciso elevar-se à consciência científica,

---

19 Ver *Soziologische Exkurse. Nach Vorträgen und Diskussionen* [*Estudos introdutórios à sociologia*]. Frankfurt a. M., 1956 (*Frankfurter Beiträge zur Soziologie*. Ed. Theodor W. Adorno e Walter Dirks, v.4). Os primeiros dois capítulos são intitulados: "I Begriff der soziologie" ["O conceito de sociologia"] e "II Gesellschaft" ["Sociedade"].

mas sem que, por causa disso, este seja desprezado – como cabe aprender com Hegel.²⁰ Assim gostaria de, se não introduzir na Sociologia e na problemática sociológica, ao menos lhes fornecer certa antevisão, em que mostro *in contrario* porque não se pode proceder na Sociologia conforme a sequência: definição do campo da disciplina, divisão do campo da disciplina e metodologia.

Nessa medida cabe de início dizer algo muito simples – de uma simplicidade apreensível a todos sem necessidade de se referir à problemática dos antagonismos sociais – a saber, que nos termos atuais a Sociologia é um aglomerado de disciplinas, no começo totalmente desconexas e independentes. Creio // que muito do que aparece hoje como disputa quase inconciliável entre as escolas sociológicas tenha simplesmente origem em que a Sociologia abrigou muitas coisas que à primeira vista nada tinham em comum, embora tenha clareza de que por trás disso há algo mais profundo. A Sociologia se originou da Filosofia e Auguste Comte, o homem que introduziu o nome "sociologia" no mapa das ciências, denominou sua primeira

---

20 A passagem de Hegel referida por Adorno não foi identificada. Presume-se que Adorno pensou nesse contexto no "Prefácio" à *Phänomenologie des Geistes* [*Fenomenologia do espírito*], onde em contexto análogo se lê: "a forma inteligível da ciência é o caminho para ela a todos facultado e para todos tornado igual; e chegar ao saber racional mediante o entendimento constitui a exigência justa da consciência que se eleva à ciência". Georg Friedrich Wilhelm Hegel, *Werke, 3: Phänomenologie des Geistes* [Fenomenologia do espírito], Frankfurt a. M.: Suhrkamp, 1974, p.20. Ver também o capítulo: "Verhältnis der Spekulation zum gesunden Menschenverstand", in: *Werke, 2: Jenaer Schriften 1801 bis 1807*. Frankfurt a. M.: Suhrkamp, 1974, p.30-5.

obra importante *Cours de philosophie positive,*[21] traduzindo: "Curso de filosofia positiva". De outro lado, a partir da ciência da administração do século XVIII, nos termos em que esta já operava no sistema mercantil, houve o desenvolvimento gradual de técnicas empíricas para a obtenção de informações relativas a situações sociais específicas. Mas elas nunca estiveram realmente conectadas com as aspirações oriundas da Filosofia e ambas se desenvolveram de modo independente.

Hoje não pretendo sobrecarregá-los com considerações da História das Ideias, embora o conhecimento da origem não seja o pior dos caminhos para ver como a Sociologia chegou ao estado em que está. Mas a meu juízo, é melhor para as necessidades de uma aula introdutória como esta chegar aos problemas o mais diretamente possível, em vez de expor de modo complicado de onde tudo provém. Sou insuspeito no que se refere à possível crítica de subestimar por essa via a

---

21 Ver Auguste Comte, *Cours de philosophie positive*. 6v., Paris 1830-1842. Adorno usou a tradução dos volumes IV-VI de Valentine Dorn: *Soziologie*, 3v., 2.ed., Jena, 1923. Para a introdução do nome "Sociologia" por Comte (1798-1857) cite-se a nota 19 do primeiro capítulo dos *Soziologische Exkurse* [*Temas básicos de sociologia*] a que Adorno remete em sua aula: "O termo 'sociologia' encontra-se em Comte já em uma carta a Valat de 25.12.1824 (*Lettres d'Auguste Comte à Monsieur Valat*, Paris, 1870, p.158). A expressão torna-se pública em 1838, no volume 4 da obra principal de Comte. Até essa data ele designava a ciência que almejava como *"physique sociale"* ("física social"). Ele fundamenta a introdução da nova expressão nos seguintes termos: "Creio poder a partir de agora usar essa palavra, que se identifica completamente à minha expressão física social, para poder designar com um só nome essa parte complementar da filosofia da natureza, que se refere ao estudo positivo do conjunto das leis que se encontram na base dos fenômenos sociais" (op. cit., p.18).

dimensão histórica. Na medida em que considerações relativas à origem sejam importantes, os senhores serão municiados a contento com diversas atividades didáticas a respeito do assunto nos seminários de trabalho complementares.[22] Gostaria de dizer, contudo, que a heterogeneidade peculiar e algo assustadora da Sociologia, esse caráter de // aglomerado propriamente sem denominador comum, já existe no próprio Comte. É claro que não de modo explícito, pois Comte era um erudito, de comportamento muito racionalista e de apresentação muito pedante, para o qual seguramente se encontra em primeiro lugar a exigência de representar a maior quantidade possível, como se ela fosse coerente nos termos da demonstração matemática. Nisso a Sociologia não é nada diferente da Filosofia: também os famosos textos da Filosofia precisam ser apreendidos como campo de força. Há que descobrir, sob a superfície das opiniões doutrinárias aparentemente unânimes, as forças que se exaurem umas às outras para, a seguir, se juntarem apenas de modo provisório em configurações sistêmicas ou formulações terminais. E a esse respeito, de um lado, parece muito claro que Auguste Comte possui o ideal de conhecimento das ciências naturais. Um de seus grandes temas é lamentar que a ciência da sociedade ainda não tenha a confiabilidade absoluta, a transparência racional e, sobretudo, a fundamentação unívoca em fatos rigorosamente observados, tal como ele a atribui à ciência natural. Mas, ao mesmo tempo, nem sequer propõe uma reflexão sobre se isso

---

22 Imediatamente após a aula, ocorreu na terça-feira, das 17 às 19 horas, o seminário introdutório "Übungen zur Vorlesung" ["Exercícios complementares"], realizado por assistentes.

pode ter algo a ver com o objeto. Para adiantar a questão: por exemplo, se nas ciências sociais, sobretudo no campo da macrossociologia, são possíveis previsões no mesmo sentido em que elas são em geral possíveis no campo das ciências naturais. É claro que ele apresenta motivos para esse caráter retardatário da Sociologia enquanto ciência, mas não se preocupa muito por causa disso e de modo bastante ingênuo assume que, havendo um progresso suficiente do conhecimento, a ciência da sociedade poderá ser formada conforme o modelo tão bem-sucedido das ciências naturais. Entretanto, do outro lado – como já lhes disse – para ele Sociologia também se chama Filosofia. Eis uma questão muito difícil em Comte, pois é possível afirmar que ele era um inimigo // da Filosofia, e sobretudo como verdadeiro herdeiro de seu professor Saint-Simon, era um inimigo jurado do pensamento especulativo, um inimigo da metafísica, na expectativa de a Sociologia se dispor no lugar do que, conforme sua visão, fora anteriormente realizado pela especulação metafísica. De qualquer modo, mesmo Comte esperava que, para além da investigação de setores particulares e de problemas particulares de conhecimento prático, a Sociologia oferecesse uma espécie de orientação para um ordenamento verdadeiro da sociedade. Algo que a retirasse da situação em que ele próprio se viu, ou seja, de um lado, como herdeiro da emancipação burguesa, da Revolução Francesa, e, de outro, de modo semelhante a Hegel, inteiramente consciente de que – como já afirmara Hegel – a sociedade civil impele para além de si.[23] Esse seu sentimento de

---

23 Hegel, *Werke*, 7. *Grundlinien der Philosophie des Rechts*. Frankfurt a. M.: Suhrkamp, 1970, p.390s. (§§ 245 e 246).

antagonismo se condensaria na dicotomia entre o princípio da ordem e o princípio do progresso, ou seja, no princípio da estática e no princípio da dinâmica na Sociologia.²⁴ Seja como for, de um lado, Comte era tomado por orientação ou nostalgia pela ciência natural, ou possuía um ideal nos termos das ciências naturais. Mas, de outro, ainda portava um ideal filosófico secularizado, na medida em que tinha em mente um direcionamento da sociedade pela Sociologia no sentido da verdade conforme sua teoria. Assim fica visível como o caráter duplo ou a ambiguidade da Sociologia atinge até mesmo seu ponto de partida teórico. Sobre este assunto e sobre a função originária da Sociologia em sentido estrito direi mais na próxima aula.

---

24 Em seu ensaio *Über Statik und Dynamik als soziologische Kategorien* [*Sobre estática e dinâmica como categorias sociológicas*] Adorno ofereceu uma apresentação e uma crítica detalhadas do dualismo comteano de estática e dinâmica, ordem e progresso (Theodor W. Adorno, GS 8, p.217-37, especialmente p.218-27).

// 2ª Aula
25.4.1968

Senhoras e senhores,

Como devem se lembrar, na última aula procurei mostrar de maneira bem sintética que o caráter duplo específico da Sociologia já se delineava quando o conceito de Sociologia foi introduzido por Auguste Comte.

Em declarações públicas[1] recentes acerca das discussões da reunião da Sociedade Alemã de Sociologia, a que muitos dentre os presentes devem ter assistido, afirmou-se que o encontro não avançou para além de determinadas contraposições na Sociolo-

---

1 Como já ocorrera na aula de 23 de abril, Adorno referia-se aos relatos prolongados e distorcidos da imprensa relativos à reunião da Sociedade Alemã de Sociologia. A crítica unânime dirigia-se à ausência de resultados concretos e práticos; em seu lugar, houve uma "sociologia de convicções" (*Frankfurter Allgemeine Zeitung*, 13-15 de abril) e uma disputa metodológica entre "empíricos e teóricos" (*Frankfurter Rundschau*, 11 de abril). O semanário *Die Zeit* resumiu em 26 de abril: "No centro do Congresso de Sociólogos de Frankfurt estava a controvérsia entre os pragmáticos da sociedade (representados pelo político Ralf Dahrendorf...) e os filósofos da sociedade (representados pelo mestre da Escola de Frankfurt, Theodor W. Adorno)". Ver em Theodor W. Adorno, GS 8, p.351s.

gia. Creio que isso é incorreto, porque enquanto a Sociologia permanecer o que foi em seu início essa contraposição não pode ser eliminada, não pode – como se diz – ser dissolvida. Será possível apenas dar expressão a esse antagonismo – para usar esse termo – nos diversos níveis em que ele se instala no âmbito da Sociologia. Se, de outro lado, esperamos de um encontro desse tipo a apresentação de detalhes científicos específicos e eventualmente muito minuciosos, essa me parece ser uma expectativa inadequada ao objetivo desse tipo de evento, destinado a fornecer informação acerca de problemas importantes e não oferecer resultados detalhados. Contudo, se esse for o padrão do que se deve cobrar de um evento desse tipo, então a rigor a disputa ou o antagonismo em questão em certo sentido já se encontra decidido de antemão. A questão central, porém, é justamente esta: evitar uma decisão prévia unilateral da disputa e, na medida do possível, propagá-la em suas diferentes etapas.[2]

Senhoras e senhores, creio que se encontra aqui algo do problema da posição da Sociologia como tal em relação à política, o que também já pode ser registrado com clareza em Comte. // Eu sei – e aqui me dirijo de novo àqueles dentre os presentes que são iniciantes ou se apresentam como tal – que, quando

---

2 Em sua "Introdução à 'controvérsia sobre o positivismo na sociologia alemã'", na qual trabalhava durante o semestre de verão, Adorno procurou influenciar a "etapa" então mais atual da disputa (ver nota 18, I[a] Aula {23.4.1968}). O texto desse ensaio encontrava-se estreitamente relacionado com a presente aula. Em uma carta a Peter Szondi de 9.5.1968, ele escreveu: "Ainda não iniciei a redação do livro sobre estética. Em parte porque preciso redigir a grande introdução ao livro da editora Luchterhand acerca da controvérsia sobre o positivismo na sociologia alemã. Uso esse material ao mesmo tempo para minhas aulas".

um jovem inicia o estudo da Sociologia, com frequência depara com certa resistência em sua casa, pois acredita-se que devido às duas sílabas "so" e "ci" [*Risos*] a Sociologia deva ser *eo ipso* algo como a impregnação com o socialismo. Mas, quando se apreende o conceito de Sociologia em sua especificidade, como surgiu historicamente e qual seu significado histórico, pode--se afirmar que a verdade é justamente o oposto. Essa é uma inversão ingênua da situação de fato. Entretanto, eu próprio ainda me recordo muito claramente dos tempos de estudante, quando percebi com grande surpresa que se ocupar com questões sociais não implica automaticamente as questões relativas a uma sociedade melhor ou mais adequada. Ao contrário. Já naquela época percebi em determinado sociólogo a atitude de um piscar de olhos cúmplice, que significava: nós, sociólogos, sabemos das coisas, sabemos que tudo – com acento no "tudo" – é mentira, que não há revolução, que não existem classes, que tudo não passa de invenção conforme algum interesse e que a Sociologia consiste precisamente em se posicionar acima disso mediante a superioridade indicada pelo piscar d'olhos. Pode-se dizer que o que hoje em dia se apresenta como resistência da Sociologia diante de pretensos conteúdos teológicos do pensamento teórico, não difere muito desse gesto de piscar d'olhos erigido em sistema ou em teoria científica, que no fundo significa que para um sociólogo não existe algo como a verdade, na medida em que tudo é condicionado por interesses sociais.

// Quero adiantar que essa concepção de Sociologia, cuja primeira e mais radical expressão foi a de Vilfredo Pareto,[3] parece-me

---

3 Em relação à crítica de Adorno a Vilfredo Pareto (1848-1923), ver *"Beitrag zur Ideologienlehre"* ["Contribuição à teoria das ideologias"], Theodor W. Adorno, GS 8, p.457-77.

fundamentalmente equivocada, sobretudo devido ao simples motivo de que a diferença entre verdadeiro e falso se torna propriamente impossível com a negação do conceito de verdade implícita nessa noção do caráter ideológico total de toda consciência socialmente relacionada. Além disso, nem sequer é possível falar de uma consciência falsa quando não existe ao mesmo tempo a possibilidade de uma consciência verdadeira. Creio que no curso desta aula posso mostrar, ou tenho a esperança de poder mostrar, porque essa noção de Sociologia muito difundida, presente até mesmo hoje em dia sob vários disfarces, é completamente falsa. Isto porque acredita poder recorrer a atitudes e comportamentos subjetivos de pessoas individuais a serem a seguir generalizados, e nessa medida desconhece a existência de leis sociais objetivas e estruturais que possam ser conhecidas. Nessa medida – e esse é meu interesse central – a disputa sobre o método na Sociologia,[4] sobre a qual muito se escreveu nas últimas semanas, é perpassada por questões de conteúdo extraordinárias. Acredito até mesmo que o curso apaixonado e cheio de consequências adquirido por essa disputa sobre o método só pode ser adequadamente compreendido quando se visualizam simultaneamente suas implicações de conteúdo conforme as breves indicações feitas acima. Nos termos em que surgiu historicamente, a Sociologia contempla desde sempre algo de tecnocrático, algo de *social engineering*. Isto é, algo da crença segundo a qual *experts*, especialistas científicos que utilizam determinadas técnicas metodológicas, pelo fato

---

4 Em relação às etapas mais importantes dessa disputa metodológica, presente na história da ciência como "a controvérsia sobre o positivismo na sociologia alemã", ver nota 9, 4ª Aula {2.5.1968}.

de se confiar a eles direta ou indiretamente o controle sobre a sociedade, poderiam conduzir a uma situação de máximo equilíbrio e estabilidade, ou seja, uma situação de funcionamento em que se conservam sistemas // através de sua ampliação ou aperfeiçoamento.

Isso é indisfarçável em Comte – e acredito que seja bom dirigir ao menos por um segundo o pensamento a tais situações históricas para poder aprofundar-se nos pontos nucleares da disputa referida. Numa concordância, provavelmente inconsciente, com Hegel, já em Comte a concepção de Sociologia como ciência se dirige contra as tendências que considerou como tendências explosivas no âmbito da sociedade.[5] Em sua visão, a Sociologia já seria pensada como uma espécie de instância racional superior em que, mediante comportamentos puramente científicos, seria possível dirigir a sociedade mediante um cer-

---

5 Adorno via uma afinidade entre a função da sociologia em Comte e a função do Estado em Hegel: "Assim como Hegel esperava do Estado o equilíbrio das contradições sociais e o controle das forças que, conforme sua própria teoria, impelem para além da sociedade burguesa, do mesmo modo Comte esperava, na medida em que a racionalidade não era tão crítica em relação à sua própria debilidade real como no idealismo absoluto, a salvação de uma sociologia que remete às contradições sociais a conceitos desprovidos de contradições em si mesmos e uns em relação aos outros, cujo modelo mais puro são as leis estáticas e dinâmicas. Sua distinção nítida deve preparar seu equilíbrio na ciência e também no mundo. Tanto em Hegel quanto em Comte não se vê que a sociedade que se divide por força de sua própria dinâmica poderia ser conduzida a uma forma superior, humanamente mais digna. Ambos querem conservá-la em suas instituições vigentes; por isto Comte agrega à dinâmica como corretivo o princípio estático". (Theodor W. Adorno, GS 8, p.226; ver também a referência na nota 24, 1ª Aula {23.4.1968}).

to tipo de planejamento, abstraindo das relações de dominação efetivas nos termos em que estas se apresentam na sociedade. Neste sentido, apesar de seu muito lembrado positivismo, Comte era completamente idealista, já que para ele tanto a história quanto a sociedade eram construções do espírito, do espírito dominante, ou seja, do espírito teológico, metafísico, científico, sem levar em conta as forças sociais reais subjacentes. Com efeito, a leitura do *Cours de philosophie positive* – tarefa trabalhosa e não muito representativa do *esprit* dos autores franceses, embora seja necessária ao estudioso da Sociologia – revelará que, no referente aos dois princípios que, segundo Comte, dominam a sociedade, o princípio estático e o dinâmico, ou então, o princípio da ordem e o do progresso, que ele distingue de modo bastante rígido, ou, se preferirem, bastante mecânico, toda a simpatia, // isto é, os acentos efetivamente positivos, se encontram do lado da ordem, da estática. Assim, o problema propriamente posto por ele é como a dinâmica pode ser contida dentro de limites. Aliás, essa é a diferença decisiva em relação a seu mestre Saint-Simon, que, por ainda fazer parte da burguesia militante, comportava um acento dinâmico muito mais vigoroso. Embora também nele uma motivação tecnocrática, como a do papel central dos especialistas técnicos, já esteja, senão realizada, pois o estágio da técnica na época não o permitia, mas ao menos bem presente.[6] Pode-se dizer que também aqui se apresenta a ambiguidade peculiar da Sociologia, uma

---

6 Sobre a relação de Saint-Simon com Comte, ver Oskar Negt, "Strukturbeziehungen zwischen den Gesellschaftslehren Comtes und Hegels" ["Relações estruturais entre as teorias sociais de Comte e Hegel"], Frankfurt a. M., 1964, p.36s. (*Frankfurter Beiträge zur Soziologie*, v.14).

vez que justamente essa motivação – ou seja, a de pensar a sociedade essencialmente a partir da técnica, tornando a técnica em certo sentido a categoria-chave da sociedade – se converteu a seguir na raiz da teoria das forças produtivas em Marx, que se tornaria a diferença essencial deste em relação à economia política clássica, na qual não existe uma teoria como essa. É muito curioso – e me refiro à questão apenas para mostrar-lhes a profundidade alcançada pela contradição apontada também em pensadores de orientação contrária – que mesmo em Marx, que era muito crítico e avesso em geral ao que se chama de Sociologia, e em especial a Comte, encontra-se essa ambivalência, na medida em que ele partilhou a crença na técnica e no primado da técnica com Saint-Simon e, se quisermos, com Comte. Estava imbuído da visão bastante otimista de que o estágio das forças produtivas precisava se impor em qualquer circunstância como categoria-chave da sociedade, enquanto, de outro lado, considerava socialmente determinantes as relações especificamente sociais, a saber, a estrutura da propriedade conforme seu posicionamento em relação aos meios de // produção. Creio que não fazemos injustiça a Marx ao afirmar que a questão acerca do que é determinante, as forças produtivas técnicas ou as relações de produção, ainda não foi, para dizer com alguma cautela, decidida de modo inequívoco. É claro que também é possível dizer – e aqui vocês já vislumbram o que poderia ser uma concepção dialética da sociedade – que efetivamente uma teoria do primado absoluto, seja das forças produtivas, seja das relações de produção, é impossível, mas sim que isso muda, até mesmo conforme o estado das lutas sociais. Enquanto os interesses da classe burguesa ascendente eram aqueles que procuravam liberar as forças produtivas, existiu certo equilíbrio entre forças produtivas e relações de produção que, por assim dizer, autorizava Marx a focalizar as forças produtivas como categorias-chave. De outro lado, penso que um dos pontos em que a situação atual se distingue essencialmente daquela analisada por Marx é que hoje, simplesmente por razões dos que se encontram no controle e apesar de toda chamada sociedade industrial, as relações de produção social detêm a supremacia em relação a tais forças técnicas.[7] — Vocês podem ver que os problemas, que desenvolvi aqui para visualizar por que a Sociologia não é uma ciência tão unânime como a Medicina ou o Direito, não têm sua causa apenas na heterogeneidade de seu objeto, mas em sua natureza específica, isto é, em seu próprio caráter antagônico. Meu primeiro objetivo era chamar a atenção para isso.

Em seu sentido estreito, a concepção da Sociologia foi de início propriamente retrospectiva, em contraposição ao que em Marx seria denominado economia política, ou melhor, "crítica da economia política". // Tal como nas ciências naturais, tratava-se de analisar o que se encontrava dado com base em certos elementos, formulando-se a seguir previsões sem que nessa concepção houvesse lugar para o conceito de espontaneidade ou de inflexão. A única tentativa de introduzir nesse tipo de Sociologia o momento da espontaneidade, a tentativa de Vilfredo Pareto que mencionei antes, é por isso muito interessante, porque nela, apesar de desempenhar um papel muito interessante, o momento dinâmico no fundo apenas se destina a conservar pela chamada "circulação das elites" o equilíbrio

---

7 Adorno situou a questão do nexo entre forças produtivas e relações de produção no centro de sua conferência *Spätkapitalismus oder Industriegesellschaft?* [Capitalismo tardio ou sociedade industrial?] na reunião da Sociedade Alemã de Sociologia. (Theodor W. Adorno, GS 8, especialmente p.361-70).

social, em vez de, por exemplo, eliminar a própria irracionalidade da sociedade. Ao contrário: para o próprio Pareto essa irracionalidade é a última palavra da sociedade. Justamente porque – como lhes afirmei no início – na concepção de Sociologia de Pareto não pode haver algo como verdade, a Sociologia ela própria assume o aspecto caótico e irracional que possibilitaria até mesmo, sem muitas dificuldades, colocar a Sociologia de Pareto a serviço do senhor Mussolini.[8] Quando na tradição de seu país, em que essa concepção desempenhou papel importante, Pareto assumiu novamente a concepção do caráter cíclico do movimento social[9] que em última análise data de Aristóteles, isso revela claramente o que chamo de momento retrospectivo da Sociologia em seu sentido estreito, a meu ver hoje preponderante. Ou seja, que propriamente não pode haver o "outro" ou o "novo", mas que a sociedade é e deve permanecer natureza, no sentido da repetição cega de processos naturais, justamente como corresponde à experiência na Itália. Há que levar em conta claramente que um povo muito alerta, cético e sábio foi submetido durante // milênios a incontáveis dominações, sem poder reagir apesar de todo seu conhecimento e experiência. Ao contrário: *on a survécu*, foi possível sobreviver. Sua caracterização como ciência da sobrevivência, quase poderíamos dizer, sempre foi inerente à Sociologia. Não pretendo com isso expressar contra tal pensamento

---

8 Sobre a relação entre a teoria das ideologias de Pareto e o Estado totalitário, ver Adorno, *Beitrag zur Ideologienlehre* [*Contribuição à teoria das ideologias*], Theodor W. Adorno, GS 8, p.464-70.

9 Ver Aristóteles, *Politik*, I. Buch, 1253a [*Política*, livro 1, 1253a] (Die Naturgegebenheit des Staates [A realidade natural do Estado] e o livro 5 (Über den Wechsel der Verfassungen) [Sobre a mudança das constituições].

do sobreviver nada de depreciativo ou desprezível, pois certamente também hoje a Sociologia precisa manter algo dessa motivação de sobrevivência, se quiser conservar sua finalidade. Se a motivação da sobrevivência não estiver presente nela, se seu interesse não for, apesar de tudo, o da sobrevivência da espécie humana, a Sociologia seria somente um jogo intelectual vazio. É claro que essa motivação da sobrevivência atualmente não admite soluções como as imaginadas no passado, no sentido de técnicas sociais ou fórmulas de especialistas. E o debate na Sociologia contemporânea não é, como se pretende afirmar, entre trabalhosos esboços abstratos, de um lado, e a ocupação com problemas concretos de como o mundo poderia ser melhorado, de outro. Ele consiste essencialmente na perspectiva de como, por fim, é possível sair deste maldito círculo vicioso estabelecido justamente por Pareto e incontáveis sociólogos, entre os quais também o grande filósofo da história Vico, onde o nexo com o concreto é muito diferente do que se apresenta no debate público. – Considero importante dizer isso, pois parece-me que a opinião pública, que não se deu ao trabalho de acompanhar as // "discussões" recém-ocorridas em Frankfurt, distorceu por completo as questões realmente importantes, devido à distinção entre uma Sociologia alegadamente filosófica e abstrata e uma Sociologia alegadamente prática e concreta. Para mim é crucial que os senhores não se apóiem nessa opinião pública.[10] A crítica aos monopólios da opinião pública refere-se aos relatos, aos relatos públicos acerca da ciência e das manifestações da ciência; mesmo relatos desse tipo e até o que pode ser lido a esse respei-

---

10 Ver nota 2, I^a Aula {23.4.1968} e nota 1, 2ª Aula {25.4.1968}.

to em geral é direcionado e distorcido de um modo inimaginável. Talvez tenhamos a possibilidade ... [*Interrupção provocada por aplausos*] Talvez tenhamos a possibilidade de examinar com mais detalhes tais distorções em nosso seminário complementar. Gostaria muito de discutir esse tema aqui. [*Aplausos*]

Se os senhores me perguntarem o que a Sociologia afinal deveria ser, eu diria que deve ser a compreensão da sociedade, isto é: do que é essencial na sociedade. Compreensão do que é, mas no sentido em que tal compreensão é crítica, no sentido em que o que "é o caso", segundo a expressão de Wittgenstein,[11] seja medido de acordo com o que reivindica ser, para se poder detectar nessa contradição os potenciais, as possibilidades de uma transformação da constituição geral da sociedade. Contudo, minhas senhoras e meus senhores, peço que não anotem o que acabei de dizer para ser guardado como uma definição da Sociologia. Uma das características de uma teoria dialética – e a teoria da sociedade cujos fragmentos estou apresentando é dialética – é que, de acordo com Hegel, não se pode resumi-la em uma "frase"[12] e somente praticando-a pode-se alcançar o que uma tal teoria ou a Sociologia ela própria é ou deve ser. Eu diria que ao proceder assim, cada parcela singular de conhecimento social ou de crítica social contrabalança conceitos gerais, definidores e abrangentes e é essa convicção que sustenta

---

11 Alusão à conhecida formulação de Wittgenstein: "O mundo é tudo que é o caso." Ludwig Wittgenstein, *Schriften: Tractatus logico-philosophicus. Tagebücher 1914-1916. Philosophische Untersuchungen.* [*Investigações filosóficas*] Frankfurt a. M., 1960, p.11.

12 Não foi possível localizar essa formulação de Hegel, várias vezes mencionada nos textos de Adorno (por exemplo: Theodor W. Adorno, GS 6, p.24; Theodor W. Adorno, GS 11, p.485).

a minha recusa em apresentar uma definição – como já disse antes. // Definições como essas pertencem ao tipo de pensamento tradicional, que fixa e organiza conforme conceitos rígidos e cuja crítica se apoia em uma posição acerca do que gostaria de discorrer aqui brevemente.

Mas gostaria de me deter um pouco na questão da temática da Sociologia, pois os senhores têm o direito de saber mais a respeito do que constitui objeto da Sociologia. Em primeiro lugar, essa questão padece pela configuração do tema da Sociologia constituir, de acordo com Hegel, uma "má infinitude".[13] Ou seja, não há nada, mas nada mesmo, sob o sol que, por ser mediado pela inteligência humana e pelo pensamento humano, não seja ao mesmo tempo também mediado socialmente. Pois a inteligência humana não é algo dado em definitivo ao ser humano individual, mas na inteligência e no pensamento encontra-se a história de toda a espécie e, pode-se até dizer, de toda a sociedade. Creio que é preciso assegurar-se disto. Isso vale também para as ciências naturais e para a técnica. Desculpem o exemplo sem rodeios – escolhido apenas para lhes esclarecer algo que passaria despercebido à consciência. É provável que descobertas decisivas da Medicina, como as das causas e portanto de uma possível cura do câncer, já de há muito poderiam ter sido feitas se uma parcela enorme do produto social não fosse gasta por motivações sociais, seja com fins armamentistas, seja com pesquisas de estrelas desabitadas para fins publicitários [*Assobios*] e isso ocorre no mundo todo [*Aplausos*].

---

13 Sobre o conceito de "má infinitude" e de "verdadeira infinitude", ver, por exemplo, Hegel, *Werke, 5: Wissenschaft der Logik I*. Frankfurt a. M.: Suhrkamp, 1969, p.149-73.

Não sei se seus "assobios" se devem à eventual crença de que o homem será encontrado na Lua [*Aplausos*] ou a outro motivo. Mas parece-me absurdo que problemas e necessidades // tão elementares e que se referem de modo tão direto à vida humana, como a possível cura de doenças pretensamente incuráveis que em princípio poderiam ter solução como me atestaram vários médicos, não são solucionados por motivações sociais. Considerações semelhantes valem para as possibilidades de uma técnica que poderia ser possível e que sem dúvida poderia não [apenas] ser unilateralmente direcionada à centralização – como demonstra sobretudo Adolf Löwe,[14] um economista norte-americano de origem alemã – mas que, até hoje, não foi implementada por motivações da organização social, isto é, simplesmente por causa da concentração do capital.[15]

---

14 Ver Adolf Löwe, *Economics and Sociology. A Plea for Co-Operation in the Social Sciences*. London: 1953; mas, possivelmente, Adorno referia-se ao ensaio "The Social Productivity of Technical Improvements", in: *The Manchester School*, 8, 1937, p.109-24.

15 Na conferência *"Spätkapitalismus oder Industriegesellschaft?"* [Capitalismo tardio ou sociedade industrial?] feita na reunião da Sociedade Alemã de Sociologia Adorno insistia em não se culpar a técnica pelos momentos estáticos na sociedade: "A fatalidade não é a técnica, mas seu enredamento com as relações sociais pelas quais é cercada. Recorde-se apenas que a atenção aos interesses do lucro e da dominação canalizou o desenvolvimento técnico: por ora ele concorda de modo fatal com necessidades de controle. Não seria por acaso que a invenção de meios de destruição converteu-se em protótipo para a nova qualidade da técnica. Frente a isso definharam aqueles de seus potenciais que se distanciam de dominação, centralismo, violência contra a natureza e que provavelmente possibilitariam salvar muito do que é destruído de modo literal e figurado pela técnica" (Theodor W. Adorno, GS 8, p.362s.).

Não apresento esses exemplos nessa oportunidade para discorrer sobre se de fato ocorreram realmente dessa maneira nesses casos específicos. Com pensamentos como esses surgem de imediato as famosas controvérsias – do tipo "sim-mas" – e nenhum mal ocorre no mundo em relação ao qual não existam os mais fortes argumentos para justificar sua necessidade e que em nenhuma hipótese poderia ser diferente. Porém, de qualquer modo – e eu gostaria que os senhores compreendessem adequadamente o que estou dizendo – os senhores podem apreender a partir desses exemplos bem crus, o quanto inclusive os posicionamentos de problemas que nada têm a ver diretamente com a sociedade encontram-se mesmo assim, como se diz, socialmente mediados. E o quanto a sociedade está presente também naquilo que conforme seu próprio conteúdo, ou seja, como natureza, aparentemente nada tem a ver com a sociedade. Disso derivam consequências divergentes de acordo com as duas posições fundamentais de apreensão da sociedade, científica ou espiritual. De um lado, afirma-se que o interesse da Sociologia deveria ser sobretudo o interesse pelo essencial, que a Sociologia tem a ver com o que é socialmente relevante e não com questões irrelevantes. Nos termos abstratos em que se encontra colocada, essa posição teria a concordância da maioria dos sociólogos. // Mas também ela encerra uma grande dificuldade. Em primeiro lugar, simplesmente a dificuldade em distinguir *a priori* o que é relevante do que não é tão relevante assim no conhecimento social. É possível que, em certas circunstâncias, ocupar-se exatamente com fenômenos supostamente secundários e opacos pode conduzir a conhecimentos sociais extraordinariamente relevantes. Isso porque justamente temas e matérias que ainda não se encontram enredados na *communis opinio* de abrangência global, que em certo sentido ainda não estão absorvidos no sistema da consciência dessa sociedade, são os mais propícios à oportunidade de obter certas perspectivas não imanentes ao sistema, mas que tocam o sistema a partir de seu exterior. Nesse contexto quero mencionar a teoria de Sigmund Freud que, independentemente do que se pensa individualmente acerca de seu peso em uma teoria da sociedade, foi muito fecunda para a dimensão empírico-subjetiva da Sociologia, ou seja, para a determinação de motivações de pessoas e grupos. Ela jamais poderia ter sido desenvolvida nesses termos se desde o início se concentrasse nos chamados problemas principais oficiais, e se tornou o que ela é na medida em que se voltou ao "resíduo do mundo fenomênico" – na expressão de Freud.[16] No mesmo contexto quero citar as obras de Benjamin que hoje repercutem de modo extraordinário na Sociologia e sobretudo na Teoria Crítica da Cultura e cujo princípio fundamental consistiu em se referir unicamente aos chamados materiais e fenômenos apócrifos; obras que se revelaram tanto mais fecundas quanto mais fiéis a esse princípio. Gostaria de acrescentar a esse respeito que a ocupação com o efêmero, o imperceptível, e não no sentido da // temática oficial já disponibilizada, pressupõe naturalmente que se traga consigo – quase diria, de modo latente, o interesse no essencial e o olhar para o essencial. Se por trás de trabalhos como os de Freud não existisse afinal o interesse pela história da civilização como uma história da falência e da repressão, ou se por trás

---

16 Sigmund Freud, *Gesammelte Werke*, 11: *Vorlesungen zur Einführung in die Psychoanalyse* [*Lições introdutórias à psicanálise, I e II*] Ed. Anna Freud et al. London, 1940, p.20.

da concepção de Benjamin não estivesse a teoria da "imagem dialética"[17] como uma aparência socialmente necessária, então nunca viriam a se iluminar os fenômenos que levaram tais teorias a se desdobrarem. De outro lado, contudo, por essa via naturalmente se modificam as representações de outro modo apresentadas abstratamente à sociedade. Nesse sentido, é um mal-entendido total em relação ao que nós "frankfurtianos" pretendemos – para dizê-lo de modo grandiloquente – atribuir-nos justamente uma negligência em relação aos momentos concretos da ideia abstrata. Acontece precisamente o contrário: tanto nossa simpatia quanto nosso interesse material dirigem-se justamente a tais momentos concretos, embora em um sentido francamente diferente ao da ciência usual, que é de classificação e processamento.

Nessa busca do essencial há uma inevitável e permanente relação com a prática. Por isso eu diria que – e assim gostaria de me defender um pouco das objeções que muitos de vocês levantaram contra mim – no âmbito de uma teoria da sociedade, certas questões subjetivas, ou, se quisermos, sociopsicológicas, em si desprovidas de maior dignidade em face dos problemas estruturais da sociedade, possuem mesmo assim uma dignidade. Isso ocorre porque – e não há como evitar esse destaque – acredito que após Auschwitz, e nisso Auschwitz foi prototípico para algo que se repete continuamente no mun-

---

17 Acerca do modo pelo qual chegou a nós a influência da *Theorie des dialektischen Bildes* [Teoria da imagem dialética], que o próprio Benjamin nunca desenvolveu por escrito, ver Rolf Tiedemann, *Dialektik im Stillstand. Versuche zum Spätwerk Walter Benjamins* [A dialética em suspenso. Ensaios sobre a obra de maturidade de Walter Benjamin. Frankfurt a. M.: 1983, p.32s. e 40 (nota 17).

do desde então, simplesmente o interesse em que isso nunca mais // ocorra e que seja interrompido onde e quando ocorrer, que este interesse, ainda que se trate de aparentes epifenômenos da sociedade, seja determinante na escolha dos problemas e dos meios de conhecimento. – Recordo-me de ser criticado por uma socióloga, esposa de um filósofo famoso, por ter um interesse exagerado em relação a Auschwitz e questões conexas. Quando seis milhões de pessoas inocentes são assassinadas por uma motivação delirante, ainda que, no sentido de uma teoria da sociedade, isso seja considerado um epifenômeno, algo de derivado e não decisivo, penso que a simples dimensão de horror possui um tal peso e um tal direito, que ela justifica nesse caso a exigência pragmática de, antes de mais nada, promover o conhecimento, conferindo-lhe uma certa prioridade – perdoem-me o uso dessa palavra de terrível lembrança – com o objetivo de evitar a repetição de tais acontecimentos. Na próxima aula me deterei mais no complexo referente ao essencial e à crítica ao mesmo essencial de que devemos nos ocupar.

// *3ª Aula*
30.4.1968

Senhoras e senhores,

Na última aula afirmei que, pela minha perspectiva e a da Sociologia que represento, ocupar-se com o essencial parece-me um critério decisivo para a seleção dos objetos da Sociologia. Nessa oportunidade, afirmei também que o essencial não pode se identificar com os grandes temas e, inclusive, que os grandes temas, como tantas vezes ocorre no âmbito da reflexão intelectual, encontram-se marcados com as impressões digitais do pensamento, de modo tal que se torna muito difícil obter uma relação efetivamente primária com eles. O essencial poderá ser – e penso que hoje até mesmo será – apreendido em fenômenos por si próprios aparentemente desprovidos de tal significado, nos quais, contudo, o essencial se manifesta de modo mais completo do que se nos aproximássemos das questões essenciais de forma imediata, que poderia até mesmo ser identificada como uma obsessão em relação ao grandioso. Nessa oportunidade também me pronunciei contra o conceito de prioridades e, se bem recordam minhas palavras, utilizei o argumento de que é impossível de antemão perceber se um mero objeto é essencial ou não, e que em geral a decisão a esse respeito pode-se apoiar apenas em sua realização, ou seja, no que se revela a nós com esse objeto. Com o intuito de oferecer um quadro concreto a esse respeito, expus aos senhores uma série de exemplos.

O positivismo rejeita a questão do essencial, porém em um sentido inteiramente diferente daquele com [que] procurei relativizar essa questão mediante a indicação de que o essencial não pode ser desvendado imediatamente a partir dos objetos. Se os senhores me concederem // um minuto – tempo que será muito longo e se estenderá por toda a aula – quero utilizar o termo "positivismo" em um sentido amplo, não estritamente conforme o neopositivismo de Viena[1] ou a chamada teoria da ciência e filosofia analítica hoje florescente nos Estados Unidos, mas justamente em um sentido mais abrangente, que por ora não pretendo designar de outro modo que não o de ser a contraposição cientificista em relação às coisas, que são objeto de nossas preocupações. Nesse sentido, o positivismo

---

1 Grupo de filósofos, cientistas e matemáticos, o chamado "Círculo de Viena", que nos anos vinte e trinta do século passado desenvolveu as bases do "empirismo lógico". Representantes importantes eram, entre outros, Moritz Schlick (1882-1936), que a partir de 1922 foi indicado para ocupar a cadeira de Ernst Mach (1838-1916) em Viena e é considerado o fundador do Círculo de Viena, Rudolf Carnap (1891-1970) e Otto Neurath (1882-1945). Em relação à crítica desenvolvida já nos anos trinta do século passado às concepções teóricas do Círculo de Viena, ver: Max Horkheimner, "Der neueste Angriff auf die Metaphysik" [O mais recente ataque à metafísica] e idem "Traditionelle und kritische Theorie" [Teoria tradicional e teoria crítica], *Gesammelte Schriften, 4: Schriften 1934-1941*. Ed. por Alfred Schmidt e Gunzelin Schmid Noerr. Frankfurt a. M.: 1988, p.108-61 e p.162-216.

rebateria essa questão, essa exigência de que a Sociologia se ocupe do que é essencial, sustentando que não existe essência, ou conforme a famosa formulação de Schlick, recentemente destacada por alguns dos senhores, de que propriamente não existe essência, existem apenas fenômenos.² Isso tem múltiplas consequências. De um lado, parece que assim naturalmente escapamos do que Nietzsche³* já havia denunciado na metafísica tradicional, a saber, o "por trás do mundo", o que é relacionado

---

2 Nos termos indicados, esta formulação não pôde ser comprovada na obra de Schlick. Diferentemente do positivismo mais antigo, como o de Mach, que se limitava apenas à descrição do dado positivo imediato, Schlick assume a existência de coisas e processos não dados, mas considera a distinção entre fenômenos e coisas como em si irrelevante. Para Schlick, a impossibilidade de o fenômeno corresponder à sua essência não imediatamente dada, constitui um *Scheinproblem*, um problema ilusório, já que determinações de essência são por princípio "indizíveis". Mas essa é precisamente a questão decisiva para Adorno. "Não é a menor das diferenças entre as concepções dialética e positivista o fato de o positivismo, de acordo com a máxima de Schlick, querer fazer valer apenas o fenômeno, ao passo que a dialética não se deixa dissuadir a respeito da diferença entre essência e fenômeno. Por sua vez, é uma lei social que as estruturas decisivas dos processos sociais, como a desigualdade mascarada dos supostos equivalentes, não possam ser reveladas sem a intervenção da teoria. A suspeita em relação ao que Nietzsche chamou de supramundano é tratada pelo pensamento dialético ao dizer que a essência oculta é a não essência (Unwesen)".

3 Ver Friedrich Nietzsche, "Also sprach Zarathustra. Von den Hinterweltlern" [Assim falou Zaratustra], in: *Werke*, 2. Ed. Karl Schlechta, 9.ed., München, 1982, p.297-300.

* No original em alemão, ao mencionar a crítica de Nietzsche à metafísica tradicional, Adorno refere-se ao trecho assinalado do *Zarathustra* e destaca que ali "*Hinterweltlerischen* refere-se à palavra com 'e'". Adorno indica assim que há uma outra palavra de pronúncia idêntica

à busca, atrás do mundo dos fenômenos, de um oculto algo outro, cuja crítica constituiu ao longo da história uma das intenções da ilustração, apreendida esta em um sentido muito amplo. De outro lado, há nisso também uma inflexão muito peculiar da Sociologia, que foi-me confessada na América[4] por parte de sociólogos positivistas de uma maneira levemente apologética, e que foi assumida explicitamente pelo sociólogo Scheuch, de Colônia, como muitos que estiveram presentes à reunião da Sociedade Alemã de Sociologia devem recordar. Ou seja: o trabalho da Sociologia deve orientar-se em ampla medida pelos métodos de investigação, elaborando-os, e não pela relevância dos objetos.[5] Portanto, não deve orientar-se pela relevância da

---

    que não é com "e" mas sim com "ä", e aponta à relação – fundamental para a compreensão do texto nietzscheano -- entre dois termos em alemão: *Hinterweltlerischen* ("tras-mundano") com "e" de *Welt*: mundo, indicando a busca da essência por trás do mundo, e *Hinterwäldlerischen*, com "ä" de *Wald, Wälder*: floresta, mato, que se refere a "ignorante", "matuto", "que vive no fundo da floresta". (N.T.)

4 Ver Adorno, "Wissenschaftliche Erfahrung in Amerika" (Experiência científica na América), in: Theodor W. Adorno, GS 10.2., p. 702-38.

5 Ver Erwin K. Scheuch, *"Methodische Probleme gesamtgesellschaftlicher Analysen"* [Problemas metodológicos de análises sociais globais], in: *Spätkapitalismus oder Industriegesellschaft?* [Capitalismo tardio ou sociedade industrial?], op. cit., p.153-82; ver também o protocolo da discussão sobre a apresentação de Scheuch, ibidem. Para Scheuch (nascido em 1928), não apenas a limitação da Sociologia como ciência específica deriva "de seus instrumentos", mas inclusive sua autolimitação diante de seus objetos: "Nesta medida subsiste como autolimitação o que parece um erro de princípio aos filósofos sociais: não é a coisa ou a compreensão do problema que afinal determinam os limites da investigação, mas em última instância o instrumental que em cada caso encontra-se disponível, isto é, que corresponde às exigências de objetividade". (ibidem, p.154)

39 compreensão almejada // – para evitar uma formulação muito grosseira e coisificada –, porque a rigor algo desse tipo não existe. Dessa orientação resultaram incontáveis trabalhos que meramente aplicam quaisquer instrumentos de pesquisa disponíveis – como eu próprio inventei um instrumento de pesquisa repetidamente aplicado,[6] sinto-me como a criança escaldada que teme o fogo – ou que utilizam à exaustão sempre os mesmos métodos de pesquisa, aplicando-os a diferentes problemas ou objetos de investigação e, quando isso não dá certo, modificam e refinam os instrumentos de pesquisa, introduzindo de antemão na Sociologia algo muito importante para o debate, para o debate metodológico, que quero colocar no centro desta preleção. Por essa via se introduz na Sociologia essa tendência da aplicação de algo previamente dado, da subordinação, de uma certa maneira administrativa, a tarefas impostas de cima para baixo. Pois se não existe propriamente uma decisão a respeito de fenômeno e essência, se o próprio conceito de essência pertence ao âmbito da mera superstição, então as ques-

---

6 Adorno pensava na Escala F(ascismo), utilizada em *Authoritarian Personality* [*A personalidade autoritária*] (ver as referências na nota 11, 9ª Aula {11.6.1968}), em cuja elaboração teve participação decisiva e a qual serviu como modelo para muitas outras escalas no Instituto de Pesquisa Social: por exemplo, a Escala A, "para a investigação da suscetibilidade a comportamentos autoritários", que entre membros do Instituto também era denominada de escala Adorno (Ludwig von Friedeburg, Jürgen Hörlemann, Peter Hübner et al., *Freie Universität und politisches Potential der Studenten. Über die Entwicklung des Berliner Modells und den Anfang der Studentenbewegung in Deutschland* [Universidade livre e potencial estudantil. Sobre o desenvolvimento do modelo berlinense e o início do movimento estudantil na Alemanha], Neuwied, Berlin: 1968, p.572.

tões da Sociologia podem naturalmente ser a bel-prazer direcionadas para tarefas – usando aqui a palavra "tarefa" em seu sentido mais veemente, minhas senhoras e meus senhores – impostas a partir de uma determinada posição administrativa, podendo nesta medida realizar o que se costuma chamar de trabalho socialmente útil. Aqui as relações se inverteram a tal ponto que um sociólogo como Ralf Dahrendorf – que também nega a orientação pelas questões de princípio, embora não de modo radical; ele assume uma posição intermediária ao procurar abafar a questão, mais no sentido de Robert Merton e da *theory of the middle range* (teoria do alcance médio)[7] – acusa a teoria crítica de se distanciar demasiado da prática[8] por se refe-

---

7 Ver Robert K. Merton, Social Theory and Social Structure [*Teoria social e estrutura social*], 2.ed., Glencoe: Ill. 1957, p.5s. Merton deu fundamentos estritamente pragmáticos a seu ensaio de escapar ao dilema entre "teoria" e "empiria": "Em geral eu procuro concentrar a atenção no que poderíamos chamar de *Teoria do alcance médio*. Teorias que se encontram a meio termo entre as pequenas hipóteses de trabalho, que são desenvolvidas em grande quantidade durante a rotina diária da pesquisa, e as especulações de alcance universal, que encerram um esquema conceitual fundamental, de que se espera derivar um grande número de uniformidades do comportamento social empiricamente observadas". (Citado conforme Ralf Dahrendorf, *Die angewandte Aufklärung. Gesellschaft und Soziologie in Amerika*. [A ilustração aplicada. Sociedade e sociologia nos Estados Unidos] München: 1963, p.152s.

8 Ver Ralf Dahrendorf, "Herrschaft, Klassenverhältnis und Schichtung" [Poder, relações de classe e estamentos], in: *Spätkapitalismus oder Industriegesellschaft? Verhandlungen des 16. Deutschen Soziologentages* [Capitalismo tardio ou sociedade industrial?], op. cit., p.88-99. Em seu texto, Dahrendorf refere-se diretamente à conferência de abertura de Adorno, "Capitalismo tardio ou sociedade industrial?", situando no centro de sua intervenção "o debate sobre a relação entre teoria e prática na sociologia".

rir ao todo e por não executar tarefas concretas diretas. // Aparentemente o positivismo realizaria o nexo com a prática que seria negado a uma teoria crítica da sociedade. Para adiantar a questão: assim se modificaria de tal modo o conceito de prática, que este designaria nada além do fornecimento de material para todo procedimento no âmbito do *setup* social dado em seu conjunto. Vista de modo subjetivo, ou seja, pela perspectiva do que fazem os sociólogos, essa tendência corresponde ao "assalariamento empregatício" da profissão de sociólogo. Por essa via, o técnico de pesquisa, o funcionário de pesquisa que assume tarefas e aplica a elas métodos previamente existentes, se coloca no lugar do cientista autônomo que, com base em sua experiência, dispõe por si próprio as suas questões e elabora, com base no conhecimento disponível e em desenvolvimento, suas próprias técnicas e metodologias.

Peço-lhes aqui para não ser mal interpretado. A crítica dirigida ao conceito de essência ao longo dos séculos e que resultou na impossibilidade de se compreender o mundo como essencial e dotado de sentido, à maneira de um plano divino que nele se manifesta, essa crítica não pode ser revogada. Contudo – creio que já procurei expor isso aos senhores – esta essência ela própria não é dotada de sentido, não é uma positividade *sui generis*, mas antes o nexo de enredamento ou o nexo de culpa que abrange todas as partes singulares e em todas elas se manifesta. Dizer "se manifesta" implica uma exigência que impõe contenção ao pensamento apressado e amador dos lugares comuns. A proposição de Hegel segundo a qual a essência precisa se manifestar[9] tem sentido também para a Sociologia e tam-

---

9 Ver Hegel, *Werke*, 6: *Wissenschaft der Logik II*. Frankfurt a. M.: 1972, p.124.

bém // para seus métodos, na medida em que estes concernem à análise da essência. Ou seja, é de todo ocioso e vazio falar "da essência" ou "das leis essenciais da sociedade", se pela sua interpretação estas leis não se tornarem visíveis elas próprias nos fenômenos; se esta essência não for revelada justamente nos fenômenos. Acredito que, salvo se tornarmos essa proposição — de que a essência precisa aparecer —, uma rígida máxima da autocrítica, a Sociologia teórica efetivamente corre o risco de se converter em uma visão de mundo vazia ou em clichês impostos e enrijecidos. O risco mais grave a ameaçar essa disciplina hoje, está em que ela de algum modo se polariza: de um lado, a mera constatação de fatos; de outro, a declamação irresponsável de visões essenciais, verdadeiras ou alegadas. É preciso recordar a crítica dirigida à fenomenologia a partir da posição dialética, à qual imagino ter trazido algumas contribuições na *Metacrítica da teoria do conhecimento*,[10] para lhes deixar claro que o interesse pela essência não pode estar em discernir essências a partir de fenômenos de modo imediato, inequívoco e fora de qualquer contexto argumentativo. Ao fazer isso, não pretendo negar o momento de verdade existente na fenomenologia. Quem não tem um olhar para como o essencial se desenvolve ou aparece em fenômenos sociais singulares, quem não sabe visar e ler os *faits sociaux*[11] singulares como cifras do social, não deveria, a meu ver, se ocupar da Sociologia como ciência, e seria melhor tornar-se um técnico social, ou como se queira chamar, já que não é sociólogo. Entretanto, também não seria sociólo-

---

10 Ver Theodor W. Adorno, *Zur Metakritik der Erkenntnistheorie. Studien über Husserl und die phänomenologischen Antinomien*. In: GS 5. p.7-245.
11 Ver nota 17, I ª Aula {23.4.1968}.

go quem se contentasse unicamente com isso, deixando de submeter tais intuições essenciais à comprovação, sobretudo conforme as condições que são essencialmente históricas, // sob as quais o fenômeno surgiu e que, a seguir, o fenômeno expressa e verbaliza de modo variado.

No entanto, voltando à pergunta sobre o que afinal é essencial, darei de início uma resposta desprovida de sutileza, apesar das restrições ao conceito de essência feitas em nossa última aula. Presumindo a sua não familiaridade com o tema, indico assim simplesmente a direção pela qual se deve orientar uma Sociologia ou uma ciência da sociedade interessada pelo que é essencial. Assim eu diria: essenciais são as leis objetivas do movimento da sociedade referentes às decisões acerca do destino dos homens, que constituem a sua sina – que justamente é decisivo mudar – e que, de outro lado, também encerram a possibilidade ou o potencial para que a sociedade cesse de ser a associação coercitiva em que nos encontramos e possa ser diferente. Porém, tais leis objetivas do movimento são válidas apenas enquanto efetivamente se expressam em fenômenos sociais, e não quando se esgotam no sentido de uma mera derivação dedutiva de conceitos puros – por mais profundamente enraizadas no conhecimento social que esses conceitos sejam. Darei um exemplo aos senhores: suponhamos que seja essencial a questão relativa a se a relação de classes faz parte da sociedade contemporânea. Creio que há acordo entre nós de que a questão "classe ou não?" é decisiva para um juízo acerca da sociedade vigente. Além disso, se pensarmos que o conceito de classe foi formulado objetivamente em todo o seu rigor pela primeira vez por Marx, é preciso orientar esse conceito de classe conforme o processo produtivo, e não apenas conforme a consciência dos homens individuais. A consciência de classe é secundária, mas é algo não desenvolvido por si só pelo processo // histórico. Justamente mediante o que a Sociologia acadêmica dominante descreve como fenômenos de integração, e que não podem ser negados simplesmente porque contrariam a religião sagrada, a consciência de classe tem a tendência a diminuir, ao contrário do prognóstico de Marx e da situação existente em meados do século XIX. Ora, no sentido de uma teoria concernente a leis essenciais, e, portanto, ao desenvolvimento antagônico da sociedade burguesa, é possível de início afirmar tratar-se de meros epifenômenos. O decisivo continua sendo a posição dos homens individuais no processo produtivo, portanto, se dispõem dos meios de produção ou se estão separados destes. Diante disto, é inteiramente indiferente se eles consideram a si próprios proletários ou não; isso, por assim dizer, faz parte do lado da mera ideologia e não pertence ao lado do socialmente essencial. Bem, até aqui é o que se encontra escrito na Bíblia. Mas desse modo o problema que gostaria de lhes apontar encontra-se e muito mais caracterizado do que resolvido. Se realmente ocorre que, conforme um valor limite, os que objetivamente são definidos como proletários já não possuem uma tal consciência e até mesmo a rejeitam com ênfase, de modo que por fim – como tendência – nenhum proletário se sabe proletário, então apesar dessa objetividade a utilização do conceito tradicional de classe adquire com muita facilidade um elemento dogmático ou fetichista. Aqui cabe registrar o ponto – e creio que este é essencial para destacar com muita ênfase o momento empírico na Sociologia – em que um tal conceito de classe há que ser confrontado com a realidade da consciência humana individual. Seguramente as classes //

não são definidas mediante a consciência de classe; mas quando os proletários, que alegadamente têm tudo a ganhar e nada a perder a não ser seus grilhões,[12] já não sabem que são proletários, então o apelo prático dirigido a eles adquire, de sua parte, um momento ideológico a ser apreendido a fundo pelo conhecimento sociológico, que dele precisa prestar contas. Acredito que em grande parte a situação é tal que nessas circunstâncias muitos sociólogos, e inclusive os poucos, ou parte deles, que dão importância às leis essenciais e à compreensão da objetividade da sociedade, simplesmente mandam ao diabo o conceito objetivo da lei essencial com tudo que o cerca e se jogam nos braços da mera constatação dos fatos.

Senhoras e senhores: creio que um ponto realmente decisivo ao comportamento intelectual da Sociologia é que isso não ocorra. Acredito que a melhor maneira de lhes mostrar o que considero ser a inter-relação recíproca entre essência e fenômeno que pretendo apresentar é enfatizar que a consequência do exposto não é afirmar: "Bem, classe é algo que já não existe; isso é uma metafísica; na realidade só existe estratificação social, que precisa ser medida conforme o padrão de vida subjetivo". Isso efetivamente violaria a essência do postulado da orientação da Sociologia. Em vez disso, para solucionar esse problema – e para resolver o problema já há muito à disposição – precisaríamos tentar derivar das leis essenciais objetivas da sociedade algo como a não implementação da consciência de classe ou o desaparecimento do proletariado, que designei

---

12 Adorno parafraseou as últimas sentenças do *Manifesto comunista*, de Marx e Engels: "Nela (a revolução) os proletários não têm nada a perder senão seus grilhões. Eles têm um mundo a ganhar".

há vinte anos como a pergunta enigmática: "Onde está o proletariado?" em *Minima Moralia*.[13] Aqui se localiza – para mencionar algo – a tendência à integração da sociedade, // diagnosticada pela primeira vez por Spencer:[14] o fato de a rede de socialização ser tecida em malhas cada vez mais densas, incorporando por essa via progressivamente mesmo aqueles que se situavam exteriormente à sociedade burguesa, ou melhor, se situavam meio fora da sociedade burguesa, tal como o proletariado industrial durante as décadas de trinta e quarenta do século XIX. Há que considerar também que a simples quantidade de bens produzida pelos progressos da técnica é tão extraordinária, que beneficia até mesmo aqueles que alegadamente nada teriam a perder e agora, devido ao crescimento da quantidade de bens, possuem algo que pode ser posto a perder. Ou então, para lembrar ainda um problema especificamente sociológico – e aqui os senhores podem realmente notar o grau de entrelaçamento entre as visões essencialistas e a chamada "Sociologia especial" – existe a realidade factual de que no conjunto dos trabalhadores a parcela dos que realizam trabalho material ou produtivo no velho e tradicional sentido

---

13 Theodor W. Adorno, GS 4, p.219 [*Minima Moralia*].
14 Ver Herbert Spencer, *Principles of Sociology*. London, 1876; tradução alemã de B. Vetter, 4 v., Stuttgart, 1877. Ver, em especial, §§ 227 e 228, bem como §§ 448-453: "Political Integration" [Integração política] e os §§ 454-63: "Political Differentiation" [Diferenciação política]; em relação às tendências integradoras da sociedade através da crescente divisão econômica do trabalho, especialmente §§ 763-7: "Dependência recíproca e integração". Em relação à teoria spenceriana da socialização crescente através de integração e diferenciação social, ver as passagens sobre Spencer em *Soziologische Exkurse*, op. cit., p.28-36 e a 5ª Aula {7.5.1968}.

marxista, portanto dos que atuam diretamente na esfera da produção, decresceu extraordinariamente diante daqueles que executam serviços, sobretudo, por exemplo, frente a todo o setor de reparos. – Mencionei-lhes de modo um tanto não sistemático essas questões; na realidade o conceito superior mais abrangente para isso é integração, e os outros momentos mencionados se ajustam a esse conceito como momentos parciais. Esses, portanto, não devem ser encarados como fatores situados no mesmo plano e atuando lado a lado. Pelo amor de Deus, não quero afirmar algo de errado nesse assunto e, ao apresentar modelos, expor teses sociológicas insustentáveis sob essa forma. Minha única intenção é mostrar que uma das tarefas da Sociologia é // fixar certas determinações essenciais, como as classes, que perduram em um sentido decisivo, a saber, o da dependência da maioria dos homens a processos econômicos anônimos e não transparentes. Ao mesmo tempo, também derivar ou ao menos compreender, a partir dessa tendência de desenvolvimento, modificações que conduzem a uma situação na qual fatos fundamentais, como o das classes, não aparecem hoje em seu sentido tradicional. Creio que esse breve modelo da dialética de fenômeno e essência serviu para dar aos senhores uma ideia do que queremos realmente dizer com relação ao empírico: que este não é considerado inexistente em prol do teórico, como acusam nossos inimigos positivistas. Ao contrário, espero poder mostrar que em certo sentido a concepção que tenho a satisfação de apresentar, tem muito mais a ver com o empírico, leva o empírico muito mais a sério do que a Sociologia generalizante. Voltaremos a essa questão. Mas talvez os senhores já estejam convencidos de que não se trata de mera *façon de parler* quando defendemos que o importante não é uma teoria solta, desconectada, porém efetivamente uma interação, uma inter-relação recíproca como a exposta anteriormente e que constitui propriamente o conceito de dialética.

Retenhamos o seguinte: de um lado, que o essencial é o interesse por leis do movimento da sociedade, sobretudo leis que expressam como se chegou à situação presente e qual a sua tendência. Além disso, que essas leis se modificam e valem apenas enquanto efetivamente aparecem. Por fim, como um terceiro passo, que a tarefa da Sociologia reside em, ou apreender a partir da essência inclusive essas discrepâncias entre essência e fenômeno, quero dizer: apreender teoricamente, ou ter efetivamente a coragem de abrir mão de conceitos de essência ou de leis gerais, absolutamente incompatíveis com os fenômenos e também não passíveis de mediação dialética. Também essa coragem é preciso // ter; acredito que, dentre os momentos de coragem civil cobrados atualmente, ela nem seja a mais desprezível. Ao se desfazer de categorias tradicionais, o importante é ao mesmo tempo manter-se fiel a estas, em vez de acreditar que é preciso juntar-se aos batalhões mais fortes, lançando ao mar o lastro de conceitos inoportunos e de difícil verificação.

Aliás, gostaria de pedir aos senhores que conceitos como o de essência ou o de conceito sejam compreendidos com uma certa liberalidade. A presente preleção não é o lugar em que posso aprofundar-me em tais conceitos conforme sua real problemática filosófica. Cheguei ao conceito de essência de propósito, ao falar-lhes do interesse da Sociologia por questões essenciais, portanto questões que afinal são essenciais, têm um significado essencial para a sobrevivência e para a liberdade da espécie humana. Peço agora não tomar esse conceito de essência conforme o modo como é compreendido no sentido estrito da teoria do conhecimento, isto é, como um ser em si, puramente conceitual, em certa medida prévio à faticidade e a ser conhecido em sua pureza. A maior parte do que aqui designei como essencial — como os que me acompanharam atentamente já devem ter notado — falando logicamente, não seria essência no sentido de conceitos singulares, mas sim essência no sentido de leis singulares, que se manifestam e são relevantes para a sociedade como um todo e para o destino dos indivíduos nela. Algo semelhante vale para o conceito de conceito. Quando me refiro a conceitos como "o capitalismo" ou "a classe", não cabe compreender nisso, por exemplo, definições conceituais pelas quais se afirma: classe é // isso e aquilo; ou capitalismo — como ocorre em Weber[15] — é definido como isso ou aquilo. Mas, antes, encontra-se implicado e referido desde o início um contexto de proposições ou juízos, no fundo um contexto teórico superabrangente que não pode ser obtido isoladamente a partir de conceitos singulares ou essências singulares. Digo isso somente porque, nas objeções levantadas contra a teoria que apresento, sempre se opera com o conceito de essência em contraposição ao conceito de proposição, de juízo, de lei. É evidente que aqui o conceito de essência apenas expressa a ênfase em tais contextos superabrangentes como são os formulados em juízos; que eles são essenciais, mas sem que possam ser apreendidos como meros conceitos no sentido lógico estrito.

---

15 Quanto à definição do capitalismo em Weber, ver Max Weber, *Gesammelte Aufsätze zur Religionssoziologie I* [Ensaios sobre a sociologia da religião], Tübingen, 1947, p.4s. Aqui Adorno fez uma alusão ao procedimento weberiano de antepor a um ensaio conceitos fundamentais sob a forma de uma "definição verbal". Uma exposição detalhada desse método weberiano de definição encontra-se em *Negativen Dialektik* [*Dialética negativa*] Theodor W. Adorno, GS 6, p.166-8.

Quanto ao problema da temática da Sociologia – com que vamos nos entreter ainda muito no curso de uma preleção introdutória como esta – quero sublinhar mais uma vez o que destaquei há pouco, ou seja, a peculiar dificuldade existente no problema do pragmatismo. Entre as inversões estranhas que existem, uma é aquela segundo a qual justamente aquela posição contraposta à minha seria a aparentemente mais prática, porque – precisamente por negar o interesse pelo essencial – pode concentrar-se, despreocupada, em quaisquer tarefas que lhe são atribuídas, de modo a sentir-se como a posição realmente prática. Um tipo de conhecimento que não se engaja sem mais em uma prática como essa, imanente ao sistema, porém se interessa efetivamente pelas leis essenciais – se me permitem tal formulação – ainda por cima é acusado de quietismo ou algo semelhante. Mas de sua parte o tipo de praticismo exercitado pelo positivismo é sempre e por necessidade essencial orientado à conservação dos sistemas sociais vigentes. Essa prática // deve ser compreendida como uma prática de aperfeiçoamento no âmbito dos sistemas sociais existentes, uma vez que, justamente por desconfiar do conceito de sistema social, do todo, da lei essencial, recusa o passe, ou melhor, o visto, a todas as considerações relativas a esse todo, procurando condená-las ao famoso inferno da metafísica. Digo isso aos senhores apenas para mostrar, nesta oportunidade, um problema que durante os últimos anos ocupou intensamente Habermas,[16] ou seja, a

---

16 Ver Jürgen Habermas, *Theorie und Praxis. Sozialphilosophische Studien.* [*Teoria e prática. Estudos de filosofia social*]. Neuwied e Berlin, 1963; e do mesmo autor, "Analytische Wissenschaftstheorie und Dialektik. Ein Nachtrag zur Kontroverse zwischen Popper und Adorno [Teoria analítica da ciência e dialética. Posfácio à controvérsia entre

dialética extraordinariamente complexa subjacente à questão da prática na Sociologia. A saber: se é possível afirmar que a prática resulta da Sociologia ou do conhecimento social científico, ou se esse conhecimento é meramente aplicável a determinadas formas dadas de prática – eis uma diferença radical e extraordinariamente profunda, para a qual peço desde já sua atenção.

Senhoras e senhores: o conceito central da Sociologia, aquele conceito central que hoje muitos sociólogos querem simplesmente jogar ao mar, esse conceito central é o conceito de sociedade, pois Sociologia – a palavra é uma horrenda combinação – significa algo como o *logos* da *societas*, portanto, o conhecimento ou a ciência da sociedade. Nossa próxima tarefa será explorar mais detidamente esse conceito de sociedade. Àqueles que se interessam por isso, lembro que existe uma publicação em relação a essas ideias do conceito de sociedade segundo a minha perspectiva: o artigo "Sociedade"[17] que escrevi para o *Lexikon der Staatswissenschaften* [Dicionário das ciências do Estado], um dicionário evangélico. Ao apresentar minha posição em relação // ao conceito de sociedade e sua controvérsia com a posição positivista, irei referir-me a esse artigo, embora indo além dele em certos pontos decisivos. – Obrigado.

Popper e Adorno] ", in: Adorno et al. *Der Positivismustreit in der deutschen Soziologie* [A controvérsia do positivismo na sociologia alemã] op. cit., p.155-92.
17 Ver Adorno, "Gesellschaft" [Sociedade], in: *Evangelisches Staatslexikon*. Ed. Hermann Kunst et al. Stuttgart e Berlin, 1966, agora publicado em Theodor W. Adorno, GS 8, p.9-19.

// 4ª Aula
2.5.1968

Senhoras e senhores,
Por favor, fechem a porta para não perdermos tempo. — Quero iniciar respondendo a uma questão que resultou de um mal-entendido ou da pressa durante as últimas formulações da aula passada. A um de seus colegas pareceu – e o agradeço por ter-me apresentado essa dúvida – que, mediante a determinação do nexo entre a sociologia positivista e o âmbito do pragmatismo, eu teria pretendido uma separação entre a concepção dialética da Sociologia e a prática. Obviamente não é assim. Ao contrário: eu diria mesmo que uma prática enfática, uma prática referida à estrutura como um todo da sociedade e não a manifestações sociais isoladas, também requer uma teoria da sociedade como um todo e mais do que isso, que uma prática da sociedade como um todo, isso é, uma prática referida estruturalmente, só pode ser plena de sentido quando analisa em princípio as relações estruturais, as tendências, as constelações de poder no âmbito da sociedade vigente, sem permanecer, de sua parte, limitada a questionamentos meramente particulares. Tenho muito interesse em retificar essa questão, para evitar

a impressão de que o tipo de doutrina social que apresento, embora de forma incompleta, seja quietista. A aparência de quietismo surge com facilidade justamente porque, ao visar as estruturas como um todo, também as dificuldades de uma transformação produzida a partir da própria estrutura geral se desenham com muito mais acuidade do que – o que também seria quase programático – quando se manifestam a partir // de constelações singulares em que as relações estruturais, de acordo com as condições, se desenham de modo muito mais moderado e menos contrastado do que são no âmbito de uma tal teoria da estrutura social. Além disso quero acrescentar algo que precisaria ser dito nessa oportunidade. Não acreditem que, em decorrência da alternativa aqui apresentada, eu faça pouco caso de melhoramentos específicos como os sugeridos pela Sociologia positivista de orientação pragmática. Minimizar, por causa da estrutura do todo, a possibilidade de aperfeiçoamentos no âmbito da sociedade vigente, ou até mesmo – o que não faltou no passado – marcá-los como negativos, seria uma abstração idealista e danosa. Pois nisso expressar-se-ia um conceito de totalidade sobreposto aos interesses dos homens individuais que vivem aqui e agora, a requerer uma espécie de confiança abstrata no curso da história do mundo de que, ao menos nessa forma, sou incapaz. Eu diria que, por motivos de difícil análise agora nesse contexto, quanto mais a estrutura social presente tem o caráter de uma construção bloqueada, o caráter de uma "segunda natureza" terrivelmente aglomerada, em certas condições as mais modestas intervenções na realidade vigente possuem um significado, poderíamos dizer até mesmo simbólico, muito maior do que efetivamente lhes corresponderia. Assim penso que na realidade social vigente deveríamos ser muito mais parcimoniosos com as críticas ao chamado reformismo do que era possível no século XIX e no começo do século XX. A posição diante das reformas em certo sentido é função de como avaliamos as relações estruturais no âmbito do todo, // e como hoje essa transformação do todo já não parece possível na mesma imediatez em que aparecia em meados do século XIX, também essas questões se deslocam a uma perspectiva inteiramente diferente. Isto é o que eu gostaria de lhes dizer a esse respeito. Creio apenas que, por determinarmos sem qualquer consideração inclusive o bloqueio e a desproporção das relações de poder na situação vigente, não deveríamos ser alvo da acusação de quietismo ou resignação. Até mesmo porque quem recua da análise das estruturas dadas por causa de um tema a ser provado ou um objetivo a ser alcançado, atraiçoa a verdade e a teoria, o que certamente nunca constituiu a pretensão da unidade entre teoria e prática.

Senhoras e senhores: pretendo agora aprofundar-me no conceito central da Sociologia, ou seja, o conceito de sociedade, considerado, aliás, por uma série de sociólogos, como um conceito que não pode mais ser usado por uma série de sociólogos.[1] Antes de mais nada, em relação a isso, se os senhores

---

1 Adorno pensava sobretudo em René König e Helmut Schelsky (ver Theodor W. Adorno, GS 8, p.314), em relação à reunião da Sociedade Alemã de Sociologia, mas também à exposição de Erwin Scheuch: "A Sociologia, compreendida como ciência específica entre outras referentes ao homem e seus produtos, nesse século até agora e com muito poucas exceções, se absteve da análise de sistemas gerais da sociedade. Na análise de fenômenos concretos, 'sociedade' como sistema social ou sistema cultural é utilizada apenas

esperarem de mim, como é habitual em outras disciplinas ou em muitas outras disciplinas, uma definição do conceito de sociedade, é preciso dizer que haverá um grande desapontamento e isso não propriamente porque me sinto incapaz de formular tal definição. Acredito que nas explicações sobre o conceito de Sociologia irei expor o suficiente para poderem adquirir uma ideia suficientemente clara desse conceito. Contudo um conceito assim não é estabelecido por definição, de modo jurídico, mas contém em si uma infinita riqueza histórica. Quero reportar-me aqui a uma proposição de Nietzsche já citada por mim nos *Excurse* [*Temas básicos de Sociologia*]: "Todos os conceitos em que um processo em sua totalidade se resume semioticamente" – o que para os que não sabem grego significa: como um símbolo ou uma abreviação para um processo em sua totalidade – "se subtraem a uma definição; somente o que não tem história pode ser definido".[2] // Em uma outra ocasião mais à frente nessas preleções terei a oportunidade para mostrar o significado central, para a Sociologia, da História, que não é mero pano de fundo para o conhecimento social, mas é propriamente constitutiva para todo conhecimento social, o que obviamente também se aplica ao conceito central, o conceito de sociedade.

---

como pano de fundo das situações fatuais verificadas – sendo introduzido como um elemento rudimentar de identificação. Como objeto de explicação propriamente, a 'sociedade' normalmente é confinada a procedimentos que, tanto em sua compreensão dos problemas quanto em seus procedimentos, são caracterizados como de filosofia social". (Scheuch, *Methodische Probleme gesamtgesellschaftlicher Analysen*, op. cit., p.153. Ver também a nota 5, 3ª Aula {30.4.1968}.

2 Friedrich Nietzsche, *Werke*, 3v. (Ed. Karl Schlechta), op. cit., v.2, p. 820. Ver *Soziologische Exkurse*, op. cit., p.22.

Introdução à Sociologia

Senhoras e senhoras: no último seminário introdutório[3] lembraram-me com razão que a crítica à Sociologia feita pelo senhor Schelsky,[4] por exemplo, não implica a dispensa pura e simples de um tal conceito teórico, mas que existem diferentes tipos de sociedade, em parte inclusive lado a lado, e que tais sociedades não devem ser simplesmente dispostas sob um conceito único ou simplesmente sintetizadas. Seguramente há, por exemplo, uma diferença entre a sociedade dos países capitalistas, entre a sociedade dos países sob o domínio soviético, aquelas sob o domínio chinês e também aquelas do terceiro mundo. Longe de mim, naturalmente, pretender negligenciar para a Sociologia essas diferenças, em parte muito profundas, substituindo-as mediante uma espécie de conceito uniforme de sociedade como se fosse uma espécie de "molho de hotel" a ser despejado em cima de qualquer prato [*Risos*]. Espero não ser essa a sua expectativa. Mas quero recordar aqui o que em nossas duas últimas aulas destaquei como o interesse da Sociologia pelas questões sociais essenciais. Nessa medida eu diria que, em uma certa espécie de Sociologia tipologizante a representar diversos tipos de sociedade, ao nos depararmos com expressões como sociedade de hordas, ou sociedade de coletores, ou sociedade de caçadores, é evidente que isso significa algo inteiramente diferente do que quando falamos da sociedade no sentido enfático assumido por esse conceito desde o século XIX. // Isto é algo totalmente diferente. Naqueles conceitos de diversas sociedades, em parte próximos à etnologia ou antropologia, trata-se propriamente de

---
3 Ver nota 22, 1ª Aula {23.4.1968}.
4 Ver, por exemplo, Helmut Schelsky, *Ortsbestimmung der deutschen Soziologie* [Determinação do lugar da sociologia alemã], Düsseldorf, Köln, 1959.

diversos tipos de vida em comum e da produção e reprodução da vida dos homens, portanto de tipos básicos mediante os quais os homens produzem a sua vida e que por isso também determinam as formas de sua coexistência. Entretanto, quando falamos de sociedade no seu sentido enfático – e utilizo aqui de propósito uma expressão da chamada sociologia burguesa, portanto a Sociologia de Max Weber, que conforme sua intenção fundamental pode ser incluída entre as sociologias positivistas – então visamos essencialmente o momento da "socialização",[5] que evidentemente não se aplica da mesma maneira àqueles tipos de sociedade que já mencionei antes. Ou seja, que há entre os homens um nexo funcional, que naturalmente varia bastante conforme os diferentes níveis históricos, que de certo modo não deixa ninguém de fora, em que todos os integrantes da sociedade se encontram enredados e que assume em relação a eles um certo tipo de independência. Por sua vez, aqueles outros tipos de sociedade por mim enumerados têm, em comparação, um momento muito mais desarticulado, um momento em que não ocorre um nexo funcional, uma interação entre os homens individuais e o todo e – isto é essencial – em que grupos sociais isolados coexistem mais ou menos lado a lado sem que entre eles aconteça uma relação essencial a ponto de resultar em uma determinação e uma formação essenciais desses grupos. Se imaginarmos efeti-

---

5 Adorno refere-se ao conceito de "socialização", também usado por Max Weber. Ver Max Weber, *Grundriß der Sozialökonomik. III. Abteilung. Wirtschaft und Gesellschaft*. [*Fundamentos de economia social III, seção Economia e Sociedade*] Segunda parte, capítulo II: "Typen der Vergemeinschaftung und Vergesellschaftung", 3.ed., Tübingen, 1947, p.194-215.

vamente uma sociedade de coletores bem primitiva, portanto ainda anterior à organização da caça, devido a certa uniformidade, curiosa e repetidamente constatada, do desenvolvimento histórico nos diversos países da Terra, // os homens se encontram todos mais ou menos na fase do coletor. Porém os diferentes grupos de coletores, ou então, para usar o termo, as diversas sociedades de coletores existem de modo relativamente independente umas em relação às outras, tomando relativamente pouco conhecimento umas das outras. Disso resulta, entre outras, a consequência – de conteúdo sociológico e muito relevante – de que, devido à sua existência independente e devido a seus poucos interesses comuns, essas sociedades de coletores, essas formas arcaicas de sociedade são dotadas de certo caráter pacífico, isso é, não se atacam entre si como em geral costuma acontecer entre as sociedades desenvolvidas. Aqui se aplica o que Thorstein Veblen quis dizer com *peaceable savages* (selvagens pacíficos).[6] Por seu turno, o que denominamos sociedade em sentido enfático representa determinado tipo de enredamento, que em certo sentido não deixa nada de fora. Um traço essencial dessa sociedade é que seus elementos individuais são apresentados, ainda que de modo derivado e a seguir até mesmo anulado, como relativamente iguais, dotados com a mesma razão, como se fossem átomos desprovidos de qualidades, definidos propriamente apenas por meio de sua

---

6 Ver Thorstein Veblen, *The Theory of the Leisure Class. An Economic Study of the Evolution of Institutions.* [A teoria da classe ociosa. Uma análise econômica da evolução das instituições]. New York, 1899. Especialmente o cap. 9: "The conservation of archaic traits [A conservação dos traços arcaicos]", p.212-45, em que Veblen descreve o "estágio pré-predatório da cultura" dos "selvagens pacíficos".

razão de autoconservação, mas não estruturados em um sentido estamental e natural. O sociólogo suíço Bluntschli já no século XIX – como mostrou Helge Pross[7] – caracterizou o conceito de sociedade como essencialmente burguês, ou como um "conceito do terceiro estado".[8] Sob as formas do capitalismo de Estado e do socialismo posteriormente desenvolvidas, esse momento do nexo funcional do todo, bem como certamente o da igualdade virtual de seus integrantes, sempre se manteve preservado ao menos teoricamente, apesar de toda a consolidação de formas de dominação // e de todas as inclinações ditatoriais. Sociedade seria assim, antes de mais nada, um tal nexo funcional, conforme, aliás, já caracterizei o mesmo por diversas vezes no passado.

No debate com a teoria dialética da sociedade, Hans Albert foi nos últimos anos o mais enérgico defensor da posição positivista, ao assumir em grande medida o ponto de vista de

---

7 Helge Pross (1927-1984) foi assistente científico no Instituto de Pesquisa Social de Frankfurt a partir de 1954; foi habilitada para a docência na Universidade de Frankfurt em 1963, lecionou Sociologia na Universidade de Gießen a partir de 1965, e a partir de 1976 em Siegen.

8 O constitucionalista de Zurique Johann Caspar Bluntschli (1808-1881) desenvolveu seu conceito de sociedade por contraste com o conceito popular de comunidade correspondente à era pré-burguesa: "O conceito de sociedade como um todo, em seu sentido social e político, encontra sua base natural nos costumes e nas concepções do Terceiro Estado. Ele não é propriamente um conceito do povo, mas um conceito do Terceiro Estado, embora na literatura já tenha-se tornado habitual identificar o próprio Estado com a sociedade burguesa" (J. C. Bluntschli, verbete "sociedade", in: idem, *Deutsches Staats-Wörterbuch*, Stuttgart, 1859, v.4, p.247s. Citado conforme *Soziologische Exkurse*, op. cit., p.37).

Introdução à Sociologia

Popper – há uma extensa concordância entre as posições de Albert e Popper, pelo menos em relação às intenções de Albert. Em seu primeiro artigo polêmico contra Habermas, o conceito de sociedade que defendo é criticado pelo senhor Albert como um conceito abstrato no mau sentido, uma trivialidade em que "tudo se relaciona com tudo".⁹ Essa é, ou ao menos poderia ser, uma objeção séria, que pretendo tratar a seguir.

---

9 A discussão dos "últimos anos" aqui mencionada iniciou-se em outubro de 1961, com os textos de contribuição de Karl R. Popper e Theodor W. Adorno acerca da "Lógica das Ciências Sociais" no encontro da Sociedade Alemã de Sociologia em Tübingen. Jürgen Habermas deu continuidade à discussão em 1963, com o texto: "Teoria analítica da ciência e dialética. Um Posfácio à controvérsia entre Popper e Adorno", ao qual Hans Albert replicou com a polêmica referida por Adorno: "O mito da razão total. Reivindicações dialéticas à luz de uma crítica sem dialética". (Todas as contribuições a este debate encontram-se no livro *Der Positivismusstreit in der deutschen Soziologie* [A controvérsia do positivismo na sociologia alemã], op. cit.) Albert referiu-se à formulação de Adorno, segundo a qual "nenhum experimento poderia comprovar de modo convincente a dependência de cada fenômeno social em relação à totalidade, porque o todo, que forma previamente os fenômenos apreensíveis, nunca se apresenta ele mesmo conforme arranjos experimentais particulares." (idem, p.133s.). E escreveu: "Parece-me que a impossibilidade de comprovação do referido pensamento de Adorno deve-se à ausência de um esclarecimento mínimo em relação ao conceito de totalidade ou ao modo da dependência referida. Presume-se que não haja nada muito além da ideia de que de alguma maneira tudo se relaciona com tudo. Caberia demonstrar em que medida alguma concepção pode assumir uma vantagem metodológica a partir dessa ideia. Exortações verbais da totalidade não são suficientes". (ibidem, p.207). Ver também o protocolo à discussão do texto de Scheuch na reunião de 1968 da Sociedade Alemã de Sociologia, em que Adorno respondeu à crítica a ele dirigida e agora retomada por Scheuch *Spätkapitalismus oder Industriegesellschaft* [Capitalismo tardio ou sociedade industrial?], p.188).

A minha réplica a essa objeção é que a sociedade, a sociedade socializada, justamente não é apenas um tal nexo funcional entre homens socializados, mas é, como pressuposto, essencialmente determinada pela troca. O que realmente torna uma sociedade em algo social, através do que, em sentido estrito, ela tanto é constituída como conceito, quanto como realidade, é a relação de troca, que unifica virtualmente todos os homens participantes desse conceito de sociedade e em certo sentido, dito com certa cautela, representa inclusive o pressuposto das sociedades pós-capitalistas, em que seguramente a troca não poderá ser negada. No que diz respeito à censura do caráter abstrato, parece-me envolver uma daquelas típicas confusões entre, de um lado, o sujeito do conhecimento, o cognoscente e sua // teoria, e de outro, a configuração daquilo a que a teoria, de sua parte, se refere. O abstrato aqui não é, por exemplo, o pensamento resignado à banalidade de que tudo se relaciona com tudo. Senhoras e senhores – e considero isso um ponto central de qualquer teoria da sociedade, por isso gostaria que realmente guardassem essa ideia –, a abstração em pauta não é uma abstração desenvolvida primeiro na cabeça do teórico da Sociologia, que então definirá a sociedade, de modo um tanto diluído, como a relação de tudo com tudo. Essa abstração é propriamente a forma específica do processo de troca ele mesmo, da situação social fundamental que torna possível a própria geração de algo como a socialização. Quando os senhores querem trocar entre si dois objetos e quando – em conformidade ao próprio conceito de troca – pretendem fazê-lo conforme equivalentes, de maneira que na troca um não deva receber mais do que o outro, ou seja, quando dois contratantes querem trocar bens entre si conforme equivalentes, então eles precisam deixar de lado algo destes bens. Por ora, importa-nos a construção do conceito constitutivo de sociedade, sem discutir a questão de uma eventual violação da equivalência que seria imanente à troca. Como se sabe, a troca se realiza em geral na sociedade desenvolvida conforme a forma de equivalência do dinheiro e já a economia política clássica, bem como Marx a partir dela, mostraram que a verdadeira unidade que se encontra por trás dessa forma de equivalência do dinheiro é o tempo médio de trabalho socialmente necessário, o qual entretanto se modifica de acordo com a condições sociais específicas em que ocorre a troca. Nessa troca conforme o tempo de trabalho, conforme o tempo social médio de trabalho, // necessariamente se abstrai a configuração específica dos objetos a serem trocados entre si que, em vez disso, são reduzidos a uma unidade geral. Aqui, portanto, a abstração não repousa no pensamento do sociólogo, que abstrai; mas na própria sociedade encontra-se tal abstração, ou, se me permitirem mais uma vez o uso do termo, na sociedade enquanto objetividade já se encontra algo como "conceito". Creio que a diferença decisiva entre uma doutrina positivista e uma doutrina dialética da sociedade está em que uma doutrina dialética recorre a essa objetividade conceitual que existe na própria coisa, enquanto a Sociologia positivista nega esse processo ou ao menos o minimiza, deslocando a formação conceitual meramente ao sujeito que contempla, observa, ordena e tira suas conclusões. Não me entendam mal, ao pensar falsamente que esse processo de abstração se daria no interior de cada um dos sujeitos individuais da troca. Justamente uma forma como a forma do dinheiro, aceita na consciência ingênua como a forma equivalente natural e portanto como o meio de troca natural, dispensa os homens da reflexão a respeito. Por ora não nos preocupará a questão relativa a em que medida jamais existiu tal reflexão consciente ou em que medida objetivamente esse processo de abstração se realizou por cima dos homens, simplesmente movido pela necessidade de trocar igual por igual, embora eu tenda a adotar a segunda perspectiva. Agora, quando os senhores apreendem a essência da socialização efetivamente como esse nexo funcional mediante a troca, com toda a problemática social própria correspondente ao desenvolvimento do princípio da troca, o conceito de sociedade deixa de ser aquela abstração aparentemente vazia da relação de tudo com tudo com que o senhor Albert me censurava. Tal conceito de sociedade se tornaria *eo ipso* // ele próprio crítico, na medida em que revela – o que era efetivamente a intenção de *O capital* de Marx – que o desdobramento desse conceito de troca, objetivamente existente na própria sociedade, implica como consequência a destruição da sociedade e que – se usarmos uma formulação atual – a sociedade, para reproduzir de outro modo a vida de seus integrantes, deve também ir além desse conceito de troca. A passagem à crítica repousa, portanto, nessa visão da determinação, ou, se quisermos, no caráter conceitual da própria estrutura objetiva. Caso se tratasse apenas de uma aglomeração de fatos e não de algo determinado, então o conceito de crítica da sociedade perderia de antemão o seu sentido. Está muito claro, portanto, que esta é, por assim dizer, a articulação pela qual a concepção de uma teoria crítica da sociedade se vincula à construção do conceito de sociedade como totalidade. O que acabo de dizer pode ser resumido em algumas frases do artigo sobre o conceito de sociedade[10] do

---

10 Ver referência na nota 17, 3ª Aula {30.4.1968}.

Evangelisches Staatslexikon, provavelmente desconhecido pela maioria dos senhores. Um conceito de sociedade nesses termos "vai além da trivialidade de que tudo se relaciona com tudo. A má abstração daquela proposição, não é tanto um produto débil do pensamento, quanto um mau fundamento constitutivo da sociedade como tal: o da troca na sociedade moderna. É na realização universal da mesma, e não apenas na reflexão científica, que ocorre a abstração objetiva. Aqui se abstraem a constituição qualitativa dos produtores e consumidores, o modo de produção e até mesmo as necessidades, que o mecanismo social satisfaz de passagem, como algo secundário". – Para ser completo é preciso acrescentar que se abstrai inclusive a forma concreta dos próprios objetos a serem trocados. – "A prioridade é o lucro. Até mesmo a humanidade (hoje)[11] classificada como // clientela, o sujeito das necessidades, encontra-se muito além de qualquer imaginação ingênua, como uma formação social prévia, não apenas a partir do estágio técnico das forças produtivas, mas também pelas relações econômicas, por mais difícil que isso possa ser controlado empiricamente. Previamente a qualquer estratificação social particular, a abstração do valor de troca acompanha a dominação do geral sobre o particular, da sociedade sobre seus membros compulsórios. Ela não é socialmente neutra, como simula a lógica do processo (científico) de redução a unidades como o tempo de trabalho social médio. Na redução dos homens a agentes e portadores da troca de mercadorias se oculta a dominação dos homens pelos homens. Isto permanece válido apesar de todas as dificuldades com que entrementes se defrontam algumas categorias de (uma) crítica da

---

11 Entre parênteses ( ) encontram-se acréscimos de Adorno em citações.

economia política. O contexto de interdependência total tem a forma da subordinação de todos à lei da troca sob pena de sucumbir (sendo), indiferente se são subjetivamente (dominados) por uma (assim chamada) 'motivação ao lucro' ou (se isso não é o caso)."[12] Os senhores poderão inferir o sentido enfático em que é preciso compreender a sociedade como um conceito funcional. Depois do que lhes disse, a sociedade já não pode ser apreendida nos termos do senso comum, como somatório de todas as pessoas que vivem na mesma época ou num mesmo período. Um conceito aglomerado meramente quantitativo como esse não faria jus à sociedade enquanto sociedade. Não seria mais do que um conceito descritivo, que não determinaria o que Marx denominou de "vínculo interno"[13] no contexto de interdependência da sociedade. Mas trata-se de um conceito funcional,[14] além do mais, no sentido em que, como as pessoas existem para as outras e são determinadas essencialmente como trabalhadores, deixam de ser mera existência, // mero em-si ou estado factual, mas determinam-se a si próprias mediante o que fazem e mediante a relação que reina entre elas, ou seja, a relação de troca. Os positivistas argumentam contra nós que nosso conceito central, o conceito de sociedade, não é

---

12 Theodor W. Adorno, GS 8, p.13s.
13 No Posfácio à segunda edição de *O capital* Marx escreveu: "A investigação precisa se apropriar em detalhe do material, analisar suas diferentes formas de desenvolvimento e detectar seu vínculo interno. Apenas após realizado este trabalho, o movimento real efetivo pode ser apresentado adequadamente" (Karl Marx, Friedrich Engels, *Werke, 23: Das Kapital. Kritik der politischen Ökonomie.* [*O capital. Crítica da economia política*] Bd. I, Buch I: Der Produktionsprozeß des Kapitals, 9.ed., Berlin, 1973, p.27).
14 Na aula Adorno usou *Funktionsprozeß*, claramente uma "derrapada" de Adorno.

um dado tangível. Que não se pode apontar com o dedo e dizer: isto aqui é sociedade, aqui posso mostrá-la como faz um médico ao apontar no tubo de ensaio o causador de uma doença que descobriu. A isto há que retrucar que o recurso aos elementos individuais é insuficiente, porque o conceito de sociedade é um conceito de relação de abrangência universal, um conceito de relações entre elementos, os homens trabalhadores individuais, e não somente a aglomeração desses homens. Em outras palavras: o dado como critério positivista de sentido, o critério pelo qual se precisa poder apontar a algo do mundo dos sentidos para dizer que esse seria o substrato material procurado, não pode ser aplicado ao conceito de sociedade. Brecht, com o dom da simplificação extraordinária que o caracterizava em seus melhores momentos, certa vez expressou isso sob a forma da afirmação de que o socialmente essencial "escapou para o funcional" de tal maneira que, se quisermos aprender algo a respeito do conglomerado Krupp e, para tanto, estudamos as diversas fábricas deste conglomerado, praticamente não podemos aprender nada acerca dessa funcionalização, ou seja, acerca do processo de produção e aproveitamento e acerca das consequências do mesmo para os homens".[15] Devido a sua amizade com

---

15 A citação do *Dreigroschenprozeß* de Brecht é: "A situação torna-se tão complicada porque, mais do que nunca, a simples reprodução da realidade nada expressa a seu respeito. Uma fotografia das fábricas da Krupp ou das fábricas da AEG não informa quase nada acerca desses institutos. A realidade propriamente resvalou ao funcional. A reificação das relações humanas, como a fábrica, por exemplo, não mais fornece nada dessas últimas". Bertolt Brecht, *Werke*, 21: *Schriften I: 1914-1933. Große kommentierte Berliner und Frankfurter Ausgabe.* Ed. Werner Hecht, Jan Knopf et al. Frankfurt a. M., 1992, p.469.

Karl Korsch,[16] Brecht tinha certa inclinação para o positivismo. Acredito que ele não pensou em todas as consequências da alternativa aqui disposta – longe de mim censurar o poeta – pois se o fizesse teria percebido // que no conceito funcional de sociedade por ele formulado propriamente se encontra negado o critério positivista do dado tangível e que, ao verbalizá-lo, encontrou uma fórmula muito convincente e marcante para a diferença em relação ao positivismo.

O que expus, entretanto, ainda implica algo mais: que embora seja necessário registrar que o conceito de sociedade, enquanto conceito funcional, não seja dado no plano dos sentidos, não seja perceptível de modo imediato como mero fato, não obstante ele não é irracional, mas inteiramente determinável pelo conhecimento, simplesmente na medida em que se revelam as complicações e as contradições a que o desdobramento do princípio da socialização necessariamente conduz. Que por sua vez esse desdobramento não pode conduzir para além dos fatos sociais, mas apenas na interação com o ser determinado – isso eu penso já ter-se tornado claro após as primeiras quatro aulas. Obrigado. [*Aplausos*]

---

16 Karl Korsch (1886-1961) emigrou em 1933 para Londres e após ser expulso da Inglaterra viveu temporariamente com Brecht na Dinamarca.

// 5ª Aula
7.5.1968

Senhoras e senhores,

Quero anunciar, antes de mais nada, que hoje à noite, às oito e quinze, ocorrerá no Instituto de Pesquisa Social uma conferência do famoso psicanalista Wyatt,[1] que se ocupa com as causas sociopsicológicas ... [*Assobios*] Isso é por causa da conferência sobre psicologia social ou por causa da altura do som do alto-falante? Os "assobios" sempre precisam ser acompanhados por essa informação. Seria bom que houvesse uma diferenciação, para que o respectivo professor soubesse do que se trata; por exemplo, se ele deve falar mais alto, assobios; mas se há discordância quanto ao conteúdo, o velho hábito da batida compassada dos pés no chão. [*Risos*] Para melhorar a comunicação recomendo a reintrodução desse velho hábito. De qualquer modo, o professor Wyatt falará hoje à noite sobre "As causas sociopsicológicas dos distúrbios estudantis nos Estados Unidos" e eu acredito que muitos dentre os senhores se interessam por isso e espero que compareçam. Preciso confessar a

---

1 O psicanalista Frederik Wyatt, nascido em Viena em 1911, lecionou na Clínica Psicológica da Universidade de Michigan, Ann Arbor. O título de sua conferência era: "Estudantes americanos protestam: circunstâncias sociais e causas psicológicas".

culpa por um certo descuido de minha parte, porque na última quinta-feira, quando a conferência já estava programada, esqueci de anunciá-la, de modo que agora o faço na última hora. Por outro lado, eu ficarei muito embaraçado se houver um comparecimento muito reduzido à palestra. Se o público for numeroso, certamente mudaremos para o auditório V.

Senhoras e senhores, em nossa última aula ... [*Assobios*] Não sei se esse aparelho estúpido [*Risos*] não está funcionando direito de novo. Assim está melhor? Em nossa última aula nos ocupamos com o problema do conceito de sociedade, da impossibilidade de abrir mão do conceito de sociedade, apesar de não ser um dado tangível, mas apreensível apenas como uma categoria de relação, não obstante não existirem dados isolados no plano dos sentidos que podemos // apontar para dizer: "*Voilà*, isto é sociedade". Aliás, quero aproveitar o momento e fazer uma pequena retificação na minha afirmação de que não se pode interpretar baseado em dados singulares para então explicitar: "sociedade é isso". Talvez exista algo assim, alguma irrupção da "alma popular". Por exemplo, quando no passado algum protesto de costumes populares se manifestava em relação a uma moça grávida e não casada; ou mesmo agora, quando as pessoas se juntam para manifestar sua indignação a respeito de qualquer coisa inconciliável com o sentido da comunidade; ou seja, por toda parte onde se expressa o que em uma obra norte-americana de Sociologia muita famosa no início do século XX fora designado como *Folkways*,[2] as "vias do povo". Nessas situações podemos deparar de imediato com o

---

2 Ver William Graham Sumner, *Folkways. A Study on the Sociological Importance of Usages, Manners, Customs, Mores and Morals*. Boston, 1906; ver também em *Soziologische Exkurse*, op. cit., p.157.

que significa sociedade, ou seja, modos de comportamento sem causas racionais e nem – talvez até demais – resultantes da psicologia individual dos respectivos participantes, mas que são como ritos consolidados; nesse contexto, portanto, enquadram-se como o conhecido *Oberbayerisches Haberfeldtreiben*, a prática habitual da Baviera de fustigar pelos campos de aveia um malfeitor envolto em uma pele de bode e fenômenos semelhantes. [*Risos*] São fenômenos que ilustram o que Durkheim realçava como um momento de "impenetrabilidade",[3] ao designar a essência própria do social, do que corresponde à sociedade. Isto é, que a sociedade pode ser detectada – eu diria: até mesmo na pele – ao deparar com alguns modos de comportamento coletivo dotados com o momento da inacessibilidade verbal, sobretudo incomparavelmente mais fortes do que os indivíduos singulares que manifestam esses modos de comportamento, de maneira que, com um pequeno exagero, pode-se dizer que no sentido de Durkheim a sociedade pode ser sentida onde dói. Por exemplo, quando // chegamos a determinadas situações sociais, como a da pessoa que, ao precisar procurar emprego, "bate na parede" e tem a sensação de que todas as portas se fecham. Ou aquele que precisa tomar um empréstimo sem ter garantias para oferecer quanto

---

3 Adorno pensava no momento da coação, da "resistência", que como modos de procedimento coletivo convencionados, os *faits sociaux* de Durkheim dirigiam contra os indivíduos, para os quais não são compreensíveis em sua constituição: "A estrutura dada, não resultante apenas da classificação, o impenetrável durkheimiano, é essencialmente negativo, irreconciliável com sua própria finalidade, a conservação e satisfação da humanidade". (Theodor W. Adorno, GS 8, p.308s.; ver Durkheim, *Die Regeln der soziologischen Methode*. [*As regras do método sociológico*].

à restituição e depara dez ou vinte vezes com um "não", para ouvir que "afinal ele é apenas mais um caso de algo que ocorre continuamente" e assim por diante. Tudo isso são indícios, que eu diria quase imediatos, para o fenômeno da sociedade.

Nessa oportunidade quero encorajá-los firmemente à leitura de *Folkways* de Sumner, onde material desse tipo encontra-se reunido. Pode ter sido um erro de minha parte não ter enfatizado adequadamente esse plano, em que se pode aprender – eu diria: no próprio corpo – o que é sociedade, durante toda a discussão sobre o conceito de sociedade que, afinal, ocupa um papel tão decisivo no debate sobre o positivismo. Aliás, o trabalho sobre "O conflito social hoje"[4] que a senhorita Jaerisch e eu publicamos em conjunto, dedica-se sobretudo à análise de situações sociais como essas, em que é possível observar de modo imediato o que é sociedade. Por ora o texto encontra-se disponível apenas em separatas, pois ainda não foi publicado o livro comemorativo dedicado a Abendroth de que faz parte. Considero uma tarefa relevante do estudo da Sociologia capacitar os senhores em sua experiência viva imediata a detectar ou a sentir na pele o que, nesse sentido, é possível denominar sociedade.

Por outro lado, se a sociedade não é um dado no plano dos sentidos, algo tangível de modo imediato, é claro que, justamente como faz Durkheim // – e considero esta discussão importante para a diferenciação do conceito de sociedade –

---

4 Ver Theodor W. Adorno e Ursula Jaerisch, *"Anmerkungen zum sozialen Konflikt heute"* ["Notas sobre o conflito social hoje"], *Gesellschaft, Recht und Politik. Wolfgang Abendroth zum 60. Geburtstag* [*Sociedade, direito e política*]. Ed. Heinz Maus. Neuwied, Berlin, 1968 p.1-19; ver Theodor W. Adorno, GS 8, p.177-95.

também é falso hipostasiar a sociedade como uma espécie de "dado de segundo grau", dado de um grau superior, convertido em algo espiritual[5] – o que de certa maneira até procede, na medida em que a sociedade conceitual é conceitual e uma categoria de mediação. Por causa disso a sociedade não pode ser elevada a "dado de segundo grau", ao qual, não obstante ser desprovido de sentido, se atribuem propriamente todas as características atribuídas aos dados no plano dos sentidos pelo positivismo tradicional – e mesmo o atual, haja vista a versão de Rudolf Carnap.[6] O caráter peculiar de toda Sociologia de Durkheim reside justamente em saber com clareza que os fatos sociais propriamente ditos não equivalem aos fatos sensoriais singulares, mas que seria entretanto possível lhes atribuir um caráter de dado tangível, tal como procurei mostrar. Conforme o que está implícito nessa visão, o social, a sociedade, é enfeitiçado em uma espécie de "dado de segundo grau", uma inclinação da Sociologia a corroborar o processo de reificação ou de autonomização a que a sociedade se subordina por leis imanentes, e a tomar essa reificação, sempre dotada de uma aparência de sociedade, como algo absoluto, em vez de refletir criticamente e dissolver a reificação. Aqui reside a ten-

---

5 Conforme Durkheim, as normas e as convenções sociais da "consciência coletiva" (*conscience collective*), que não são singularidades apreensíveis empiricamente, mas realidades de segundo grau, dadas aos indivíduos individuais, seriam algo espiritual que ao mesmo tempo se manifesta como *fait social*, como "coisa". (Durkheim, *Die Regeln der soziologischen Methode*) [*As regras do método sociológico*].

6 Alusão à "interpretação sensualista das proposições protocolares" de Carnap (Theodor W. Adorno, GS 8, p.285) e ao "critério empirista de sentido". Ver também a aula de 2.5.1968, em que Adorno se refere ao "critério positivista de sentido do dado".

tação e a tendência, de que também Emile Durkheim não era isento, a reverenciar essa qualidade coisificada da sociedade até mesmo como algo positivo. Em outras palavras – e considero isso muito importante para a determinação do conceito de sociedade – omite-se nesta medida que o conceito de sociedade é propriamente um conceito que designa uma relação entre pessoas, // conforme foi lembrado em nossa última aula. Ao hipostasiar essa relação como uma "realidade de segundo grau", omite-se que a sociedade sempre é composta por indivíduos e que, sem os indivíduos de que se compõe e entre os quais se faz valer essa relação, o conceito de sociedade seria sem sentido e absurdo – ora, isso seria absurdo de qualquer maneira. Do mesmo modo haveria também uma falência do conceito de sociedade se ela fosse considerada, por outro lado, reduzida a nada mais do que indivíduos isolados, para além dos quais tudo se resumiria a ruído e fumaça.

A essa altura é possível ter uma ideia clara do que se há de compreender como dialética. Muitos dos senhores terão ouvido que a chamada Escola de Frankfurt ensina uma visão dialética da sociedade. Os que não passaram pela filosofia estarão muito inclinados a dizer, seguindo uma estratégia intelectual muito abrangente e cuidadosamente planejada: "Bem, o que os frankfurtianos denominam Sociologia, na realidade é apenas uma filosofia fora de seu rumo que querem nos impingir". [*Aplausos e risos*] Por isso, aproveito de bom grado a oportunidade para mostrar-lhes, com base no modelo simples que desenvolvi, em que sentido o conceito de sociedade deve ser e é por si próprio um conceito dialético.

Na aula anterior mostrei-lhes em detalhe que o conceito de sociedade pode ser pensado justamente como uma relação mediada e mediadora entre os homens isolados e não como um mero aglomerado. Hoje destaquei em minhas considerações – ainda que bastante sumárias – // acerca do conceito de sociedade em Durkheim, que, por outro lado, a sociedade tampouco é um conceito absoluto para além dos indivíduos. Com efeito, não é nem mera soma ou aglomeração, ou outro nome que preferirem, entre os indivíduos, nem é algo absolutamente independente frente aos indivíduos, mas sempre contém em si, simultaneamente, ambos estes momentos. Ele só se efetiva através dos indivíduos, mas, enquanto é relação desses indivíduos, não pode ser reduzido a eles, e, por outro lado, também não pode ser apreendido como um mero conceito superior existente por si próprio. O fato de não poder ser reduzido a uma determinação sucinta, a de ser, ou a soma de indivíduos, ou um "em-si" – conforme a configuração dos organismos – mas de ser uma espécie de interação recíproca entre os indivíduos e uma objetividade que se autonomiza em relação aos mesmos, constitui propriamente um modelo macrocósmico, ou, conforme a designação atual, macrossociológico, para uma concepção dialética da sociedade. Dialética apreendida em sentido rigoroso – e aqui os senhores podem compreender exatamente por que a Sociologia precisa ser pensada dialeticamente – porque aqui o conceito de mediação entre as duas categorias contrapostas, de um lado, os indivíduos, e, de outro lado, a sociedade, encontra-se presente em ambos. Portanto, não há indivíduos no sentido social do termo, ou seja, homens aptos à possibilidade de existir e existentes como pessoas, dotados de exigências próprias e, sobretudo, atuantes no trabalho, a não ser com referência à sociedade em que vivem e que forma os indivíduos em seu âmago. Por outro lado, também não há sociedade sem que seu próprio conceito seja mediado pelos indivíduos, pois o processo pelo qual ela se preserva é, afinal, o processo de vida, o processo de trabalho, o processo de produção e reprodução que se conserva mediante os indivíduos isolados, // socializados na sociedade. Eis um exemplo, em um sentido muito simples – e até elementar – do que poderia representar a necessidade de adoção de uma concepção dialética da sociedade.

Evidentemente pode-se afirmar que um conceito como esse requer também uma justificativa no plano epistemológico, para além do que acabei de expor efetivamente apenas no âmbito do constituinte, ou seja, da experiência social. Entretanto, quero aqui, excepcionalmente, me ater à divisão do trabalho, para dizer que a explicação completa do conceito de dialética, que anteriormente não foi propriamente derivada, mas – se preferirem – demonstrada, só pode ser realizada de modo adequado no âmbito filosófico. Ou seja, a justificativa de uma visão para a qual, nem o individual, os momentos isolados, nem o conceito é considerado o verdadeiramente existente, mas ambos os polos como reciprocamente mediados, a possibilidade de uma concepção como essa, distante da lógica ingênua usual, mas decisiva para a disciplina interna da ciência, só pode resultar de reflexões filosóficas que, levadas em conta, nos ocupariam durante o restante do semestre. E ao menos uma parcela dos senhores reclamaria, com razão, que eu prometera uma introdução à Sociologia enquanto na realidade apresentei um curso de lógica – e isso eu não pretendo fazer. Muito bem!

O modelo que expus no início da aula de hoje deve ter deixado claro que o conceito de sociedade pode, de certa maneira, ser percebido ou detectado, ainda que apenas indiretamente. É evidente – e aqui me dirijo aos que partilham uma orientação cientificista – que uma experiência como essa é falível, pode basear-se em equívoco // ou mero pré-julgamento. Justamente interpretações de fenômenos sociais imediatos – na medida em que se subtraem aos controles, aos controles mediadores – com muita facilidade apresentam a tendência a se desvirtuarem como clichês ou assertivas estereotipadas. Porém, precisamente no sentido exposto em nossa última aula com base no conceito de troca, esse conceito de sociedade não é indeterminado, mas pode – por assim dizer – ser deduzido a partir de sua própria dinâmica, a partir de seu conceito. Na última aula procurei mostrar que a sociedade – a sociedade atual – é essencialmente um conceito dinâmico, ao assinalar sua funcionalidade, ou seja, que a sociedade é uma relação entre os homens e não é algo que se localiza fora, acima ou no interior dos homens isoladamente. Além desta determinação da dinâmica, há que apresentar uma outra, que se encontra no capitalismo e que é negligenciada pelo positivismo, o qual por princípio não se baseia em leis dinâmicas mas em fatos singulares dados, e consequentemente de certo modo estáticos, que só posteriormente põe em relação uns com os outros. Esta espécie de dinâmica a que me refiro aqui em geral é negligenciada como uma dinâmica fundamental pela sociologia. Esta pode até conter um capítulo sobre "Dinâmica" ou sobre "Dinâmica social", da mesma forma que contém capítulos como "Conflito social" ou "Controle social". Porém sem perceber que a constituição específica da sociedade // em que vivemos – que, seja como etapa, seja como forma de dominação, de certo modo é prototípica para a sociedade telúrica, a sociedade no mundo inteiro hoje – é governada por um princípio dinâmico. Ou seja, simplesmente que, vista nos termos de um protótipo, a sociedade capitalista – conforme já expus – só se conserva na medida em que se expande. Os senhores já devem ter observado – o que conduz ao âmago dos epifenômenos conjunturais – que a medida do atual crescimento econômico efetivo ou presumido, ou da atual retomada do crescimento econômico, de um modo geral reside precisamente na existência de uma tal tendência a se expandir: se existe expansão. De modo geral – restrinjo-me à constatação do que é demonstrado na *Economia política*[7] – a economia capitalista, e com ela a sociedade capitalista, entra em crise e corre o risco de desaparecer tão logo deixa de se expandir e se encontra estagnada. No capitalismo – isso é uma lei essencial – o que existe só pode ser conservado na medida em que se amplia e se expande.

Isso posto, os senhores podem perceber até que ponto a sociedade é essencialmente um conceito dinâmico, na medida em que se parte de seu significado atual e não de seu conceito abstrato. Isso também foi observado pela Sociologia não orientada nos termos da economia política, ou seja, uma Sociologia mais conforme a tradição de Auguste Comte, que conforme foi constatado de modo procedente, se coloca em nítido contraste com a maneira de pensar que me esforço de introduzir nesta preleção. Isso, aliás, foi constatado sobretudo por Herbert Spencer, cuja obra *Principles of Sociology*, ao contrário da de Comte, apesar de longa e complicada, é muita rica em visões específicas, em concepções sociais individuais concretas e em conhecimento social efetivo. Recomendo a obra de Spencer

---

7 A referência é a *Kritik der politischen Ökonomie* [*Crítica da economia política*] de Marx.

como muito valiosa a todos os que em seus estudos dispõem de tempo para uma leitura demorada. // Acredito mesmo que muitos dos grandes sistemas sociológicos posteriores – inclusive o de Durkheim – não podem ser compreendidos sem o conhecimento de Spencer. Spencer determinou a dinâmica da sociedade em um sentido cuja melhor designação talvez seja um crescimento da integração.[8] Essa tese da integração crescente foi propriamente assumida por Durkheim quase diretamente nos termos em que foi formulada.[9] Ela significa, antes de tudo, que setores cada vez mais amplos da sociedade se conectam de um modo que os coloca em dependência recíproca. Quando na última aula eu falava da diferença entre conceitos de sociedade, e me referia a uma sociedade de coletores ou de hordas e, por outro lado, "à sociedade" em seu sentido moderno, visava justamente isso. Ou seja, a socialização, isto é, a simples rede de relações sociais tecidas entre os homens, se torna cada vez mais densa. A título de esclarecimento: na Alemanha, ainda há cerca de cinquenta anos – e de propósito escolho um intervalo curto – quando se viajava ao campo, era tão grande a diferença em relação à cidade, assim como uma certa independência da preservação da vida no campo em relação às formas da preservação da vida no espaço urbano, comercial e industrial, que havia a sensação de uma relação relativamente débil entre ambos. Nessa época havia no campo e na província inúmeros agricultores que nunca foram à cidade e que dirigiam olhares de respeito às cidades grandes e mesmo às cidades médias situadas em suas redondezas. Conheço a história de um homem que nunca visitou a cidade de Aschaffenburg,

---

8 Ver H. Spencer, *Principles of Sociology*, op. cit., §13.

9 Ver E. Durkheim *Die Regeln der soziologischen Methode* [*As regras do método sociológico*].

próxima à aldeia em que ele cresceu, e que ouvia o pai dizer: "Aschaffenburg! // Tenha respeito!" – Isso aconteceu há mais de oitenta anos e acredito que hoje algo parecido seria inimaginável, porque a rede entre a cidade e o campo se encontra tecida de um modo incomparavelmente mais denso, não apenas devido aos meios de comunicação ou à moda ou a coisas assim, mas simplesmente em decorrência dos processos econômicos, como a transferência de muitas indústrias ao campo.

Além disso, o conceito de integração, extremamente amplo, possui outras conotações, de que me limito a citar uma que por certo aparece com frequência nas discussões travadas pelos senhores. Esse conceito significa, inclusive, que a sociedade na primeira metade, ou, mais exatamente, no segundo quartel do século XIX, ainda tinha uma classe que, por um lado, se encarregava do trabalho social, mas, por outro, ocupava uma posição mais ou menos semiextraterritorial em relação à sociedade. Ela não se encontrava dentro da mesma, mas também foi envolvida e, como se diz, integrada, e foi completamente enredada e capturada sobretudo pela ideologia dominante, isto é, a chamada indústria cultural. Se, de um lado, o conceito de integração é visto como "subordinação a uma visão de conjunto" e como configuração racional de unidades cada vez maiores, de outro, há também no conceito de integração, desde o início, a tendência pela qual a progressiva integração dos homens é acompanhada por uma adaptação cada vez mais perfeita e completa dos mesmos ao sistema, formando os homens conforme a lógica da adaptação e convertendo-os propriamente em cópias microcósmicas do todo.

Também isso nem sempre foi assim. Há pouco assinalei que o conceito de sociedade é dialético no sentido rigoroso do termo e que não pode ser reduzido nem aos indivíduos, nem à sociedade. Isso se tornaria muito claro justamente // na Sociologia de Spencer, que acreditava — o que constituía um diferencial importante na época, meados do século XIX — que, devido à divisão do trabalho promovida pela integração, ao conceito de integração crescente correspondia simultaneamente também a diferenciação da sociedade conforme funções distintas e, cabe acrescentar, também a diferenciação dos indivíduos em si mesmos.[10] — Já que nessa introdução me ocupo dessas duas categorias, integração e diferenciação, que não são tratadas explicitamente nos *Excursos*[11] que provavelmente todos leem ou já leram, quero enfatizar que também a relação entre integração e diferenciação se subordina a uma dinâmica. Ou seja: mediante um domínio racional crescente dos processos de trabalho, a integração crescente não conduz, sem mais, também a uma diferenciação crescente. Mas, num ponto de inflexão a meu ver muito importante face à apresentação atual da sociedade, parece que a sociedade em suas formas vigentes desenvolve também uma tendência, a partir de um certo ponto, a levar a integração ao seu máximo e, simultaneamente, suspender a diferenciação. É provável que isso tenha sua causa nos processos de trabalho. Isto é: em decorrência do avanço contínuo da divisão do trabalho, os processos de trabalho sin-

---

10 Sobre a relação complementar entre "integração" e "diferenciação" na teoria social dinâmica de Spencer, ver *Soziologische Exkurse*, op. cit., p.33.

11 Apesar da inexistência de um capítulo dedicado aos conceitos de "integração" e "diferenciação" nos *Soziologische Exkurse*, há uma apresentação breve da teoria do desenvolvimento de Spencer no capítulo "Sociedade" (ver nota 14, 3ª Aula {30.4.1968}).

gulares assemelham-se novamente entre si, a tal ponto que a divisão do trabalho tem como consequência a supressão da diferenciação qualitativa, que seria supostamente produzida por seu intermédio – de novo um tema dialético – de modo que, por fim, cada um pode fazer de tudo. Há nisso // um momento de infinita fecundidade, através do qual a sociedade impele para além da sua atual forma de divisão do trabalho. Contudo, nas condições atuais, há nisso também uma desdiferenciação da sociedade, que, uma vez que se refere ao vigente, tem consequências extraordinariamente problemáticas para a consciência dos homens. – Estou apenas indicando aos senhores como a dialética histórica do conceito de sociedade está presente também nos conceitos de integração e diferenciação que lhe correspondem e lhe são essenciais de modo sociológico e não diretamente econômico.

Gostaria de acrescentar ainda algo que talvez não precisaria fazer, mas que é necessário para preservar as coisas que estou desenvolvendo em relação a certos mal-entendidos. A ênfase com que utilizo o conceito de sociedade e com que insisto no mesmo, pode levar naturalmente com facilidade a mal-entendidos no sentido organicista ou, conforme a terminologia da reação cultural alemã, no sentido holista. Como se, ao proceder desse modo, eu quisesse afirmar que a sociedade, ou seja, a soma dos elementos ou uma aglomeração de elementos, é simplesmente mais do que seus elementos. Do ponto de vista formal, existe uma certa analogia com a determinação da sociedade como uma categoria relacional, que não se esgota nos indivíduos. Essa analogia até certo ponto instiga ao método hoje muito popular, ao truque muito popular na crítica a uma teoria dialética da sociedade, de não denegrir esse tipo de Sociologia crítica com a acusação de ser utópica, vanguardista ou coisa que o valha – isso não acontece hoje em dia, quando há muito mais esperteza – mas, ao contrário, apresentá-la como uma espécie de metafísica antiquada e ultrapassada demais para qualquer pessoa realmente progressista e esclarecida. Meu propósito é que os senhores aprendam a desmascarar esse tópico, esse truque muito presente nas posições em relação a uma visão crítica da sociedade, ou, // ao menos, percebam o truque, desconfiem do mesmo e formem por si próprios um juízo independente acerca dessas coisas.

Na última aula tentei mostrar aos senhores que o conceito de sociedade possui sua base objetiva na essência conceitual ou na relação de abstração da própria objetividade social, essência ou relação que é dada pela troca. Em outros termos: a totalidade em que vivemos e que podemos sentir a cada passo e em cada uma de nossas ações sociais, não é condicionada por uma comunhão imediata que abrange a todos, mas é condicionada justamente pelo fato de sermos essencialmente separados uns dos outros tal como ocorre na relação abstrata de troca. Não só é uma unidade do que é separado, mas uma unidade que propriamente só se realiza, que propriamente só se constitui através do mecanismo da separação, da abstração. E, nessa medida, é precisamente o contrário de todas as ideias organicistas ou holistas, que talvez pudessem ser aplicadas em projeção retrospectiva a regiões agrárias, para as quais também nunca valeram, mas certamente não podem ser aplicadas aos atuais países prototipicamente de alta industrialização. Se quisermos uma caracterização própria do conceito de sociedade, então o conceito de sistema, o conceito de uma certa ordem dispositiva, de uma ordem imposta de certo modo abstratamente, seria muito mais adequado do que o conceito de todo ou de orgânico. A única restrição seria que, quando falamos do sistema da sociedade, não se trata da sistematização do observador, mas que este caráter sistêmico reside na própria coisa.

A palavra "alienação", utilizada hoje *ad nauseam* e de que procuro me desvencilhar, tem a ver com essa situação e pode ser mencionada aqui ao menos como divisa para o que quero dizer. Vivemos numa totalidade que reúne os homens entre si unicamente graças à sua alienação. Quando lhes afirmei que a sociedade vigente é mediada apenas pela individuação, há nisso inclusive o sentido crítico, não tão enfatizado por mim no anteriormente exposto, de que, justamente através do *principium individuationis*, ou seja, através do fato de que nas formas sociais em vigor os homens individuais procuram o lucro, procuram a sua vantagem individual, de que precisamente através dessa insistência no princípio de individuação o todo se conserva vivo e se reproduz, sob gemidos e suspiros e à custa de inomináveis sacrifícios. Gostaria ainda de acrescentar que, justamente porque o todo ou a totalidade da sociedade // se mantêm vivos não em decorrência da solidariedade, a partir de um sujeito social coletivo, mas apenas através dos interesses antagonistas dos homens, por isso se introduz de modo constituinte nessa sociedade da troca racional, a partir de sua raiz, um momento de irracionalidade, que a todo momento ameaça explodi-la. – Obrigado.

// 6ª Aula
9.5.1968

Senhoras e senhores,

Na última aula destaquei que a sociedade desenvolve tendências de uma progressiva irracionalidade simultaneamente ao avanço de sua racionalização, porque a totalidade da sociedade não se mantém viva solidariamente, mas através dos interesses antagônicos dos homens,[1] através de suas contraposições e não porque existe um sujeito social conjunto uniforme. Esse momento resumiria justamente, se quisermos experimentá-lo em uma fórmula, o que seria o significado social real da "dialética da ilustração". Quero dar um passo além, para ao menos expor em perspectiva o problema de que a crescente integração da sociedade, como fenômeno visível, é acompanhada em certas camadas profundas – no sentido em que os diversos processos sociais, embora amalgamados, provêm de interesses divergentes ou contraditórios – por tendências de desintegra-

---

1 O começo da aula não foi preservado; contudo Adorno remeteu diretamente às últimas frases da 5ª Aula {7.5.1968}, de maneira que o começo ausente pôde ser reconstruído.

ção social que, em vez de manifestarem relativa indiferença umas em relação às outras, num momento de neutralidade como acontecia em fases anteriores do desenvolvimento social, mais e mais se contrapõem entre si. Creio que isso emerge com particular clareza em situações extremas da sociedade burguesa tardia, como o fascismo. Em sua obra *Behemoth*,[2] que até hoje ainda considero a melhor apresentação socioeconômica do fascismo, o falecido Franz Neumann mostrou que justamente sob o fascismo essa integração é uma situação superficial, e que sob a tênue capa do Estado totalitário se trava um combate quase arcaico e anárquico // entre os diversos grupos sociais. Pretendo apenas chamar a atenção ao problema, sem arriscar-me a opinar sobre se essa situação pode também ser aplicada à sociedade burguesa tardia mais pacífica, ou se no que se designa como pluralismo também ocorre semelhante conteúdo de tendências de desintegração. De minha parte, não me sinto inclinado sem mais a falar em tais tendências, simplesmente porque considero esse tão falado pluralismo como em grande medida ideológico. Ou seja, porque creio que a coexistência das forças é efetivamente capturada e determinada em sua essência pelo sistema social em que vivemos e tudo domina.

Atualmente levanta-se com frequência diante do conceito de sociedade a objeção de ser metafísico. É muito interessante – o que quero enfatizar aos senhores, pois trata-se de uma mo-

---

[2] Franz Neumann (1900-1954) emigrou em 1933 para Londres e posteriormente aos Estados Unidos. Ali trabalhou de 1936 a 1942 no *New York Institute of Social Research*. Seu estudo *Behemoth. The Structure and Practice of National Socialism*, foi publicado em 1942 em Nova York.

derna peça de doutrina ideológica – que as reflexões críticas não sejam mais, como antigamente, atacadas de modo corrosivo ou agressivo ou termos parecidos, mas que antes se procure anulá-las ao asseverar que propriamente se encontram superadas pelo curso dos acontecimentos. Assim, tudo o que não aceita o vigente, constitui uma espécie de resíduo de velha metafísica, doutrina do ser ou – como a crítica que me foi dirigida por Scheuch – teologia disfarçada.[3] Senhoras e senhores: o atual predomínio de tal tipo de apologia lança uma luz sobre o conjunto da situação social. Claramente houve um tal avanço do potencial de esclarecimento ou de emancipação, da possibilidade de se tomar consciência dos processos sociais, em vez de simplesmente aceitar os mesmos sem qualquer reflexão, que já não bastam argumentos de restauração orientados regressivamente, e o que é retrógrado só pode justificar-se a si próprio // ao apresentar-se como o que é mais avançado. Naturalmente isso acontece sobretudo na medida em que as tendências que, em um sentido amplo do termo, são positivistas e que assim se orientam pelo vigente, podem, justamente por isso, se apresentar como se fossem as mais avançadas, porque todas as possibilidades que vão além disso passam muito facilmente como quiméricas em face da supremacia do poder das circunstâncias existentes sobre os homens. Eis, por assim dizer, a motivação, o elemento de realidade efetiva em que pode se apoiar tal esquema argumentativo. Porém, os senhores talvez formem uma certa desconfiança em relação a essa argumentação, ao observarem quão enrijecida ela é, ou

---

3 Ver E. Scheuch, *Methodische Probleme gesamtgesellschaftlicher Analysen*, op. cit., p.156 e 159.

seja, que um pensamento antes tido precisamente como utópico ou de algum modo radicalmente contraposto ao vigente, seja considerado agora antiquado ou retrógrado e até mesmo uma superstição.

Aliás, é interessante, abrindo parênteses, que esse tipo de pensamento hoje diretamente presente no campo da reflexão e da teoria social, surgiu muito tempo antes no campo da estética. Estava presente naquelas tendências – por volta de 1920[4] – que apresentaram o retorno a formas já desaparecidas e pré-burguesas como o que é propriamente moderno; que, por exemplo, sem nenhuma reflexão, rejeitaram o conceito de progresso como não moderno e que operaram com conceitos como "fim da modernidade". O próprio fascismo era dotado dessa nuance ideológica, de que ser não moderno ou antimoderno seria hoje o propriamente moderno. Entrementes, isso foi transferido ao procedimento apologético contra uma teoria crítica da sociedade, onde o esquema é muito simples: o pensamento metafísico, pré-crítico, operou prioritariamente com o conceito de essência, com uma contraposição entre essência e aparência que foi removida pela ilustração. // A teoria crítica, de sua parte, opera com o conceito de essência – explicitamente assumido de Hegel por Marx. E, portanto, o pensamento crítico é deixado para trás pela ilustração.

Espero ter mostrado em nossas primeiras aulas o que entendo por essência (*Wesen*) e sua antítese (*Unwesen*), e que aqui não se trata meramente de uma quimera, mas de uma categoria

---

4 Alusão ao neoclassicismo e folclorismo na música dos anos vinte do século passado (ver Adorno, *Die stabilisierte Musik*, Theodor W. Adorno, GS 18, p.721-28).

de mediação sem a qual os chamados fatos não seriam eles mesmos o que são. Creio que para compreender a intenção do ponto de vista que apresento, tudo depende da apreensão e do acompanhamento dessa argumentação. Contudo, após insistir tanto no problema da mediação entre fato e conceito, entre *fait social* e sociedade, quero destacar que, mesmo quando efetivamente partimos da faticidade individual – como faz e precisa fazer a investigação empírica na sociedade – somos levados a determinações como as que procurei lhes apresentar. Pensemos, por exemplo, nos acontecimentos ocorridos em Berlim, após as manifestações dos estudantes em seguida ao atentado a Rudi Dutschke, acontecimentos que efetivamente temos dificuldade em descrever senão como *pogrom*.⁵* Se esses acontecimentos são remetidos a condições locais, à situação específica de Berlim, se poderia talvez – e acentuo o talvez – explicar os mesmos por ocorrerem na forma extremada verificada justa-

---

5 No dia 11 de abril de 1968 Rudi Dutschke foi gravemente ferido por três tiros disparados pelo trabalhador Josef Bachmann. O atentado, visto pelos estudantes como resultado imediato do clima de ódio incitado pela imprensa do Grupo Springer, provocou o bloqueio do Grupo Springer iniciado nos dias de páscoa. Numa declaração pública no semanário *Die Zeit* Adorno, Ludwig von Friedeburg, Alexander Mitscherlich e outros cientistas e escritores tomaram uma posição em relação ao atentado a Dutschke e exigiram uma investigação pública das "práticas de manipulação jornalística" da editora Springer. Ver "Die Erklärung der Vierzehn", *Die Zeit*, n.16, 19.4.1968).

* Rudi Dutschke (1940-1979), um dos principais representantes do Movimento de 1968 na Alemanha, foi líder estudantil da Universidade Livre de Berlim e expoente da Associação Alemã de Estudantes Socialistas (*Sozialistischen Deutschen Studentenbund*) e da Oposição Extraparlamentar (*Außerparlamentarischen Opposition*). (N.T.)

mente em Berlim e não em outro lugar, embora explicar porque algo ocorreu em algum lugar // e não em outro seja um problema abissal para a teoria do conhecimento ou da ciência. Comprovações de grandezas negativas nas Ciências Sociais, ou seja, a expectativa da não existência de fenômenos, têm algo de muito forçado. A provocação de todo pensamento teórico nas ciências sociais — provocação que não pretendo ocultar porque realmente nos ilude em nossa autoconfiança de tudo poder explicar — é que *post festum* podemos explicar tudo o que existe [*Risos*] — posso saber o que está acontecendo? — *post festum* podemos explicar de modo mais ou menos plausível e evidente tudo o que se possa imaginar, mas quando se trata de prever se um determinado fato social — ainda que o mais simples — ocorrerá inicialmente aqui ou em outro lugar, em geral fracassamos. Poderíamos do mesmo modo ter imaginado *a priori* que esses graves distúrbios ou eventos do tipo *pogrom* seriam esperados antes em outra cidade, com uma atmosfera em princípio mais reacionária do que Berlim, com sua vigorosa população operária e a fama de, em princípio, ser uma cidade muito esclarecida, sóbria e progressista. [*Risos*] Desta maneira os senhores podem verificar que após o ocorrido é muito fácil explicar porque tudo aconteceu precisamente em Berlim, mas antes isso não seria possível assim sem mais. Assinalo esta questão porque por esta via quero mostrar como um conceito que desempenha um papel importante na concepção positivista da Sociologia, ou seja, o conceito de prognóstico — isto é, que o conhecimento sociológico deve capacitar à formulação de previsões corretas — não é desprovido de justificativa. Na medida do possível também pretendo mostrar, preservar e levar comigo os momentos de verdade na concepção que se contrapõe em princípio àquela que proponho. Seguramente não penso que o objetivo da Sociologia seja estabelecer prognósticos, porque tais prognósticos sempre são puramente imanentes ao sistema e também por razões mais profundas do que essas: ou seja, que os prognósticos são eles próprios dotados de um viés "praticista", // por pretenderem comprometer a Sociologia com tarefas emergentes. Contudo, se uma teoria também – com destaque para o "também" – já não é mais capaz de poder prever algo de modo realmente plausível, isto de fato constitui uma objeção à teoria. Em outras palavras: penso que também faz parte das tarefas de uma teoria crítica da sociedade plenamente desenvolvida assimilar inclusive os elementos de previsão, porém enxugando um pouco seu praticismo estreito.

Mas quero retornar ao nosso exemplo. Aliás, quero registrar que, quando escolho exemplos, aqueles dos senhores que se atêm rigorosamente à dialética censurar-me-ão com toda razão que não deveria propriamente servir-me da categoria do exemplo. Entretanto, não posso simplesmente aqui pressupor o ponto de vista dialético, além do que penso que em uma introdução é ocasionalmente permitido que abstrações extensas sejam de tal modo elucidadas mediante exemplos para seu significado ser acessível a todos. De qualquer modo procuro na medida do possível compensar isso ao não utilizar exemplos irrelevantes, ou seja, exemplos que possibilitam demonstrar fatos quaisquer da lógica científica, mas sempre que possível seleciono exemplos de modo a terem uma relação de sentido com a temática referida, ou seja, com a teoria da sociedade e com o conceito de sociedade. Isso seja dito quanto ao princípio de seleção dos chamados exemplos, que os senhores já ouviram aqui e que continuarão a ouvir.

É possível indicar todas as causas locais e específicas possíveis de porque aquele *pogrom* ocorreu justamente em Berlim, embora, como já foi dito, a possibilidade da argumentação contrária seja igualmente plausível e convincente. Porém, se pensarmos no que mais salta aos olhos, isto é, na campanha de ódio conduzida durante um período considerável contra os estudantes pela imprensa do Grupo Springer, // esta campanha não teria efeito se não correspondesse a um determinado potencial dos receptores. Pois uma entre as muitas características da presente sociedade está em que ela converte informação em bens de consumo – o que vale justamente para a imprensa dos chamados tablóides – isto é, as próprias informações de certo modo propiciam fruição, ou melhor, um substituto de fruição, um substituto de satisfação àqueles aos quais se direcionam. Consequentemente, sem esse potencial de anti-intelectualismo e sobretudo de rancor contra pessoas que ainda não se encontram enquadradas na heteronomia do processo de trabalho, como é o caso dos estudantes, provavelmente essa campanha de ódio, a rigor inseparável de motivações comerciais, sequer seria possível sob a forma verificada. Aqui nos movemos efetivamente em um âmbito de tipo teórico-especulativo e caberia a uma pesquisa empírica dotada de outros métodos investigar seriamente esses graves problemas. Para dar conta desse fenômeno da campanha de ódio pela imprensa, acredito que precisaríamos chegar aqui a um fenômeno ou a uma síndrome que vai muito além, para alcançar todo o complexo do anti-intelectualismo. Este se relaciona, em última análise, com a divisão entre trabalho intelectual e trabalho braçal e com o ressentimento daqueles que são excluídos do trabalho intelectual e do ócio, mas que, em razão de mecanismos sociais de obnubilação, não se dirige contra as causas e sim contra os que são os seus beneficiários, pretensos ou reais. Nessa ocasião, não posso deixar de dizer que a imagem existente em extensas parcelas da população com relação à posição material privilegiada dos estudantes, em grande parte é mitológica. [*Aplausos*] Não seria ruim manifestar-se de modo enérgico, com provas de fácil obtenção, precisamente contra essas // coisas, ou seja, contra o argumento inteiramente mentiroso segundo o qual a causa da insatisfação dos estudantes é sua boa vida excessiva. Penso que clichês como esses, dos estudantes saudáveis e fortes, vivendo no luxo e correndo com seus automóveis [*Risos*] não contribuem pouco para o mencionado ressentimento.

Seguramente não quero minimizar as causas particulares específicas dos eventos de Berlim – não quero defender, nem a política policialesca das autoridades municipais, nem, muito menos, a imprensa que provocou tudo isso. Quero apenas chamar a atenção a que, como muitos outros, mesmo tais processos sociais concretamente observáveis são concretos apenas aparentemente. Haverá muitos entre os senhores que, mesmo sem se darem conta disso conscientemente, são suscetíveis ao encanto associado à palavra "concreto". Contaram-me certa vez a triste história dos nazistas que, ao procurarem descobrir a orientação política de suspeitos presos, consideravam o uso muito frequente da palavra "concreto" como um indicador de que se trataria de comunistas. Se, ao contrário, os senhores pensarem no papel do conceito de concreto justamente na sociologia positivista, axiologicamente neutra, é possível terem uma ideia da curiosa importância afetiva experimentada pelo conceito de concreto. Senhoras e senhores: como o curso dessa aula já deve ter esclarecido, é provável que isso seja uma decorrência de um mundo ele próprio dominado a tal ponto por regularidades abstratas, bem como de relações entre os homens elas próprias tornadas tão abstratas, que o concreto se converteu em uma espécie de utopia, // que, aliás, realmente representa. As pessoas acreditam que, ao serem completamente concretas e indicarem o *hic et nunc*, tornam-se donas da situação, sem considerar que o aparentemente concreto, isto é, que os fatos são, eles próprios, em grande medida justamente a expressão daquela ordem abstrata das relações, tal como procurei mostrar no referente ao conceito de sociedade. Isto significa que, até mesmo na pesquisa empírica, com o avanço da reflexão somos impelidos sempre de novo e rapidamente àquele conceito de conexão social não só proibido pelas regras do jogo do empirismo cientificista, mas que contraria também aquela conotação libidinosa da concreção, do conceito de concreto. Ocorre algo semelhante nas investigações atuais acerca do ambiente de trabalho das empresas – por certo uma tarefa legítima no âmbito dos fins do trabalho industrial – que revelam sempre e rapidamente que são insatisfatórias as tentativas de vincular esse ambiente de trabalho das empresas às circunstâncias da fábrica correspondente, da sua planta industrial. É claro que existem diferenças e nuances entre as fábricas, mas os pressupostos decisivos remetem a acordos salariais, e acordos salariais remetem a situações de compromisso entre os sindicatos patronais e os sindicatos de trabalhadores e, por fim, a relações de poder e assim a problemas estruturais da própria sociedade. Com a ênfase com que procurei distinguir o conceito de sociedade em relação aos fatos, como um conceito teórico, não pretendo que se deva assumir uma ruptura radical entre tais entidades. Antes pretendo esclarecer não só que é possível perceber a sociedade por assim dizer fisionomicamente a partir de fenômenos individuais, como expus anteriormente, mas, muito além disso, que todas as explicações de // fenômenos individuais conduzem com mais rapidez do que se supõe a algo como a estrutura social. Quero chamar a atenção a algo que permite esclarecer isso talvez da forma mais drástica: quando se exerce a crítica a um sistema social vigente e com base nessa crítica se propõe aperfeiçoamentos de tipo particular, tais propostas de aperfeiçoamento inevitavelmente logo se deparam com um limite. Este é ininteligível com base apenas nos momentos individuais a serem criticados, e pode ser compreendido unicamente a partir da ordem preestabelecida da sociedade, altamente sensível contra qualquer tipo de transformação, por mais particular que seja, mediante a qual poderia ser posta em questão, ainda que do modo mais insignificante.

Vou exemplificar isso no campo muito importante e atualmente muito discutido da educação política. Quando se recrimina a ineficácia da teoria política – e os estudos realizados sob a direção de Manfred Teschner[6] exploram essa questão – deparamos com uma apresentação em geral muito formal do tratamento das relações políticas, da constituição, da estrutura partidária, do chamado pluralismo, da posição de empresas e sindicatos e de outras questões desse tipo. Isto é: praticamente não se levam em conta as suas referências sociais, as questões efetivas do poder e da disposição acerca dos meios de produção e da riqueza social situadas por trás de tais fenômenos. Ao aprofundar a investigação, descobrimos que no

---

6 Ver Manfred Teschner, *Politik und Gesellschaft im Unterricht. Eine soziologische Analyse der politischen Bildung an hessischen Gymnasien*, Frankfurt a. M., 1968 (*Frankfurter Beiträge zur Soziologie*, 21).

âmbito de nossa democracia, em sua definição formal, ao mesmo tempo que se exige uma educação para a democracia, também se exige que não se apresentem questões espinhosas que pudessem de algum modo promover perspectivas limitadas // a posições político-partidárias. Contudo, esse tipo de restrição impede de antemão que se trate de questões estruturais que deveriam passar pela educação política. Isso significa que um professor que, em vez de falar de parceiros sociais, explicasse aos alunos os conflitos existentes por trás daqueles, deveria imediatamente contar com um grande número de cartas à direção da instituição de pais indignados com a propaganda política que se estaria promovendo, abusando da educação política para perseguir fins partidários e coisas semelhantes. Em consequência ele não ousará prosseguir, para o que contribuirão todas as instâncias intermediárias possíveis.

Penso que fenômenos dessa ordem, ou seja, a rápida imposição de limites a aperfeiçoamentos imanentes ao sistema, ainda que mínimos, mostram aos senhores com clareza maior que quaisquer outros, que o conceito de sociedade, mesmo não sendo um fato, é efetivamente real em sua dimensão mais profunda. Em relação a esse paradoxo penso ser importante que justamente o não factual, o que não pode ser diretamente convertido em percepção sensorial, não é dotado de um grau menor de realidade efetiva, mas sim maior; isto é, determina a vida das pessoas mais do que os chamados *concreta*, com que nos deparamos de imediato. É possível aprender isso – com o que remeto à proposição de Durkheim já mencionada anteriormente[7] – a partir do momento da resistência, o ponto a partir do qual não é possível seguir adiante, quando se afunda numa massa resistente,

---

7 Ver nota 3, 3ª Aula {30.4.1968}.

ou, o que é mais provável, se bate com a cabeça na parede. Essa é provavelmente a maneira pela qual, ascendendo a partir do chamado concreto, é possível se assegurar daquilo de que nos recriminam como conceito meramente metafísico. Os fenômenos que mencionei, entre muitos outros pertencentes à mesma categoria, // podem propriamente ser designados como fenômenos da experiência. Por exemplo: por que mastigamos e somos obrigados a mastigar pedra, ao tentar promover educação política realmente de um modo tal que o conceito de democracia se torne substancial? Esses e outros que relatei são exemplos progressivos. Parece que o mais forte argumento contrário a um ponto de vista positivista da sociedade é que este último, que confere destaque tão grande ao conceito de experiência em suas denominações, como "empirismo" ou "empirismo lógico", justamente limita a experiência. Acredito que não é por acaso que Hegel denomina sua primeira grande obra de "ciência da experiência da consciência", cuja primeira parte foi apresentada como a *Fenomenologia do espírito*, após o que ele mudou de orientação.[8] O positivismo canaliza, direciona esse tipo de experiência que apresentei, e por esse direcionamento praticamente obstrui a mesma. Provavelmente o próprio conceito de experiência, estreitamente relacionado ao conceito de concreto há pouco referido, adquire hoje tão inominável importância normativa unicamente porque, de um lado, no mundo em que vivemos raramente se atinge uma experiência genuína, ou seja, uma experiência de algo novo, não previamente existente, e, de outro lado,

---

8 Em relação à concepção originária do *System der Wissenschaft* (sistema da ciência) de Hegel e ao desenvolvimento de *Phänomenologie* (*Fenomenologia do espírito*) e *Wissenschaft der Logik* [*Ciência da lógica*] em obras independentes, ver a *Anmerkung der Redaktion* [Nota da redação], Hegel, *Werke*, 3, op. cit., p.595.

porque mediante o sistema de regras que impõe ao conhecimento, a ciência no fundo não permite tal experiência. Eu não titubearia em definir uma teoria dialética da sociedade como o restabelecimento, ou, dito de modo mais modesto, a tentativa de restabelecer a experiência obstruída, seja pelo próprio sistema social, seja pelas regras da ciência. Pode-se dizer que, // para ser incisivo, o que procuro apresentar aos senhores é uma espécie de fundamento de uma rebelião da experiência contra o empirismo, para usar uma formulação mais aguda. Nessa ocasião cabe dizer que esse tipo de experiência, que procurei apresentar mediante exemplos, não constitui um exercício desordenado, mas antes é direcionada, é imposta a nós pelos problemas – por exemplo, o problema da impossibilidade de uma educação política realmente satisfatória. Efetivamente é impossível evitá-la, salvo se for propriamente proibida.

Sociedade como experiência: pelo exposto, é isso com que nos deparamos e que simultaneamente reconhecemos como a condição dos momentos criticados e insatisfatórios, insatisfatórios mesmo em um simples sentido imanente, o que por fim impede que tais momentos possam ser modificados real e efetivamente. O risco do ideal científico oficial está em escamotear essa experiência. Em sua polêmica comigo, polêmica que foi inteiramente positivista, em que pese seu conceito de uma "teoria transcendental da sociedade", Schelsky estranhou sobretudo o conceito de uma "experiência não regulamentada", em que viu, a meu ver corretamente, o ponto crucial contraposto ao positivismo.[9] Mas nesta medida – enquanto mediação,

---

9 Ver Helmut Schelsky, *Ortsbestimmung der deutschen Soziologie*, op. cit.; em relação à popêmica de Schelsky com Adorno, assunto que perpassa o conjunto do livro, ver o cap. III, 3: *Die Wirklichkeitserfassung*

não com o empirismo, mas com os métodos empiristas — tudo depende da permanência dessa experiência em contato próximo com os fatos, ao invés de se destacar dos mesmos de modo arbitrário e exterior. Aliás, a esse respeito quero frisar que tal momento da valorização da experiência viva diante da experiência reificada e enrijecida foi enfaticamente realçado inclusive em outras escolas sociológicas, como justamente pela // perspectiva da experiência fenomenológica, na escola fenomenológica do sociólogo norte-americano Schütz,[10] muito próximo em suas posições teóricas a meu colega Luckmann.[11] Portanto, a crítica aqui desenvolvida de modo algum constitui prerrogativa frankfurtiana, pois em muitos outros costados do pensamento sociológico se chegou às mesmas questões. — Obrigado.

---

der empirischen Sozialforschung, p.67-85; quanto ao conceito da "teoria transcendental da sociedade", ver cap. VI,2 com o mesmo título (*Transzendentale Theorie der Gesellschaft*), p.93-109. Quanto ao conceito de "experiência não regulamentada", Theodor W. Adorno, GS 8, p.342.

10 Em uma nota ao texto "*Analytische Wissenschaftstheorie und Dialetik*", Jürgen Habermas remeteu a Alfred Schütz (1899-1959) justamente neste contexto: "Na esteira do conceito de *Lebenswelt* de Dilthey e Husserl, Alfred Schütz salva para a metodologia das ciências sociais um conceito de experiência ainda não circunscrito pelo positivismo". *Collected Papers*. Den Haag, 1962, Parte I, p.4s. (Adorno et al. *Der Positivismusstreit in der deutschen Soziologie* [A controvérsia do positivismo na sociologia alemã] op. cit., p.160).

11 Thomas Luckmann, nascido na Iugoslávia em 1927, após muitos anos de atividade docente no *New York Institute of Social Research*, foi nomeado em 1965 professor de Sociologia na Faculdade de Ciências Econômicas e Sociais da Universidade de Frankfurt.

// 7ª Aula
14.5.1968

Senhoras e senhores,

Da mesma forma que é preciso imaginar um público de iniciantes à Sociologia, também devo agora ... [*Assobios*] Assim está melhor? – Agora melhorou? – Acho que alguém poderia – senhor Kulenkampff,[1] o senhor faria a gentileza de assumir esse equipamento? – Obrigado – Agora melhorou? – O senhor Kulenkampff fará a gentileza de informar o apoio técnico – enquanto isso começarei gritando. [*Risos*]

Quero dizer alguma coisa a respeito dos problemas da divisão da Sociologia. Aqueles entre os senhores que se preparam para os exames de conclusão de curso ou algo semelhante, já devem ter lido que nessa ocasião se faz uma distinção entre "Sociologia geral" e "Sociologia especial". Porém, antes de entrar no problema teórico e científico relacionado a essa divisão,

---

1 Arendt Kulenkampff (nascido em 1936), na época assistente auxiliar no Seminário de Filosofia e a partir de 1972 professor de Filosofia em Frankfurt.

quero expor algo pré-científico e de racionalidade rudimentar: antes de mais nada, na realidade essa divisão possui um certo sentido prático. Sentido prático que é o de haver, de um lado, as questões teóricas, as questões fundamentais da Sociologia e, de outro, // as questões de conteúdo individual, em parte relacionadas com as artes e as aptidões que é preciso aprender no ensino da Sociologia no sentido de sua aplicação prática. Nessa questionável distinção reflete-se em certa medida o caráter duplo da Sociologia já antes mencionado, ou seja, o de uma sociologia voltada às necessidades práticas de um trabalho socialmente útil e, de outro lado, o de uma Sociologia orientada para a apreensão real efetiva do que mantém o movimento em seu nexo. Aqui os senhores precisam ter em conta, e penso que é bom fazê-lo ao iniciar o estudo da Sociologia, que a sociologia – ao contrário da concepção tradicional do Direito ou da Medicina – não é uma construção acabada, mas um aglomerado de disciplinas bem diferentes entre si que lentamente se uniram a partir de origens históricas inteiramente diversas. Assim todo o campo do que hoje se denomina pesquisa social empírica, todo esse complexo desenvolveu-se a partir das chamadas ciências camerais (*Kameralwissenschaften*), as ciências das finanças e da administração desenvolvidas nas câmaras de príncipes na Alemanha na época do mercantilismo do século XVIII, quando surgiram as primeiras visões de conjunto de uma economia e de uma administração planejadas, que demandavam conhecimento de toda sorte de necessidades, vontades e relações estruturais da população. Existe uma boa ou, para ser modesto, uma informativa síntese acerca dessas questões no verbete de responsabilidade do Instituto de Pesquisa Social no

Lexikon der Staatswissenschaften (*Dicionário das Ciências do Estado*).[2] Por outro lado, o que é denominado sociologia teórica surgiu a partir da filosofia, e o nome Sociologia, que conforme já foi dito não tem mais de cem anos e provém de Comte,[3] é dotado de um certo momento de arbítrio; pode-se mesmo afirmar que jamais houve uma grande filosofia que não tivesse de alguma maneira se ocupado dos problemas sociais. Na história da Filosofia com frequência as disciplinas lógicas ou epistemológicas, por exemplo, foram apreendidas meramente como auxiliares da Ética e, por essa via, também da teoria da sociedade, desde muito tempo vinculada às questões da Ética. Como teoria do comportamento dos homens, do comportamento justo e certo, a ética sempre abrangeu necessariamente o comportamento social, // o comportamento dos homens uns em relação aos outros. Apenas recentemente e de modo surpreendentemente tardio, descobriu-se que a chamada ética privada, que se refere aos modos e às normas de comportamento de indivíduos singulares, afeta relativamente pouco no que diz respeito às questões decisivas da ética, isto é, a justiça, porque a ética privada não se refere à justiça da constituição como um todo. Nesse sentido, a Sociologia é uma ciência bastante antiga e os novos desenvolvimentos desde Saint-Simon e Comte constituem a rigor apenas um processo de independência, pelo qual a Sociologia, inclusive quanto a seu conteúdo teórico, seria pra-

---

2 Ver Theodor W. Adorno, J. Décamps, L. Herberger et al. *"Empirische Sozialforschung"* ["Pesquisa social empírica"], *Handwörterbuch der Sozialwissenschaften* (reedição do *Handwörterbuch der Staatswissenschaften*, op. cit.), 6.ed., Stuttgart, 1954, p.419-32. Atualmente em Theodor W. Adorno, GS 9.2, p.327-59.

3 Ver nota 21, 1ª Aula {23.4.1968}.

ticada como uma ciência especializada entre outras, como pode ser observado com clareza em Comte. Por ora não pretendo abordar o acerto ou desacerto, dessa situação.

Aqui naturalmente desde o começo também se colocava por um fio a questão de saber em que medida a sociologia teórica seria filosofia. Pois Saint-Simon e Comte, os primeiros pensadores modernos da sociedade designados como sociólogos, ainda tinham restrições graves à filosofia, que denominavam metafísica conforme a antiga tradição do século XVIII. Desde o início seu *pathos* era antifilosófico, devido a uma curiosa motivação social digna de menção. Esses pensadores, que essencialmente propagaram e até fizeram a apologia da sociedade burguesa, também foram os primeiros a aplicar à atividade intelectual o critério da utilidade social, ou, como se passaria a dizer posteriormente, do trabalho produtivo. E como críticos da ideologia desprezaram todos os homens que faziam, por assim dizer, coisas inúteis. Seus alvos preferenciais eram os advogados, constantemente denunciados por eles como parasitas, // seguidos como bodes expiatórios pelos filósofos, produtores de bolhas de ar inúteis à humanidade. Todo o positivismo mais recente origina-se historicamente, no sentido de um certo praticismo, a partir dessa rejeição do que seria socialmente inútil, daquilo que não se justifica de imediato no processo de vida da sociedade. Seria muito interessante acompanhar as origens sociais específicas do positivismo, ou seja, a desvalorização do trabalho inútil no sentido de uma sociedade consequentemente baseada na troca. Hoje em dia naturalmente o positivismo já não denunciaria a si próprio em relação a essas coisas como no tempo de seus "pais fundadores", em que pese minha suspeita de que no fundo muito pouco mudou a esse respeito.

Há pouco eu afirmava aos senhores que de início seria bom levar em conta no estudo da Sociologia também essa divisão um tanto quanto mecânica. Isso é importante sobretudo para alertar quanto a um desprezo em relação às disciplinas individuais devido à sua orientação para a prática e quanto a uma concentração exclusiva nas questões teóricas, pois é problemático um conceito de teoria que toma a teoria como algo abstrato frente aos momentos sociais isolados. Contudo, mesmo em relação a esse tema preciso recomendar-lhes uma certa cautela a partir das experiências recentes que tive por ocasião de bancas de exames de que participei e que me levaram a rever minhas anotações de aula. Mesmo quando o interesse dos senhores for dirigido sobretudo às Sociologias especializadas, de temáticas específicas – as chamadas Sociologias com hífen – é preciso advertir quanto aos prejuízos em sua formação científica específica // resultantes da recusa, desde o início, a enxergar os grandes problemas, como deve ter ficado claro a partir do que expus nas últimas aulas acerca da mediação universal de todo social pela sociedade. Participei da banca examinadora de uma jovem que pesquisou a fundo os problemas do "pequeno grupo".[4] De certo modo, como estágio prático de seu emprego, ela se ocupou também com "pequenos grupos", reunindo grande conhecimento a respeito. Indo além, indaguei a respeito do significado do "pequeno grupo" no âmbito da Sociologia industrial, onde – como deve ser do conhecimento de alguns – esse problema se tornou premente na sequência do

---

4 Em relação ao conceito de pequeno grupo ou grupo informal, ver o capítulo "Grupos" de *Soziologische Exkurse* [*Temas básicos de sociologia*], op. cit., p.55-69; ver também a 15ª Aula {4.7.1968}.

debate sobre o taylorismo, conforme as pesquisas de Mayo.⁵ Conforme os resultados desse estudo, a produtividade do trabalho cresce mediante a coesão de pequenos grupos "informais", isto é, não organizados. Assim revelou-se pela primeira vez que, racionalmente motivada, a organização racional da sociedade incorporou setores irracionais, ou seja, tais relações entre os grupos; além disso, a sociedade, racional em sua aparência mas como um todo nem tão racional assim, precisa de tais setores irracionais para se reproduzir. Essa é uma questão de extraordinário interesse e relevo inclusive para a Sociologia teórica. Assim, após a jovem demonstrar com muita competência seus conhecimentos de sociologia dos "pequenos grupos", perguntei-lhe se na sociologia existia algo além da Sociologia de "pequenos grupos". [*Risos*] Ela respondeu literalmente o seguinte: "Sim, existem ainda considerações de como as relações sociais poderiam ser estruturadas de modo mais proveitoso, por exemplo, a história dos dogmas". [*Risos*] A ingenuidade dessa resposta é ao mesmo tempo muito reveladora. Ao que tudo indica a jovem senhora pretendeu de antemão jogar // na lata de lixo da história, da história dos dogmas, todas as questões da sociologia que apontavam para além de sua utili-

---

5 A referência é a pesquisa realizada por Elton Mayo (1880-1949), entre outros, entre 1927 e 1932 em Chicago na fábrica Hawtorne, que veio a se tornar um modelo para pesquisas de sociologia industrial. Ao levar em conta momentos sociais e psicológicos do processo de trabalho foi superada a concepção estabelecida por F. W. Taylor (1865-1915) de alcançar produtividade crescente, salários mais elevados e maior disposição ao trabalho unicamente através da racionalização mecânica. (Em relação ao estudo de Mayo, ver também a 15ª Aula {4.7.1968}).

dade no caso. Por trás do que foi dito, embora não com toda essa clareza, encontra-se a visão de que ainda existem dinossauros [*Risos*] arquivados na História da Sociologia, que se ocupam com o que para ela seria a promoção da "estruturação mais proveitosa da sociedade", compreendida num sentido paternalista de arranjos benevolentes originados de cima para baixo, sem sequer imaginar que a Sociologia poderia ter algo de essencial a ver com as lutas sociais. Só a muito custo pude introduzir na conversa em que se desenvolveu o exame nexos como os que acabei de assinalar, como a função do "pequeno grupo" enquanto complemento ou contraponto irracional ao atual mundo do trabalho racionalizado; mas, ao que tudo indica, não tive êxito em levá-la a compreender realmente as interconexões de tais problemas supostamente isolados. Posso tranquilizá-los com a informação de que, apesar de tudo, a candidata foi aprovada. [*Risos*] Mas, com base nesse evento, penso que os senhores podem perceber com clareza que se ocupar com os chamados problemas de utilidade social da Sociologia conduz a uma certa limitação, e que o fechamento do horizonte teórico impede a Sociologia de efetivar a função formativa que cabe a ela realizar, como eu havia destacado anteriormente. Apresentado desta forma, em seus termos gerais, isso parece uma obviedade e certamente alguns se perguntarão por que dou destaque ao tema. Entretanto, a minha experiência de examinador, sobretudo durante os últimos dias, // mostra que essa obviedade na realidade não é tão evidente assim. Na preferência irrefletida por disciplinas específicas, por exemplo, como o "pequeno grupo" pode se relacionar com o serviço social e disciplinas congêneres, é possível reconhecer uma determinada tendência, por sua vez, vinculada a determinadas transformações sociais antropológicas, enfatizadas não somente pelos "frankfurtianos", mas também, por exemplo, por Helmut Schelsky, como a tendência ao concretismo.[6] Ou seja: a tendência a uma certa atrofia da aptidão para se elevar, para "se alçar conceitualmente para além do dado imediato". Por causa de sua autopreservação, os homens encontram-se em larga medida presos em situações dadas, ao que corresponde o que o psicanalista Nunberg denominou de "fraqueza do eu";[7] em seu zelo extremo pela sua adaptação e pronta reação a situações específicas, os homens são incapazes de efetivar a formação de um eu firme, perseverante e que não mude de acordo com cada situação específica. De resto, por sua vez essa "fraqueza do eu" é um fato relacionado com problemas de identificação na infância, portanto dotado de uma raiz conforme a psicologia profunda, o que porém não nos interessará por ora. De qualquer modo, é possível dizer que, na sociedade vigente, para muitas pessoas o eu tornou-se um fardo de tal ordem, e pensar de modo consistente e consequente pode trazer tantos

---

6 Em *Ortsbestimmung der deutschen Soziologie*, o autor Helmut Schelsky escreveu: "Uma sociologia que se perde em seu assunto encontra-se tão equivocada quanto aquela que passa ao largo do seu assunto por entregar-se à autorreflexão. Uma ciência não é abstrata apenas quando pensa a si própria conforme generalidades como objeto ou método, mas também quando supõe apreender concretamente o objeto sem simultaneamente incluir a si própria como sujeito do conhecimento no âmbito do ato de conhecer. Claramente esse tipo de abstração constitui o perigo que caracteriza a pesquisa social empírica hoje tão atual", op. cit., p.8s. Em seu exemplar da obra, Adorno anotou ao lado desse trecho: "concretismo".

7 Ver Hermann Nunberg, "Ichstärke und Ichschwäche", in: *Internationale Zeitschrift für Psychoanalyse*, v.24, 1939, p.49-61.

incômodos, que, conforme o ditado popular, "não se deve pensar bobagens" e que, em certo sentido, é bastante realista não formar o eu tanto assim e seguir o surrado provérbio berlinense "sou bobo, mas sou feliz". [*Risos*] — Em certo sentido há realmente algo de verdade nesse provérbio, o que eu expus ao apresentar a relação entre os contextos diferentes da Sociologia com o objetivo de chamar a atenção para essas coisas. //
Diga-se de passagem: — e acredito que será de seu agrado dizê-lo justamente hoje — as questões da reforma universitária, que a todos preocupam com razão, têm muito mais a ver com essas coisas do que talvez se imagina. Há pouco, em uma reunião acadêmica que não era de sociologia, apresentei uma perspectiva que foi recebida como novidade acerca da questão e que, por isto, apresento também aqui. Chamei a atenção a que, nessa reforma universitária, misturam-se indistintamente — sobretudo na cabeça de muitos estudantes — dois temas que na verdade se contradizem e que esses pontos de vista correspondem ao mesmo tempo com muita exatidão à dicotomia a que me referia acima. De um lado, trata-se de um movimento de emancipação efetivo com o objetivo de evitar a tutela do pensamento e de contrapor a formação de um poder e de uma faculdade de julgar autônoma às imposições gerais de adaptação exercidas pela sociedade e administradas pela indústria cultural. Tais considerações conduzem para além do aspecto meramente institucional da universidade, para se converterem em crítica de uma sociedade que, ao integrar progressivamente as pessoas, como se costuma dizer, ao mesmo tempo interdita o seu potencial. Quero declarar que, para um homem com a minha idade, o que há de gratificante no movimento dos estudantes é que simplesmente

não se sustenta a suposição de que essa integração se realiza sem dificuldades, e que a estrutura social consegue fazer que se viva no inferno tomando o mesmo como céu, tal como ocorre, por exemplo, nas utopias negativas de Huxley[8] ou de Orwell.[9] Isso não funciona, e há nisto algo de indescritivelmente esperançoso. Quero lembrar-lhes que justamente esse ponto, que uma integração na verdade apenas perpetuadora dos contrários é uma aparência ilusória explosiva ou insustentável, // já foi analisado em detalhe por mim há vinte anos no ensaio sobre a obra *Brave New World* [*Admirável mundo novo*][10] de Huxley, que pode ser lido agora no meu livro *Prismas*. Mas, simultânea e paralelamente a essa tendência emancipatória ampla e não apenas estritamente científica da reforma universitária, existe uma segunda tendência não claramente distinta da primeira. Essa segunda tendência, já que está em pauta a razão e a organização racional, coloca como prioridade o que Horkheimer denominou "razão instrumental"[11] e o que

---

8 O romance *Brave New World* [*Admirável mundo novo*] de Aldous Huxley (1894-1963) foi publicado em Londres em 1932. A primeira tradução alemã de H. E. Herlitschka foi publicada já em 1932 em Leipzig, com o título *Welt – wohin?*

9 O romance *Nineteen Eighty-Four* [*1984*] de George Orwell (pseudônimo de Eric Blair, 1903-1950) foi publicado em Londres em 1949 e uma primeira tradução alemã, de K. Wagenseil, apareceria em 1950 com o título *1984*.

10 Ver Adortno, *Aldous Huxley und die Utopie*, in: *Prismen. Kulturkritik und Gesellschaft*, Berlin, Frankfurt, 1955, p.112-43; Adorno, GS 10.1, p.97-122.

11 Ver Max Horkheimer, *Zur Kritik der instrumentellen Vernunft*, in: *Gesammelte Schriften*, op. cit., v.6: *Zur Kritik der instrumentellen Vernunft e Notizen 1949-1969*, Frankfurt a. M., 1991, p.19-186.

criticou como razão instrumental, que almeja propriamente escolarizar a universidade, convertendo-a em fábrica de homens, produtora, do modo mais racional possível, da mercadoria força de trabalho, e que habilita os homens a vender por um bom preço a sua mercadoria força de trabalho. Essa tendência prospera necessariamente à custa daquele movimento pela autonomia, que ao mesmo tempo aparece aos senhores como ideal de uma tal reforma. E, se me é permitido intervir, sem pretender interferir no seu direito à liberdade e no seu direito a tomar decisões por conta própria, aconselho uma reflexão aprofundada acerca desse duplo caráter das coisas relacionadas à crítica da universidade e da reforma universitária. Arrisco mesmo afirmar que as famosas propostas do Conselho Científico,[12] por mais que sejam motivadas por desafios práticos como a relação problemática entre o número de estudantes e o quadro de pessoal das universidades, no fundo se enquadram na opção pelo nivelamento total, também da universidade, mediante a produção de produtores de trabalho útil, de modo que a rigor se alinham àquelas tendências promotoras dos mecanismos de adaptação, // a que cabe justamente se contrapor. Esse é precisamente o caráter duplo que eu enfatizei no problema da contradição ou da

---

12 O Conselho Científico exigira em suas "Recomendações para a reestruturação do estudo nas universidades" de 14 de maio de 1966 uma limitação obrigatória do tempo de estudos, currículos fixos e restrições ao ingresso em cursos para graduados. (Ver Jürgen Habermas, *Zwangsjacke für die Studienreform. Die befristete immatrikulation und der falsche Pragmatismus des Wissenschaftsrates*, in: Habermas, *Protestbewegung und Hochschulreform* [Movimento de protesto e reforma universitária], Frankfurt a. M., 1969, p.92-107).

divergência entre, de um lado, o interesse sociológico teórico, e, de outro, aquele interesse pelas disciplinas temáticas específicas. Não me levem a mal se aconselho a refletir seriamente acerca do que eu chamaria de antinomia no movimento estudantil. Como ocorre com frequência em movimentos de insatisfação generalizada, existe insatisfação, tanto porque a universidade não é suficientemente *streamlined*, tanto porque ela não funciona a contento como fábrica, quanto porque ela é uma fábrica de maneira excessiva. Estes dois momentos deveriam manter distância entre si nas contribuições à crítica da universidade, ao mesmo tempo que também se deveria determiná-los em sua conexão recíproca. Não preciso dizer qual é minha opção nesse caso.

Feito esse preâmbulo, posso entrar agora nas questões efetivas e sérias relacionadas à divisão entre "sociologia teórica" e "sociologia específica". Expresso dessa maneira, visto nesses termos pelo famoso e fictício *homo sociologicus* em sua visita à universidade, o mesmo poderia imaginar que haveria, de um lado, uma abrangência geral da ciência sociológica e das disciplinas de Sociologia, de que é preciso se ocupar e no qual se enquadram campos específicos isolados, na medida em que já não se subordinam ao mesmo logicamente, de modo tal que a "Sociologia geral", como diz o nome, deve ser uma esfera de abstração superior que constitui o geral a ser obtido a partir de todas as disciplinas individuais e que representa assim o resultado final a emergir do estudo das disciplinas sociológicas específicas. // Nos termos em que é introduzida por tais divisões, essa ideia é extraordinariamente problemática e acredito não incorrer em nenhuma indiscrição ao dizer que eu próprio me opus fortemente a essa organização na Sociologia,[13] embora por motivos estritamente práticos não tivesse êxito e, por outro lado, como ocorre em conflitos de interesse como esses, tenha-me submetido às orientações práticas sérias que se apresentaram nessa oportunidade, sem, no entanto, mudar minha própria posição acerca dessa situação ainda que minimamente. O quanto é problemática essa acepção na relação entre "sociologia teórica" e "sociologia especial" ou "sociologia geral" e "sociologia específica" deve ter ficado claro aos senhores a partir do que estou buscando dizer sobre a determinação do conceito de sociedade, que não é um conceito geral abstrato a reunir tudo o que é socialmente isolado. Sociedade é – conforme a denominação de Hegel assumida por Marx – um conceito universal concreto.[14] Ou seja, um conceito do qual depende tudo o que é individual, mas que não é um conceito que seria abstraído logicamente a partir disso, mas que, como condição de sua própria possibilidade, contém em si todos os momentos

---

13 Desde o semestre de inverno de 1966-67 os professores e estudantes de sociologia da Universidade de Frankfurt se preocuparam em discutir a "Nova organização de ensino e pesquisa" em uma "comissão de reforma universitária". Também foram discutidas as "divisões" a que Adorno se refere, ou seja, a divisão do estudo em um ciclo de estudos básico, que deveria versar sobre conhecimentos de Sociologia teórica geral, e um ciclo de estudos principal, que seria dedicado às Sociologias "especiais". O trabalho da comissão malogrou, entre outros motivos, por causa da resistência dos representantes da área em face da regulamentação curricular.

14 Como esclarecido por ele a seguir, Adorno tinha em mente o conceito de "totalidade concreta" em Hegel e Marx (ver Hegel, *Werke*, v.6, op. cit., p.516; Karl Marx/Friedrich Engels, *Werke*, op. cit., v.13, 7.ed., Berlin, 1975, p.632).

individuais concretos tal como estes são tratados pelas "sociologias especiais" conforme a divisão usual da ciência. Se lembrarmos a exigência de que o método sociológico e a Sociologia como ciência não devem se orientar em primeiro lugar conforme pontos de vista de método, mas sim conforme seu objeto, isto é, a sociedade, nessa medida também a "Sociologia teórica" não seria um universal abstrato ante as disciplinas específicas que engloba, mas ela compreende a correspondência concreta às leis a que a sociedade se subordina.

Não pretendo com isto questionar o mérito de certas perspectivas comparativas, // ou seja, o mérito de abstrações comparativas na Sociologia. Afirmo apenas que a exclusividade desse comportamento comparativo abstrato não se sustenta. Isso simplesmente porque as leis do movimento do mundo capitalista, que afinal são o destino ou o não destino como nossa preocupação primordial, não são um universal contraposto a todas as sociedades particulares submetidas a ele, mas são a correspondência a leis dominantes, elas próprias únicas, embora ao mesmo tempo, determinando todo particular. Quanto ao problema da abstração comparativa e seu potencial de realização, gostaria de dizer que é necessário acompanhar os seus eventuais resultados. Há algum tempo, um pesquisador norte-americano[15] destacou em um estudo que em numerosos países da Terra existe uma certa divergência entre o Sul e o Norte. O Norte é dominado por uma ética do trabalho burguesa, torna-se industrializado e em geral é mais rico e mais puritano, enquanto no Sul as pessoas não se esforçam em demasia, as coisas são mais tranquilas, embora em muitos sentidos também

---

15 Não foi possível descobrir a que investigação Adorno se refere aqui.

Introdução à Sociologia

sejam mais atrasadas e o nível de vida em geral é mais baixo. Ouvido nesses termos, isso remeterá todos à sociologia da religião de Max Weber[16] e à sua distinção entre regiões protestantes e católicas, que em grande medida se aplica corretamente à Alemanha. O curioso é que a mesma diferença social entre o Norte e o Sul ocorre em países onde não predomina tal diferença entre protestantismo e catolicismo, como na Itália, por exemplo. Isto é, na Itália existe um norte altamente industrializado e o *Mezzogiorno*, que como se sabe é uma permanente fonte de preocupação para a república burguesa da Itália, // justamente porque a integração do sul, ou seja, de tudo que é localizado ao sul de Roma, inclusive a Sicília, não foi inteiramente bem-sucedida. Também nos Estados Unidos a relação dos estados do norte com os estados do sul é semelhante e a diferença também existe, embora conforme a sociologia das religiões justamente os estados do sul se caracterizem por seitas protestantes rigorosas, o chamado fundamentalismo, que reforça de modo extremo precisamente as categorias fundamentais do protestantismo, como os metodistas e os batistas. É possível também pensar no clima, como já ocorreu a muitos, mas como o norte amplamente industrializado da Itália fica muito ao sul e tem um clima muito mais ameno do que o sul da Alemanha e a Áustria, ao mesmo tempo que também revela traços correspondentes ao norte, também aqui as coisas são muito estranhas. Creio que ainda não há uma explicação satisfatória desse fenômeno, embora eu acredite que tais coisas

---

16 Adorno pensava na obra de Weber *Die protestantische Ethik und der Geist des Kapitalismus* [*A ética protestante e o espírito do capitalismo*], in: Max Weber, *Gesammelte Aufsätze zur Religionssoziologie I*, op. cit., p.17-206.

possam ser explicadas. Mencionei a questão mais por curiosidade e também para mostrar que a comparação entre si de diferentes sociedades, muito praticada hoje em dia pela chamada antropologia cultural, que compara sobretudo as ditas civilizações superiores com costumes e hábitos de povos mais ou menos subdesenvolvidos, e assim revela certas analogias curiosas, naturalmente conduz a uma grande quantidade de resultados. A Sociologia não pode dispensar a relação com a Etnologia e a Antropologia, mas também não pode considerá-la uma solução para seus problemas. Seguramente é impossível deduzir uma estrutura social decisiva a partir da coincidência entre, por exemplo, certos rituais estabelecidos em civilizações tardias e rituais entre indígenas. // De outro lado, nós dispomos de meios científicos que possibilitam reconhecer essas coincidências como fenômenos de regressão, portanto como formações regressivas, sob pressão social, das chamadas civilizações superiores a estágios primitivos. Mas também não se pode apreender a sociedade vigente – já que ela não pode ser explicada como um universal abstrato – como se fosse um aglomerado de sociologias específicas ou até de unidades sociais parciais. Muitos dos senhores já devem ter ouvido falar da instituição do atlas social.[17] Existe um atlas social do estado de Hessen, onde imagens familiares mostram que em uma determinada região rural prospera a suinocultura e em outra a

---

17 A publicação do Ministério do Interior da Alemanha, *Beiträge und Studien zu einem Sozialatlas*, foi publicada desde 1956 e foi pensada para formar "elementos [...] para uma futura apresentação mais ampla do plano de ações do Ministério do Interior", conforme consta do Prefácio do primeiro volume *Die öffentliche Fürsorge* (Köln, 1956).

produção de batatas, além de haver cidades como Frankfurt, centros comerciais antigos hoje em dia dotados de um vigoroso setor industrial e coisas assim. Se imaginarmos sociologicamente o estado de Hessen e até a Alemanha como um todo conforme o modelo de um atlas social, isso até poderia ser útil por representar concretamente a divisão do setor industrial e do setor agrário, possibilitando conhecimentos não desprezíveis. Mas penso que não preciso gastar tempo para mostrar que uma tal soma de setores particulares ou até de regiões geográficas específicas e de sua estrutura social não apresenta nada de sociologicamente essencial, pois na realidade existe entre tudo isso um nexo funcional, porque a sociedade não é uma adição de momentos concretos justapostos. Como uma "totalidade concreta",[18] isto é, como conceito concreto ou universal concreto, a sociedade pode ser comprovada justamente nas relações de dependência dessas partes isoladas. // Ainda mais porque – o que parece ser ainda mais essencial – no âmbito dos tipos vigentes de socialização, no âmbito dos fatos decisivos para a sociedade atual, os setores representados aqui como tão pacificamente justapostos adquirem importâncias sociais inteiramente diferentes entre si e, portanto, também não podem ser equiparados uns aos outros quanto a sua relevância social para a sociedade como um todo. – Obrigado.

---

18 Ver nota 14, nesta Aula.

// 8ª Aula
21.5.1968

Antes de iniciar eu até gostaria de dizer que hoje minha disposição para ministrar aula é igual à da maioria dos senhores para assisti-la. Contudo, trata-se da minha obrigação e nesse sentido peço a sua paciência e compreensão para o caso de eu não ter o êxito esperado como considero ser minha obrigação. Isto é muito difícil na situação atual em que somos cercados por muitas preocupações.

Senhoras e senhores,
Para retomar o fio da meada,[1] lembremos que em nossa última aula procurei mostrar que a sociologia não pode ser

---

1 A aula de quinta-feira, 16 de maio, foi a primeira cancelada em decorrência da greve de 14 a 16 de maio em protesto pela aprovação das leis de emergência. Em 11 de março ocorrera a marcha de protesto sobre a capital Bonn; a segunda sessão de discussão da legislação de emergência estava prevista para 15 de maio; paralelamente em numerosas universidades ocorreram manifestações políticas e foram canceladas aulas e seminários. Em 15-16 de maio foram bloqueadas as entradas da universidade em Frankfurt. No jornal *Frankfurter Rundschau* de 17 de maio, com o título de "Parlamentares não comparecem", foi publicada uma declaração assinada inclusive por Adorno em que se justificavam as medidas grevistas

formada como uma soma de achados sociológicos singulares eventualmente constatados em uma delimitação geográfica. Aliás, o procedimento referente a uma descrição social semelhante à Geografia é denominado Sociografia.² Trata-se de um setor específico da sociologia que, de resto, tem sua importância nesta disciplina. Lembremos que eu procurara mostrar isso com base no modelo do atlas social de um país, mediante o qual, embora possamos adquirir conhecimentos acerca de como a população vive em certas regiões, não podemos saber nada acerca da estrutura social dessa região, quanto mais da estrutura mais ampla em que se localiza. Gostaria agora de expandir um pouco o exemplo um tanto grosseiro que apresentei, e encorajá-los para o experimento mental de imaginar o que aconteceria se somássemos as chamadas "sociologias específicas", ou seja, a Sociologia Política, a Sociologia Econômica, a Sociologia das Organizações, o que hoje é chamado de Sociologia das Instituições e também a Psicologia Social e // disciplinas semelhantes. Penso ser evidente *a priori* que também mediante tal somatória não se esclarece o que é socialmente essencial. No fundo, aquilo que eu represento e que procuro desenvolver como conceito da Sociologia não é tão horrendo, arrojado e, possivelmente, especulativo quanto querem fazer crer os adversários de nossa escola. Ao dizer que

---

ante o comportamento irresponsável de muitos deputados federais durante a segunda sessão de discussão das leis de emergência. Em 13 de maio havia sido convocada a greve geral na França.

2 Conceito introduzido na Sociologia pelo holandês Rudolf Steinmetz (1862-1940); ver Steinmetz, *"Die Soziographie in der Reihe der Geisteswissenschaften", Archiv für Rechts- und Wirtschaftsphilosophie*, v.VI, 1913; ver *Soziologische Exkurse*, op. cit., p.135.

para um certo tipo de ciência falta apenas o "vínculo espiritual",³ Fausto refere-se na primeira parte do poema dramático precisamente a essa questão. Penso que essa experiência, isto é, a experiência de que, em contraposição à mera transmissão de dados, a ciência (*Wissenschaft*) é justamente o que é gerado por esse "vínculo espiritual", que constitui propriamente o que se apresentou como novidade na ciência por volta do ano de 1800 e (seria) a seguir totalmente reprimido. É preciso reconhecer que então ocorreu uma mudança de cento e oitenta graus. Tudo o que hoje o monopólio reclama como científico, inclusive na ciência social, seria considerado na época em que foram escritas a *Doutrina da ciência* (*Wissenschaftslehre*) de Fichte ou a *Ciência da lógica* (*Wissenschaft der Logik*) de Hegel como pré-científico, mera aglomeração de fatos, a ser no mínimo relativizado sem por isso ser desvalorizado.⁴ Ao contrário, hoje em dia predomina antes um esforço em suprimir esse tipo de ciência que remete àquele "vínculo espiritual" e que corresponde àquele conceito enfático de ciência, porque o mesmo seria não só extracientífico, mas até pré-científico, ou seja,

---

3 J. W. *Goethe, Fausto I*, verso 1939.

4 *Grundlage der gesamten Wissenschaften* [*Os fundamentos da doutrina da ciência*] de Fichte foi publicada inicialmente em 1794; a *Wissenschaft der Logik* [*Ciência da lógica*] de Hegel, em 1812 e 1816. Em relação à "dialética histórica" do conceito de ciência (*Wissenschaft*) Adorno escreveu: "Quando na transição do século XVIII ao século XIX a *Doutrina da ciência* de Fichte e a *Ciência da lógica* de Hegel foram escritas, aquilo que no presente ocupa com pretensão de exclusividade o conceito de ciência seria remetido criticamente ao estágio do que é pré-científico, enquanto agora o que na época era chamado ciência, o saber absoluto ainda que quimérico, seria rejeitado como extracientífico a partir do que Popper denomina cientificismo" (Adorno, GS 8, p.298s.).

uma regressão na história propriamente científica. É possível perceber nisso como até mesmo um conceito como o de ciência, que nos termos em que aparece no olhar vigente exerce um forte fascínio sobre muitos, subordina-se a uma dinâmica histórica. É possível perceber não só como as ciências são diferentes entre si, mas como em diferentes épocas // se compreendia como ciência algo inteiramente diverso. Nessa medida, constata-se a existência de uma certa ingenuidade em simplesmente hipostasiar um conceito de ciência vigente, ele próprio já criticado profundamente há duzentos anos, unicamente em decorrência da posição monopolista que ocupa no empreendimento atual. Certamente eu acredito que se reunirmos as diferentes disciplinas que eu mencionei, conectando-as entre si, disso resultarão conhecimentos essenciais. Quero me referir, por exemplo, a um fato indiscutível para a pesquisa empírica que sempre se impõe e para o qual ainda falta uma explicação teórica realmente satisfatória. Lembro que quando nos movemos no âmbito da Sociologia das "estratificações sociais",[5] isto é, dos grupos e estratos no interior da sociedade, certas

---

5 Em sua conferência introdutória ao Congresso de Sociólogos, *Spätkapitalismus oder Industriegesellschaft?* [Capitalismo tardio ou sociedade industrial?] Adorno estabeleceu um confronto entre o conceito de *social stratification* (estratificação social) e o conceito de classes de Marx: "os critérios da relação de classes, que a pesquisa empírica gosta de apresentar como relações de estratificação social, de estratificação por rendimentos, de padrão de vida, de formação, constituem generalizações de resultados em indivíduos isolados. Nessa medida podem ser chamados subjetivos. Em contraste, o conceito de classe, anterior, pretendia ser objetivo, independente de índices obtidos de modo direto a partir da vida dos sujeitos, por mais que, de resto, estes expressem também objetividades sociais" (Adorno, GS 8, p.355).

tendências ultrarreacionárias e ultranacionalistas serão encontradas com mais vigor em um determinado estrato, ou seja, na pequena burguesia; também provavelmente em determinados estratos camponeses, em estratos agrários, porém de maneira prototípica na pequena burguesia. Por outro lado, a psicologia social pôde mostrar com alguma evidência, ainda que sob restrições, que a essas disposições corresponde também uma determinada estrutura de caráter, sem que se possa afirmar com segurança de que maneira se relacionam aqui essa estratificação e o tipo sociopsicológico [dela resultante?].[6] Portanto, existem [...], e afirmo isso com muita ênfase, existem inúmeros problemas revelados também pela integração das disciplinas sociológicas específicas mencionadas, que assim adquirem visibilidade como problemas. Mas também aqui certamente fica claro aos senhores que o problema científico em sentido superior, o problema propriamente teórico // consistiria em dispor esses fenômenos díspares entre si conforme um nexo essencial.

Existe na Sociologia uma tendência muita forte – que hoje naturalmente se sustenta na tendência geral à matematização de toda a ciência – que acredita na formalização como uma panaceia contra a separação díspar das disciplinas sociológicas específicas. E que portanto o mero desenvolvimento de

---

6 A qualidade da gravação dessa aula era muito ruim. Um sinal de interrogação após palavras completadas entre colchetes, indica uma passagem de difícil compreensão, ou eventualmente uma transcrição incerta; a existência de colchetes indica uma passagem inteiramente incompreensível que não pôde ser completada; mas nos poucos casos ocorridos registra-se no texto apenas uma perda de duas ou no máximo três palavras.

uma linguagem simbólica uniforme e altamente matematizável para os diferentes âmbitos bastaria para poder chegar assim ao que seria a sua unidade. Creio que depois do que expus não preciso mostrar em detalhe porque certamente não considero a formalização como panaceia, porque não a considero o "vínculo espiritual" ausente, pois efetivamente ela não se refere ao que vincula entre si os fenômenos a partir de seu interior, mas apenas extrai deles algo que têm em comum e que em geral é muito diluído e que de resto sobra pouco, muito pouco, sobretudo para a explicação de fenômenos sociais. De modo algum questiono a possibilidade de a formalização também trazer à tona determinadas situações interessantes e essenciais. No entanto, a paixão pela formalização, hoje por toda parte predominante, em geral omite que ela tem ao mesmo tempo a tendência a em grande medida se distanciar do interesse específico pela sociedade concreta vigente. Pode-se mesmo afirmar que toda a questão da formalização depende de sua parte do crescente caráter formal, isto é, do caráter funcional abstrato da sociedade, mediante o qual a formalização aparece menos como uma meta ou um ideal, mas antes como problema da sociologia. Naturalmente a formalização possui laços estreitos com a instrumentalização, ou seja, com a crença de que a constituição de instrumentos de pesquisa altamente elaborados garante por si a objetividade, // em geral paga com a perda do conteúdo e que retém apenas um resíduo relativamente diluído dos fenômenos que realmente importam. Senhoras e senhores: quero deixar claro que não tenho competência no que se refere às tendências de formalização matemática no âmbito da Sociologia e nesse sentido não pretendo me deter [aqui] em detalhes dessa discussão.

Nessa oportunidade quero chamar a atenção a algo que pode caracterizar a Sociologia como um todo. Porque a rigor não existe nada entre o céu e a terra – ou propriamente na Terra – que não seja mediado pela sociedade[7] – até mesmo o seu contrário aparentemente extremo, a natureza e o conceito de natureza, encontra-se mediado pela necessidade de domínio da natureza e, por essa via, pela necessidade social – a mediação pela sociedade implica que a Sociologia pode abordar verdadeiramente tudo o que existe mediante pontos de vista sociais. Nessa medida considero que a exigência de honestidade intelectual dos sociólogos é ainda mais rigorosa, no sentido de não pretenderem opinar a respeito de tudo só devido à sua formação de sociólogos. Se existe uma justificativa na especialização – e eu seria o último a questionar os momentos de verdade da especialização – então eu vejo essa justificativa na especialização em que, na Sociologia, ela reconhece justamente que nenhuma pessoa pode ser especialista em todos os âmbitos com que se defronta. Portanto, é impossível a alguém que não dedicou um estudo especial à Sociologia dos chamados países em desenvolvimento expressar um juízo racional acerca dos problemas sociais vigentes nesses países. Mas constantemente as pessoas são tentadas a, fazendo cara de inteligente, // ter de emitir juízos sobre coisas que não são capazes de julgar. Em geral fazemos isso em nome do método que

---

7 Aqui Adorno assumiu a formulação de *Wissenschaft der Logik* [*Ciência da lógica*] de Hegel: "que não *existe* nada, nada no céu ou na natureza ou no espírito ou onde for, que não contenha ao mesmo tempo tanto a imediatez quanto a mediação, de modo que estas duas determinações se revelam *inseparadas* e *inseparáveis* e aquela oposição como sendo algo nulo". (Hegel, *Werke*, v.5, op. cit., p.66; ver a 12ª Aula {25.6.1968}.

seria uma panaceia. No decorrer da preleção de hoje irei falar a respeito dessa panaceia do método.

Embora me abstenha de discutir a questão da moderna formalização da Sociologia, matematizante – e o faço não por um sentimento de superioridade, mas por falta de competência – quero no entanto, em respeito aos meus princípios, mostrar com base em um exemplo como o modelo da formalização ou o ímpeto formalizador desvia a Sociologia dos seus interesses específicos. Naturalmente já há muito tempo existiu na sociologia uma tendência à formalização. Ela já existiu sessenta ou setenta anos atrás, quando era denominada de Sociologia formal, a qual não operava com instrumentais matemáticos, mas com certos conceitos sociológicos gerais, muito gerais, como, por exemplo, o conceito de relação desenvolvido na "teoria das relações" (*Beziehungslehre*)[8] por Leopold von Wiese – que ainda vive e foi docente aqui durante muito tempo – que via no estudo das relações intra-humanas a especificidade da sociologia. É provável que o representante mais importante e de certo modo mais produtivo, o mais capaz de apresentar visões compreensivas efetivas dessa tendência para a sociologia formal tenha sido Georg Simmel. Chamo a sua atenção para a sua obra *Soziologie* [*Sociologia*],[9] se não fosse por outros motivos, simplesmente para que possam ter um quadro de como muitos

---

8 Ver, por exemplo, Leopold von Wiese, artigo *"Beziehungssoziologie"*, *Handwörterbuch der Soziologie*. Ed. Por Alfred Vierkandt, Stuttgart, 1931, p.66-81.

9 Ver Georg Simmel, *Soziologie. Untersuchungen über die Formen der Vergesellschaftung* [*Sociologia. Investigação acerca das formas da socialização*] München, Leipzig, 1908; Georg Simmel, *Gesamtausgabe*. Ed. por Otthein Rammstedt, v.11, Frankfurt a. M., 1992; em seguida as citações serão a partir dessa obra.

dos problemas que hoje parecem atuais já se apresentavam de modo agudo há sessenta ou setenta anos, como os problemas que atualmente designamos como problemas da burocracia ou da tendência de autonomização das organizações, que sem dúvida integram os mais importantes problemas de conteúdo da sociedade vigente. Afinal, a consolidação burocrática é um dos problemas sociais // mais sérios que existem atualmente em todos os países da Terra, independentemente de seu sistema social. Esses problemas, ainda que extraordinariamente diluídos como categorias de formas e regras sociais, já aparecem na obra de Simmel, e ocupam inclusive, pode-se dizer, uma posição central. Entretanto, aparecem de um modo que, em prol da formalização, deixa de levar em conta o nexo dessas tendências de burocratização com as situações históricas em desenvolvimento e com as tendências históricas – e aqui os senhores podem vislumbrar o que realmente se passa com a formalização. Nesse sentido a Sociologia de Max Weber, fartamente orientada por material histórico, cujo interesse é centrado sobretudo no problema da burocratização – penso que isso pode ser dito retrospectivamente, sem incorrer em qualquer distorção da obra de Max Weber – constitui um avanço significativo perante a sociologia formal de Simmel.

Mas não pretendo aprofundar-me nessa parte da sociologia formal, pois é outro o modelo em que vejo a fraqueza de uma sociologia formal e que quero ao menos esquematizar. Um modelo de novo extraordinariamente atual na discussão sociológica vigente mais recente é a "sociologia do conflito" descrita em um capítulo famoso da *Sociologia*[10] de Simmel. Ela seria

---

10 Ver G. Simmel, *Soziologie*, op. cit., cap. IV: *"Der Streit"*, p.284-382.

retomada na Alemanha por Dahrendorf[11] e nos Estados Unidos por Coser,[12] que apesar de mudar um pouco a sua perspectiva,[13] permanece no essencial com os fundamentos de Simmel. Deixando de lado, por um momento, a diferenciação e sobretudo as divergências entre os cientistas mencionados – o núcleo dessa teoria consiste em que, sem conflito, ou seja, sem antagonismo de interesses, algo como o progresso não acontece // e ocorre a estagnação social, e por esse motivo a luta ou o conflito de interesses deve ser, por assim dizer, consagrado como constituinte vital da vida social. Diga-se de passagem que, como acontece frequentemente com tais teoremas, trata-se aqui de uma espécie de secularização de concepções teóricas provenientes da grande filosofia. De certa maneira a filosofia da história de Kant, que considera o antagonismo ou a oposição de interesses como veículo do progresso,[14] é muito seme-

---

11 Ver Ralf Dahrendorf, *Elemente einer Theorie des sozialen Konflikts*, in: Dahrendorf, *Gesellschaft und Freiheit. Zur soziologischen Analyse der Gegenwart* [*Sociedade e liberdade. Para uma análise sociológica do presente*], München, 1963, p.197-235.

12 Ver Lewis A. Coser, *The Functions of Social Conflict*, Glencoe 1956; trad. alemã: *Theorie sozialer Konflikte*, Neuwied, Berlin, 1965.

13 Ver Lewis A. Coser, *Gewalt und gesellschaftlicher Wandel*, in *Atomzeitalter, Information und Meinung*, v.11, novembro de 1966, p.321ss. O ensaio escrito em parceria com Ursula Jaerisch, *Anmerkungen zum sozialen Konflikt heute*, apresenta essa discussão que remete a Georg Simmel. (Adorno, GS 8, p.177-95)

14 Ver Immanuel Kant, *Idee zu einer allgemeinen Geschichte in weltbürgerlicher Ansicht*, in: *Kants Werke*, ed. *Königliche Preußische Akademie der Wissenschaften, Akademie-Textausgabe (fac-símile)*, v.8: *Abhandlungen nach 1781*, Berlim 1968, p.15-31. Adorno baseou sua conferência sobre o conceito de *Progresso* (*Fortschritt*) no conceito enfático de história da filosofia da história de Kant (ver Adorno, GS 10.2, p.618).

lhante. Mas consideremos por um momento mais a fundo essa teoria. Certamente pode-se afirmar que, em uma sociedade como a vigente, ou seja, em uma sociedade dividida, de antagonismos, em uma sociedade de classes em que os interesses dos grupos encontram-se em conflito entre si de um modo essencial, objetivo, através do próprio processo de vida da sociedade, só será possível ir além dessa situação levando o conflito a seu termo. Nessa compreensão – partilhada também por pensadores como Hegel e Marx – reside antes de mais nada a plausibilidade extraordinária de uma teoria como essa, uma teoria do conflito. O decisivo, porém, é que numa tal teoria uma categoria como a do conflito social é hipostasiada. Isto é, ela é retirada de seu nexo, da sua conexão com contraposições e conflitos bem determinados, explicáveis e tendencialmente superáveis, para ser tratada como se fosse uma propriedade da sociedade como tal. Uma característica dessa teoria – para aplicar a ela algo que o próprio Simmel observou em outro contexto[15] – está na ausência de qualquer referência ao sofrimento, ao indescritível sofrimento presente no conflito social de grandes dimensões. A análise mais detalhada do problema referido na obra de Simmel possibilitará aos senhores descobrir que sua base é propriamente o modelo liberal // da competição concorrencial. Para ele, o conflito social não é nada além de uma concorrência entre grupos concorrentes, do mesmo modo que, de acordo com o liberalismo, no sistema capitalista os indivíduos concorrem entre si, em decorrência do que, conforme a doutrina liberal, o todo não só se preservaria mas até

---

15 Ver G. Simmel, *Soziologie* [Sociologia], op. cit., p.348s.

mesmo progrediria como que por meio de uma "mão invisível".¹⁶ Nessa medida, se desconhece completamente que o próprio conflito de interesses, presente na concorrência, forma um resíduo diluído de conflitos muito mais profundos, os conflitos de classe, e que aqui se trata de conflitos que acontecem depois da ocorrência da decisão do conflito central, aquele que se refere a quem dispõe dos meios de produção, e que portanto a concorrência acontece – para usar a expressão de Marx – no âmbito da "apropriação da mais-valia" já realizada e não explica a mesma,¹⁷ de modo que as questões efetivamente centrais [do conflito não são tratadas]. Por causa disso, toda a teoria do conflito social reveste-se em Simmel com aquela surpreendente inofensividade que ela mantém na teoria de Dahrendorf e, de certo modo, embora menos, na teoria ou nos ensaios de Coser dedicados ao mesmo tema. O decisivo parece-me ser que mediante esse isolamento ou, como eu disse, mediante essa hipóstase do conflito enquanto categoria formal da sociedade, independentemente de seu motivo especificamente social e de seu conteúdo especificamente social, o próprio conflito, afinal dotado com o potencial destrutivo tal como ele está presente na política externa enquanto ameaça de destruição total da vida na Terra, devido a seu isolamento e à sua formalização, parece ser fecundo em si mesmo. Se a única pers-

---

16 Alusão à formulação da *invisible hand* (mão invisível) em Adam Smith, *An Inquiry into the Nature and Causes of the Wealth of Nations*.

17 Ver Marx/Engels *Werke*, op. cit., v.25: *Das Kapital. Kritik der politischen Ökonomie*. [*O capital: crítica da economia política*] v.3, livro III: *Der Gesamtprozeß der kapitalistischen Produktion*. Capítulo cinquenta: *Der Schein der Konkurrenz*, Berlin, 1964, p.860-83.

117 pectiva pela qual se poderia atestar fecundidade ao conflito // é aquela segundo a qual o conflito ou a luta social leva ao fim do conflito e à eliminação dos antagonismos crescentes em seu potencial destrutivo, então a glorificação do conflito corresponde à cegueira completa diante da meta racional de um tal conflito, ou seja, o apaziguamento da humanidade como Kant o via com clareza em sua filosofia da história. Por essa via, na verdade o conceito formal de conflito se converte em uma espécie de apologia de uma má situação de fato, que trabalha em direção à sua própria destruição. Senhoras e senhores: sirvo-me desse exemplo, que ao mesmo tempo é mais do que um exemplo, para despertar uma certa desconfiança em relação ao conceito de neutralidade científica, alimentado e renovado justamente por tendências como as da formalização e da sociologia formal. Quando uma teoria se comporta de modo neutro, deixa de levar em conta o conteúdo específico do conflito social e deixa de tomar partido nas disputas sociais concretas e em vez disso afirma que, independentemente de seu conteúdo a disputa é uma coisa boa, nessa medida, apesar dessa aparente neutralidade social ou até mesmo por seu intermédio, ocorre uma decisão social, aquela em prol de um estado de antagonismos. Justamente este estado produz o conflito, sem questionar seriamente se com a produção de um sujeito social total (*Gesamtsubjekt*), que não é problematizado na sociologia de Simmel, seria possível superar uma categoria como a do conflito social, aparentemente eterna porque baseada formalmente na essência da sociedade, para substituí-la por uma paz não apenas em termos legalistas e jurídicos, mas dotada de conteúdo social e econômico.

Especulações semelhantes — e refiro-me a // uma em especial[18] — são inclinadas a inferir, por exemplo, a partir de considerações como a da impossibilidade de uma atividade humana duradoura e multilateral, a exclusão *a priori* de uma sociedade sem classes. Ao proceder assim, instala-se uma teoria de certo modo antropológica referente a uma natureza humana invariante [...] referente a concepções do homem e de sua natureza aparentemente invariante, em vez de reflexões acerca das condições concretas sob as quais os homens vivem e da pergunta acerca das possibilidades de transformação radical dessas condições. Quero destacar nessa oportunidade aos senhores que justamente a chamada neutralidade axiológica relacionada à tendência de formalização, é tudo menos axiologicamente neutra, e que na realidade ela toma partido precisamente por se abster de tomar partido. É isso que me parece decisivo para um certo tipo de sociologia cientificista, em que o mecanismo de abstração, desde que funcione sem falhas no sentido cartesiano, instala-se no lugar das determinações concretas que a rigor formam o interesse da Sociologia.

Como procurei mostrar, a questão que se impõe a partir disso, ou seja, se uma introdução à Sociologia não deveria, em decorrência da complexidade e da multiplicidade dos assuntos sociológicos, ser uma espécie de introdução ao método da Sociologia, é essencial para a sociologia. E, seguindo essa argumentação, se fosse possível indicar um método geral obri-

---

18 É provável que Adorno pensasse em Arnold Gehlen (1904-1976) e a Antropologia desenvolvida por este, que encarava o homem como *Mängelwesen* (ser carente) biologicamente condicionado que requer instituições estabilizadoras que podem ser modificadas de modo meramente instrumental com o objetivo da conservação da existência.

gatório da Sociologia, então estaríamos em terra firme e livres daquele problema fatal da "má infinitude" das sociologias e dos problemas sociológicos parciais. Em relação a isso cabe dizer simplesmente que tal confiança em um método único da Sociologia não é refutada apenas pela estrutura do objeto // – o que ainda será muito discutido mais adiante, mas não agora – mas pelo simples motivo de que a Sociologia, mesmo em sua situação vigente, de fato não possui um método único. Seria uma ficção simular a sua existência, isto é, que análises de instituições, ou seja, o tipo de questionamentos de que se ocupa a sociologia das organizações, a consolidação de instituições, o problema da funcionalidade de organizações etc., deveriam simplesmente ser examinadas com os mesmos métodos de investigação que descrevem de maneira mais ou menos alguns fenômenos da política. É até um lugar comum entre os cientistas – um hábito em relação a que nutro uma grande desconfiança que desejo semear também entre os senhores, se me permitirem – remeter a discussões sobre método na ausência de conhecimento acerca de algum tema. Penso que a segurança sugerida dessa maneira é enganosa e cabe libertar-se desta, sobretudo na medida em que se compartilha o conceito de ciência de que falei acima, referente ao "vínculo espiritual". No fundo, se não compreendemos nada de algum assunto, também não podemos realmente compreender nada de seu método.

Ouve-se falar muito da disputa entre a escola positivista e a Escola de Frankfurt. Nesse contexto quero dizer que, pensando nos problemas da pesquisa social empírica de que também nos ocupamos muito na Escola de Frankfurt, então a rigor a *differentia specifica*, a diferença específica em relação ao que acontece em geral é que se procura conceber o método da Sociologia não // *in abstracto*, de modo abstrato, isto é, separado de modo instrumental do objeto. Nós sempre procuramos – com êxito variado, embora a meu ver corretamente conforme a ideia – adequar os métodos de antemão aos objetos de que nos ocupamos. Portanto, quando se ouve falar de pesquisa em comunicação, pesquisas que se referem aos efeitos dos meios de comunicação de massa, questões hoje particularmente atuais devido ao problema da indústria da consciência e da menoridade artificialmente construída, do analfabetismo sintético de hoje em dia, então não podemos nos contentar em meramente aplicar as técnicas de investigação vigentes aos efeitos dos meios de comunicação de massa, mas precisamos tentar analisar os materiais transmitidos pelos meios de comunicação de massa e, principalmente, a forma sob a qual atingem as pessoas. A partir disso tentaríamos destilar questões relevantes e, por fim, mesmo itens bem embasados,[19] perguntas bem fundamentadas para questionários, procurando posicionar desde o início o método em uma relação concreta e dotada de sentido com o próprio problema. Creio que os trabalhos sobre a indústria cultural que saíram de nosso círculo, variados e com muitas ramificações, representam uma contribuição nessa direção. De qualquer maneira é possível que os senhores percebam nos mesmos como uma concepção que separa o método do assunto se distingue de uma outra que procura desenvolver

---

19 Em relação aos termos "item" e "universo" bem como aos procedimentos de *sampling* e da *content analysis*, ver o artigo de autoria de Adorno, J. Décamps, L. Herberger et al., *Empirische Sozialforschung* (Adorno, GS 9.2, p.327-59).

o método a partir do assunto. Compreendam bem: isso sem que sejam desconsideradas ou anuladas as regras para a validade estatística de resultados referentes a universos de pessoas e a regiões. Pois, evidentemente, há áreas metodológicas específicas no âmbito da pesquisa social, como o setor de *sampling* (amostragem), a construção de amostras representativas que, // conforme a opinião de muitos cientistas sociais, podem ser consideradas definitivas e dotadas de grande confiabilidade. Quão definitivo é esse *sampling* e em que medida não se pressupõe no mesmo uma espécie de comportamento cego e quase natural das pessoas, que já não valeria no instante em que elas se emancipassem e se decidissem de modo efetivamente consciente, isso eu apenas menciono como um problema, sem presumir qualquer juízo a respeito. Posso apenas dizer, de maneira estritamente empírica, que isso é aceito. [...] A possibilidade de gerar o método a partir do assunto, mediante o aprofundamento no assunto, naturalmente suprime o princípio da separação entre método e assunto. Na verdade na sociologia o método é em grande medida mediado pelo objeto e é decisivo que a sociologia se torne ciente desta mediação. Também apresentum um exemplo para isso, ou então, anuncio o mesmo para a próxima aula, pois tomei a decisão de sempre elucidar mediante elementos concretos as explicações fundamentais que enuncio. Creio que um bom exemplo para o problema é a disputa acerca do método da *content analysis* (análise de conteúdo), a análise de conteúdo de comunicações. Aqui é possível constatar quanto a escolha de um método, a decisão acerca dos meios com que realizar uma análise de conteúdo – quantitativos, qualitativos ou uma mistura de ambos – depende de fato da constituição dos próprios assuntos de que se trata. Acredito que com base nesse exemplo palpável conseguirei mostrar aos senhores realmente que os métodos precisam variar conforme os assuntos [e] que isso pode ser aplicado ao problema da relação entre método e assunto a que me referi.

// 9ª Aula
11.6.1968[1]

Senhoras e senhores,

Informam que o microfone, de tão sobrecarregado devido aos numerosos *"ins"*,[2*] encontra-se em greve. Bem, afinal o microfone

---

[1] Não houve aula no dia 23 de maio, feriado. As aulas dos dias 28 e 30 foram canceladas, porque a terceira e última sessão de discussão das leis de emergência era prevista para 29-30 de maio. No dia 25 de maio o comitê "Emergência para a Democracia" fizera um chamado, assinado por Adorno, Jürgen Habermas, Alexander Mitscherlich, Walter Rüegg e Siegfried Unseld, conclamando à participação em uma manifestação que ocorreu terça-feira, 28 de maio, no auditório da Rádio Hessen (*Hessischer Rundfunk*). Ladeado por numerosos escritores, entre os quais Böll, Martin Walser e Enzensberger, professores universitários, juristas, editores etc., Adorno proferiu o discurso *Gegen die Notstandsgesetze* [Contra as leis de emergência] (Adorno, GS 20.1, p.396s.). Para 27 de maio o SDS (*Sozialistischer Deutscher Studentenbund* – União Socialista de Estudantes da Alemanha) havia conclamado com o Comitê "Emergência para a Democracia", apoiado pela IG Metall (*Industrie Gewerkschaft Metall* – Sindicato dos Metalúrgicos), a uma greve geral nas fábricas e nas universidades contra as leis de emergência. A seguir, em 27 de maio, a reitoria foi ocupada por estudantes depois que o reitor ordenara

também tem esse direito. Peço que me desculpem se nem tudo pode ser ouvido como normalmente deveria. Nesse caso a culpa é tanto minha, quanto do microfone.

Senhoras e senhores, eu gostaria de tentar retomar o fio da meada no ponto em que estávamos. – Assim dá para ouvir

---

preventivamente o fechamento da universidade. Tentou-se implementar uma "Universidade política". Após três dias a polícia evacuou e ocupou o prédio. As leis de emergência foram aprovadas pela Câmara dos Deputados em 30 de maio de 1968. Durante os dias seguintes, feriado de Pentecostes, realizou-se no salão do refeitório central da Universidade de Frankfurt o Congresso de Estudantes e Secundaristas promovido pelo *Verband Deutscher Studentenschaften* [União das Organizações Estudantis da Alemanha], durante o qual no dia 2 de junho Habermas leu suas *Thesen zur Kritik der Protestbewegung* [Teses para a crítica do movimento de protesto], que seriam publicadas no jornal *Frankfurter Rundschau* em 5 de junho. (Ver J. Habermas, *Die Scheinrevolution und ihre Kinder*, in: Habermas, *Protestbewegung und Hochschulreform*, op. cit., p.188-201). Por causa dos feriados de Pentecostes, até o dia 5 de junho não houve aulas. A aula de 6 de junho foi cancelada porque Adorno estava em Munique nesse dia, para gravar uma discussão sobre crítica musical com Joachim Kaiser na Rádio da Baviera (*Bayerischer Rundfunk*); a seguir Adorno viajou a Würzburg, onde apresentou no auditório central da Universidade a conferência *Zur Grundfrage der gegenwärtigen Gesellschaftsstruktur* (inédito), uma versão reelaborada para o rádio de sua conferência inaugural no Congresso de Sociologia em abril, *Spätkapitalismus oder Industriegesellschaft?* [Capitalismo tardio ou sociedade industrial?], que fora transmitida no dia 4 de junho pela Rádio Hessen.
2 Trata-se dos numerosos *seat-ins, teach-ins, go-ins*.
* Estas denominações eram usadas também na Alemanha e provêm de *seatings, teachings, goings*; designam atos coletivos de ocupação sentada, de doutrinação, e de participação em marchas, entre outros, que constituíam uma marca característica muito frequente nos movimentos de protesto daquele período. (N.T.)

direito? Receio não conseguir falar durante uma hora mais alto do que já faço. Sinto muito! – Quero retomar a controvérsia referente ao conceito de método. Durante a última hora que pudemos dedicar a uma aula, eu afirmava que hoje o conceito de método propriamente divide as intenções da sociologia. Nesse contexto tentava também mostrar-lhes porque uma introdução a seus métodos não basta como introdução à sociologia. Desse modo me contraponho à opinião da maioria de meus colegas de ofício sociológico. De resto, para os cientistas, quando não se conhece nada acerca de uma coisa, acerca de um assunto específico, mas se é solicitado a emitir uma opinião sobre o assunto – ou um trabalho acerca do assunto – trata-se de um lugar comum dizer que ao menos se conhece, por assim dizer, algo acerca do método. De minha parte, sempre me recusei a isso e creio que justamente na sociologia que, do ponto de vista temático, forma uma "má infinitude", esta é a única atitude correta. Existe nisso uma distinção entre método e assunto que não se justifica na sociologia.

Nesta aula não posso aprofundar-me tanto // quanto seria necessário nos motivos propriamente filosóficos dessa distinção. Contento-me com chamar a atenção a um fato, exterior à filosofia embora do âmbito da sociologia, expresso nessa forma ao que eu saiba pela primeira vez por Hans Freyer.[3] Trata-se do fato de que entre o objeto da sociologia, ou seja, a sociedade,

---

3 Ver Hans Fryer, *Soziologie als Wirklichkeitswissenschaft. Logische Grundlegung des Systems der Soziologie*, Leipzig, Berlin, 1930. – A determinação da ciência da realidade de Freyer como "conhecimento de si de um acontecimento na consciência do homem envolvido existencialmente neste acontecimento" (idem, p.202) implica o nexo referido por Adorno; ver o início da 16ª Aula {9.7.1968}.

que consiste de seres humanos vivos, e o sujeito conhecedor da sociologia, os homens aos quais cabe conhecer a sociedade, não existe aquela espécie de antítese objetiva material, tal como esta precisa ser suposta como dada nas ciências naturais. Assim a partir do assunto em certa medida se justifica na sociologia aquela antiga exigência de que só o semelhante pode conhecer o semelhante.[4] Para retomarmos um conceito kantiano da controvérsia Kant-Leibniz, na sociologia é possível conhecer o objeto a partir de seu interior,[5] em um outro sentido, embora não radicalmente diferente, do que é o caso, por exemplo, na Física Nuclear, ou, então, na teoria do sistema periódico da moderna teoria dos elementos. O decisivo é não dispor o método de modo absoluto em oposição ao seu assunto, mas sim situá-lo em uma relação viva com esse objeto e desenvolvê-lo tanto quanto possível a partir desse objeto.

Senhoras e senhores: peço que levem em conta também aqui que uma exigência como essa não deve ser interpretada de modo insensato, ou seja, se permitirem também em relação a esse assunto o uso de meu lema favorito – "Não tirem a igreja de sua comunidade" (*"man soll die Kirche im Dorf lassen"*): sem extrapolar. Antes de levar em frente qualquer investigação científica, certamente é necessário que se reflita exatamente como ela deve ser conduzida para ter sentido; que haja uma posição crítica em relação aos próprios procedimentos; que estes sejam adequadamente pensados; e que não se pesquise e não se

---

4 Em relação à tradição deste *topos* e sua recepção por Adorno, ver *Zur Metakritik der Erkenntnistheorie*, Adorno, GS 5, p.147s (notas).

5 No capítulo da anfibolia da *Crítica da razão pura*, Kant argumentava contra a doutrina de Leibniz: o interior das coisas só pode ser conhecido pelo entendimento; ver Kant, em *Kritik der reinen Vernunft* [*Crítica da razão pura*], B 320ss.

124 reflita intempestivamente sem objetivo. // Embora eu seja obrigado a dizer que conheço algumas investigações justamente do âmbito das Ciências Sociais que foram empreendidas realmente sem objetivo e que acabaram resultando em contribuições interessantes. Confrontado com a tarefa de fazer algo com um material confuso, embora bastante rico, que lhe fora apresentado, surpreendentemente o sociólogo empírico Lazarsfeld[6] afirmou que, existindo algum material, havendo assuntos concretos na sociologia e pressupondo a imaginação necessária, sempre será possível fazer algo a partir disso. Com base em minha própria experiência do estudo da comunidade da cidade de Darmstadt[7] posso confirmar que efetivamente em um estudo desse tipo, não obstante o mesmo partir de uma hipótese que visava simplesmente descobrir tudo acerca de Darmstadt e por isso arriscava-se a incorrer em total irrelevância, apesar disso foi possível, após examinar o material superabundante e em parte bruto, encontrar no assunto uma série de complexos de problemas que possibilitariam estabelecer retrospectivamente o que eu espero que sejam questionamentos sensatos. Isso é

---

6 Paul F. Lazarsfeld (1901-1976) emigrou para os Estados Unidos em 1933, onde dirigiu o programa de pesquisa do rádio em Princeton; a partir de 1940 lecionou como professor de Sociologia na Columbia University, New York. No referente à colaboração de Adorno com Lazarsfeld no *Princeton Radio Research Project*, ver Adorno *Wissenschaftliche Erfahrung in Amerika* (Adorno, GS 10.2, p.702-38); ver também a 16ª Aula {9.7.1968}.

7 No que se refere à *Gemeindestudie des Instituts für Sozialwissenschaftliche Forschung*, Darmstadt, 1952-1954, que resultou da colaboração com o *Frankfurter Institut für Sozialforschung*, ver o artigo *Gemeindestudien*, in: *Soziologische Exkurse*, op. cit., p.133-50; o estudo consiste em nove monografias, para as quais Adorno, em parte com Max Rolfes, escreveu as introduções (ver Adorno, GS 20.2, p.605-39).

inerente à situação específica inclusive da sociologia empírica e creio que precisa ser levado em conta quando tratamos de determinados projetos de pesquisa por assim dizer anárquicos, que eventualmente geram resultados totalmente diferentes do que corresponderia à intenção original. Na pesquisa sobre a juventude de Darmstadt[8] queríamos apenas obter dados mais ou menos representativos acerca do perfil médio da juventude em uma cidade de tamanho médio, por volta de 1950. A partir unicamente desse material desenvolveu-se uma antítese muito marcante em oposição à tese de Schelsky[9]

---

8 Ver as monografias de número 4, 6 e 7 da *Darmstädter Gemeindestudie*, que representam uma unidade: Gerhard Baumert, *Jugend der Nachkriegszeit. Lebensverhältnisse und Reaktionsweisen*, Darmstadt, 1962; Irma Kuhr, *Schule und Jugend in einer ausgebombten Stadt* e Gieselheid Koepnick, *Mädchen einer Oberprima. Eine Gruppenstudie*, Darmstadt, 1952.

9 Ver Helmut Schelsky et al., *Arbeitslosigkeit und Berufsnot der Jugend*, 2 vs., Köln, 1952. – Presume-se que Adorno pensava na concepção defendida por Schelsky de uma *nivellierten Mittelstandgesellschaft*, uma sociedade nivelada de classe média, cujo ponto de partida foi um nivelamento social crescente depois da guerra (ver Adorno, GS 8, p.518s.). Como contraste, o estudo de Baumert sobre a juventude do pós-guerra em Darmstadt mostrava que, paralelamente à permanência de diferenças e hierarquias econômicas, persistia incólume a "consciência de status" correspondente. Em sua introdução ao estudo, Adorno acentuou que: "Apesar da guerra, da catástrofe dos bombardeios, da desvalorização da moeda e da reforma monetária, a diferenciação social corresponde àquela do pré-guerra ou é muito semelhante à mesma. A tese, ouvida com frequência, de que a sociedade alemã teria sido nivelada econômica, social e psicologicamente pelo ocorrido, pode ser considerada como refutada, antes de mais nada para o setor estudado, pela monografia de Baumert – como aliás também por inúmeras conclusões de outros estudos parciais do projeto. A diferenciação se refere ao lado objetivo – por exemplo, as condições habitacionais – bem como ao lado subjetivo: a consciência dos jovens quanto ao seu "status" (Adorno, GS 20.2, p.624).

entrementes já respondida pelo mesmo, de maneira que, em certo sentido, o material empírico foi dotado de uma intenção retrospectivamente. // Aliás, isso basta para demonstrar que a proeminência de certo modo automática do método na sociologia é uma questão duvidosa e que não se deve exagerar tal predomínio do método até mesmo, eu diria, tendo em vista o interesse metodológico, isto é, da chamada "fecundidade". Apesar disso, quero dizer que em geral em qualquer investigação sociológica é preciso esclarecer com muita precisão o que se quer conhecer. É preciso ter muita clareza quanto aos objetivos do conhecimento e estabelecer a partir disso uma espécie de racionalidade orientada a fins. É preciso refletir com rigor acerca de como os objetivos traçados podem ser atingidos da melhor maneira e para isto obviamente [se] utilizar dos recursos técnicos já disponíveis a esse respeito, caso não se pretenda redescobrir o Polo Norte ou congelar no gelo polar. Justamente no âmbito da sociologia empírica há uma série de dimensões técnico-metodológicas, como o chamado *sampling*, ou seja, o estabelecimento de cortes representativos, que estão desenvolvidos a tal ponto que podem ser considerados relativamente definitivos e dotados de existência própria.

Que isso tudo seja dito unicamente para deixar claro aos senhores o quanto a sensatez racional humana afinal desempenha um papel nessas coisas. Quero acrescentar imediatamente o que é decisivo e constitui a diferença fundamental que me interessa aqui. Contrariamente ao número avassalador sobretudo das investigações empíricas muito exigentes como as que existem de modo exemplar nos Estados Unidos, não é o método e a "pureza" metodológica como tal, separada do conteúdo a que se refere, que deve ser idolatrado ou erigido como divindade. Ao contrário, eu diria que o mandamento fundamental de qualquer investigação sociológica sensata reside em tentar tanto quanto possível desenvolver os métodos // a partir dos assuntos e do interesse objetivo que tenha. Ou ao menos aplicar os métodos de modo tal que adquiram suas ênfases a partir da relevância e da importância do assunto e que não se imponham como independentes diante do objeto. Para lançar mão de um exemplo famoso da metodologia e da discussão metodológica, cabe evitar o desenvolvimento de procedimentos como o da produção de escalas para a medição de comportamentos que excluem qualquer sobreposição e ambiguidade, gerando assim – de modo puro – resultados absolutamente confiáveis, porém à custa dos assuntos que se pretendia propriamente conhecer por seu intermédio. Apenas para seu conhecimento, remeto à controvérsia desenvolvida a partir da crítica de Guttman aos procedimentos clássicos de produção de escalas: a "Escala de Thurstone" e a "Escala de Likert".[10] No sentido da formação puramente lógica da metodologia, com toda certeza a "Escala de Guttman" constitui um avanço e é muito mais rica do que as formas mais antigas. Ao mesmo tempo, contudo, essa forma de produção de escalas resulta em enormes perdas em relação à fecundidade possível pela construção pluridimensional de escalas. Para resumir: com a boa e velha

---

10 Em relação aos chamados procedimentos de construção de escalas, procedimentos para a mensuração de resultados de pesquisa de um modo contínuo, ver a seção 8, *Konstruktion von Skalen* [*Construção de escalas*], no artigo "Empirische Sozialforschung" (Adorno, GS 9.2, p.347-9).

Escala-F da *Authoritarian Personality* (*A personalidade autoritária*)[11] graças à ambiguidade de certas perguntas, efetivamente foi possível acertar várias moscas com um só golpe, enquanto a eliminação absoluta de qualquer ambiguidade de cada item do questionário, apesar de fortalecer a confiança no item e implicar em aumento de confiabilidade,[12] simultaneamente reduz a riqueza do conhecimento possível, a riqueza dos resultados.

Aproveito a oportunidade para enfatizar uma circunstância que parece ser uma característica extraordinária do âmbito conjunto da Sociologia empírica. Creio que seria bom àqueles que são iniciantes adquirir clareza desde o começo quanto a essa circunstância, em vez de defrontar-se com esta em sua experiência. // Penso que entre as tarefas de uma introdução como a que apresento está a de abreviar certos trajetos do conhecimento, embora sem evitar os mesmos completamente, o que seria péssimo – pois não tem muito valor o conhecimento que não é realizado pelo sujeito, mas assumido por ele passivamente. Nessa medida, em quase todas as questões socioló-

---

11 Ver T. W. Adorno, Else Frenkel-Brunswik, Daniel J. Levinson, R. Nevitt Sanford *in collaboration with* Betty Aron, Maria Hertz Levinson and William Morrow, *The Authoritarian Personality*, New York, 1950. (*Studies in Prejudice*, v.I.). Os capítulos redigidos por Adorno individualmente ou com outros autores, entre os quais aquele sobre a Escala F, *Fascism (F) Scale*, foram publicados em Adorno, GS 9.2, p.348.

12 Assim na Escala Guttman: "Na Escala de Guttman (*scalogram analysis*) os itens devem ser unidimensionais, isto é, a concordância com um item determinado deve corresponder à concordância com todos os outros itens menos extremos e à discordância com todos os outros itens mais extremos. O maior rigor metodológico é obtido ao preço da abrangência de conteúdo" (Adorno, GS 9.2, p.337).

gicas empíricas, e talvez mesmo em toda a sociologia, nos deparamos frente à situação de precisar escolher, na sociologia empírica, entre vários males, entre o mal maior e o mal menor. Peço que registrem com firmeza essa questão, para poderem utilizá-la quando se apresentar alguma tarefa ou, ainda melhor, quando escolherem alguma tarefa desse tipo. Segundo minha experiência, isso se dá frequentemente sob a dimensão de precisar optar entre a fecundidade, a plenitude e a concretude do conhecimento e, de outro lado, o rigor absoluto do *more mathematico*, ou seja, a evidência dos conhecimentos adquirida no sentido de sua confiabilidade e demonstrabilidade matemática, na generalidade de seu estatuto quantitativo. A aporia fundamental ou o problema fundamental com que deparamos na sociologia é o problema do conhecimento quantitativo ou qualitativo. O conhecimento quantitativo é absolutamente o mais confiável. Mas para obter números quantitativamente relevantes, em geral é preciso renunciar à diferenciação dos instrumentos de pesquisa que forneceriam conhecimentos detalhados efetivamente produtivos. Inversamente, ao confiar estritamente no método qualitativo, se obtém conforme as circunstâncias as coisas mais fecundas; mas imediatamente depara de maneira mais ou menos indefesa com o problema de saber se, ao compreender como conhecimentos gerais essa abundância de resultados específicos e concretos, estes podem efetivamente ser generalizados // ou se sustentam apenas em casos particulares.

Há muito tempo naturalmente se tentou – melhor: se aprendeu a – lidar com essa aporia na Sociologia, na medida em que os dois métodos são relacionados entre si. Mas sou obrigado a dizer que a complementação das investigações por meio de questionários com as chamadas "entrevistas clínicas"[13] também é problemática. O motivo real e profundo disso está em que esse método complementar ou adicional pressupõe a separação entre o momento da generalidade social e o momento em que o social se apresenta no indivíduo, gerando com essa separação uma aparência adicional de que tais momentos podem ser separados onde eles efetivamente encontram-se entrelaçados de modo completo e inextricável e não podem ser separados dessa maneira. Por exemplo: na tentativa de minha falecida colega de Berkeley, a senhora Frenkel-Brunswik,[14] de quantificar conforme um esquema de quantificação os resultados de um método de estudos clínicos muito refinado acerca da personalidade autoritária, esse ímpeto de quantificação pôs a perder de imediato tudo o que havia sido obtido através da análise qualitativa. A mão direita retira o que fora conseguido com a mão esquerda. Acho que é melhor preparar-se em relação a aporias como essas tendo clareza a seu respeito, do que deparar de repente com elas em investigações ou em pesquisas empíricas concretas sem saber como reagir. Penso que um dos aspectos do que chamaria de sensatez racional metodológica é precisamente aprender // a ponderar tais questões com muito rigor. Na medida em que uma reflexão dessas tem a pretensão de ser científica num sentido superior do termo, ela deve incluir entre seus momentos a

---

13 Em contraste com a entrevista centrada, que investiga a reação imediata a determinados estímulos, "a entrevista clínica (*clinical interview*) orientada conforme a 'psicologia profunda' se concentra mais nas camadas profundas da consciência do que nos efeitos imediatos de uma dada experiência" (Adorno, GS 9.2, p.337).

14 Ver o capítulo "Personality as revealed through Clinical Interviews" escrito por Else Frenkel-Brunswik (1908-1958) em *The Authoritarian Personality*, op. cit., p.289-486.

constatação de que os resultados qualitativos, que parecem puramente individuais, encontrados com os questionamentos sociológicos, como, por exemplo, atitudes, comportamentos e opiniões arraigadas, ideologias a serem examinadas, na verdade não correspondem apenas aos indivíduos – não pertencem ao "domínio singular",[15] como dizia a senhora Noelle-Neumann – mas são socialmente mediadas, de modo que em consequência esses momentos qualitativos sempre incluem momentos quantitativos. Eu diria que a escolha entre os polos que eu destaquei como modelo do caráter aporético de inúmeras pesquisas empíricas é uma ponderação entre esses dois momentos. Ela deve incluir também os momentos teóricos da reflexão acerca da relação entre indivíduo e sociedade. Ao contrário do que ocorre na opinião, ou melhor, na técnica sociológica predominante, penso em relação a isso de modo sociologicamente, se quiserem, muito mais radical, na medida em que desde o início, considero como sendo sociais inúmeros fatos que a Sociologia empírica atribui apenas aos indivíduos e que a seguir são generalizados ao serem remetidos a um universo estatístico, de modo que o aparentemente específico adquire um valor muito mais geral do que parecia ao primeiro olhar ingênuo.

---

15 Em relação aos conceitos *Einzahlbereich* e *Mehrzahlbereich* (campo numérico singular e campo numérico plural) ver Elisabeth Noelle, *Umfragen in der Massengesellschaft. Einführung in die Methoden der Demoskopie* [Questões da sociedade de massa. Introdução aos métodos da demoscopia], Hamburg, 1963, p.1s e p.12, nota 3: "Para a divisão feita aqui entre campo individual, campo pessoal, campo conjunto, de um lado, e, de outro, campo de características (isto é, campo estatístico, variáveis e índices), eu propus os conceitos de Campo numérico singular e Campo numérico plural". Ver *Kölner Zeitschrift für Soziologie*, ano VI, inverno 1953-54, p.631.

Aproveito a oportunidade para dizer alguma coisa a respeito do fascínio do método, que pode ser observado e encontra-se presente por toda parte. Nos Estados Unidos esse fascínio corresponde à tradição positivista e constitui, por assim dizer, o clima // científico natural. Na Alemanha ele é estranho a essa tradição, embora possua algo da novidade dos *blue-jeans* ou dos discos de música *beat,* e é incorporado à metodologia também desse modo, como uma novidade. Peço aqui permissão para distanciar-me um pouco do que é sociológico em sentido estrito. Penso que essa sobrevalorização do método em si, ou seja, do método devido a sua confiabilidade, desconectado do interesse em assuntos específicos, pode ser explicada através da desintegração, por motivos de ordem filosófica e social, dos pontos de orientação fixa, dos "lugares transcendentais"[16] aos quais Lukács se referiu em sua juventude, ou das estruturas ontológicas fundamentais, como se dirá mais tarde. A isso corresponde evidentemente também uma profunda insegurança da consciência, da consciência social de cada um, que sabe deus não precisamos ontologizar e que certamente não precisamos pensar como algo "existencial".[17] Creio que a explicação mais plausível dessa insegurança é que na sociedade vigente praticamente nenhum indivíduo pode ousar ou ouse determinar e reproduzir

---

16 Ver Georg Lukács, *Die Theorie des Romans. Ein geschichtsphilosophischer Versuch über die Formen der großen Epik* [A teoria do romance. Um ensaio de filosofia da história sobre as formas da grande épica], Berlin, 1920, p.9s.

17 Alusão à ontologia existencial de Heidegger; Heidegger denomina os caracteres ontológicos (*Seinscharakteren*) da existência (*Dasein*) dos homens *Existenzialien* ("existenciais"), para diferenciar as determinações ontológicas (*Seinsbestimmtheiten*) do existente (*Vorhandene*), as categorias. Ver Martin Heidegger, *Sein und Zeit*, 12ª ed., Tübingen, 1972, p.54ss.

sua vida por si próprio. Abstenho-me de analisar tais fenômenos de medo ou insegurança. Mesmo assim acredito que essa insegurança intelectual – ou então esse medo intelectual – é tão grande, que as pessoas, desde que elas disponham de algo absolutamente seguro, esquecem de pensar na relevância, no conteúdo, na substância daquilo a que essa segurança se refere, convertendo a segurança em fetiche à custa daquilo de que se tem certeza. Essa parece-me ser a explicação da preferência pela tautologia e, afinal, pela chamada "limpeza lógica". Os homens preferem se agarrar à pura tautologia, à certeza absoluta da proposição A = A, do que assumir também no plano do conhecimento os riscos // – de que sabem de antemão – que lhes impõe uma existência que pode a qualquer momento ser destruída. A isso acrescenta-se naturalmente a coincidência dessa inclinação pela metodologia com a prevalência do que Horkheimer chamou de "razão instrumental". Nesse contexto quero recomendar vivamente o livro *Zur Kritik der instrumentellen Vernunft* [O eclipse da razão][18] em que se discutem essas questões. Mediante os motivos ali explicitados, os instrumentos ou os meios do pensamento se autonomizaram em relação aos seus objetivos e tornaram-se reificados. Falando psicologicamente, os meios, as técnicas, os instrumentos assumiram uma fortíssima carga libidinal. Eu diria mesmo que existe uma continuidade entre os cinco jovens que discutem de maneira infantil e ao mesmo tempo pretensamente sábia acerca das vantagens de vários modelos de automóveis e a obsessão pela metodologia com que se depara na atualidade. Como no fundo o ideal da metodologia é o tautológico – ou seja, em outros termos, os conhecimentos são

---

18 Ver referência na nota 11, 7ª Aula {14.5.1968}.

eles próprios determinados de modo operacional, pois não fazem nada além de corresponder do modo mais puro às exigências do método – eu, modestamente, suspeito que, ao contrário, só são produtivos os conhecimentos que ultrapassam o juízo analítico puro, que vão além desse caráter tautológico-operacional. Certamente não creio que haja qualquer verdade relevante, sobretudo no âmbito da Sociologia, que não seja vinculada ao risco de poder ser falsa, de que possa dar errado. Um pensamento que não se expõe a esse risco e uma ciência que não se expõe a esse risco de antemão eu diria que são inteiramente vazios e permanecem como uma técnica meramente instrumental muito aquém do conceito de ciência de que já dispusemos. // – Por isso penso que justamente os estudantes que hoje se empenham por uma nova forma para sua autonomia no mundo reificado e se rebelam contra a reificação do mundo e da consciência, deveriam dirigir sua revolta também intelectualmente contra as formas reificadas da consciência que a ciência vigente lhes impõe justamente no campo da sociologia.

Quero acrescentar que o ceticismo que expressei em face do único método de salvação é confirmado pela constatação do profundo desacordo quanto ao método existente também entre os sociólogos. As mais famosas obras sociológicas da geração passada de sociólogos dedicadas à metodologia, as *Régles* [*As regras*] de Durkheim[19] e os escritos sobre teoria da ciência de Max Weber[20] contradizem uma à outra nos pontos decisivos. A

---

19 Ver referência na nota 17, 1ª Aula {23.4.1968}.
20 Ver Max Weber, *Gesammelte Aufsätze zur Wissenschaftslehre* [*Ensaios reunidos de teoria da ciência*] Tübingen, 1922. Em seguida Adorno refere-se ao ensaio *Über einige Kategorien der verstehenden Soziologie* [*Sobre algumas categorias da sociologia compreensiva*] (1913); idem, p.403-50.

seguir apresento esses pontos resumidos em breves verbetes: Max Weber introduziu o conceito de "sociologia compreensiva" e acredita basicamente que o conhecimento sociológico consiste na compreensão da "racionalidade orientada a fins" (*Zweckrationalität*), a avaliação de oportunidades de sujeitos que agem socialmente.[21] Durkheim, por outro lado, defende o ponto de vista segundo o qual o que é propriamente sociológico, o que pertence especificamente à ciência sociológica, distingue-se, sobretudo em relação à Psicologia – que também Max Weber distingue radicalmente da Sociologia[22] – na medida em que os

---

21 Ibidem, p.403-07: "*I. Sinn einer 'verstehenden' Soziologie*" [*Sentido de uma sociologia compreensiva*].
22 Ibidem, p.408-14: "*II. Verhältnis zur Psychologie*" [*Relação à psicologia*]. Em Weber a razão da distinção entre Psicologia e Sociologia é o conceito de "ação racional teleológica" (*Zweckrationales Handeln*): "Depois de tudo que foi dito, a sociologia compreensiva não é parte de uma 'psicologia'. O modo mais diretamente 'inteligível' da estrutura de uma ação dotada de sentido é a ação orientada subjetivamente de modo estritamente racional para meios que (subjetivamente) são considerados univocamente adequados para atingir fins (subjetivamente) unívocos e claros. E isso principalmente quando esses meios também parecem adequados aos fins para o pesquisador. Mas quando 'explicamos' uma ação dessas, isto certamente não quer dizer a partir de estados 'psíquicos'. Parece ocorrer claramente o contrário: que se pretende inferir a mesma a partir das expectativas que foram levantadas subjetivamente sobre o comportamento dos *objetos* (racionalidade subjetiva orientada a fins) e que puderam ser levantadas conforme experiências válidas (racionalidade da validade objetiva) e exclusivamente delas. Quanto mais inequivocamente uma ação é orientada conforme o tipo da racionalidade da validade objetiva, tanto menos seu curso se torna compreensível quanto ao seu sentido através de quaisquer considerações psicológicas" (ibidem, p.408). Em relação a Weber ver a 14ª Aula {2.7.1968}; quanto ao conceito de racionalidade meio-fim, ver também nota 14, 14ª Aula {2.7.1968}.

fatos propriamente sociais, os *faits sociaux*, não podem ser compreendidos, são impenetráveis e opacos ou, em termos de cujas implicações não estava inteiramente consciente, devem ser tratados como "coisas", como "*choses*". // Motivo pelo qual inclusive a sociologia durkheimiana foi chamada de *chosisme*.[23] — Vestígios dessa concepção sobrevivem hoje no estruturalismo francês, ao qual aliás desejo dedicar um dos próximos seminários de sociologia, pois penso ser apropriado que os estudantes de sociologia alemães também adquiram conhecimento em primeira mão desses assuntos. — A segunda diferença é que, como todos sabem, Max Weber defendeu com rigor o ponto de vista da "neutralidade axiológica"[24] e portanto acreditava que os juízos de valor devem ser absolutamente excluídos da sociologia. E quero dizer que justamente no que diz respeito a isso foi seguido pelo positivismo vulgar de hoje em dia, enquanto ele próprio, ainda formado conforme a teoria do conhecimento idealista, procurou se fechar em relação ao sociologismo vulgar, recusando-o. Ao contrário, Durkheim, que em certo sentido era positivista de modo muito mais irrestrito, admitia juízos de valor na sociologia — eu diria: com base em uma visão ou

---

23 Ver E. Durkheim, *Die Regeln der soziologischen Methode* [*As regras do método sociológico*], trad. alemã, op. cit., 46 e 65. Como princípio máximo da observação de *faits sociaux* vale que: "A primeira e mais fundamental regra consiste em considerar os fatos sociológicos como coisas" (ibidem, p.115).

24 Em relação ao conceito de neutralidade axiológica em Weber, ver seus ensaios *Die Objektivität sozialwissenschaftlicher und sozialpolitischer Erkenntnis* [*A objetividade do conhecimento sociocientífico e sociopolítico*], de 1904, e *Der Sinn der "Wertfreiheit" der soziologischen und ökonomischen Wissenschaften* [*O sentido da "neutralidade axiológica" das ciências sociológicas e econômicas*] (1917-18), in: Max Weber, *Gesammelte Aufsätze zur Wissenschaftslehre*, op. cit., p.146 a 214 e p.451 a 502.

uma análise mais penetrante do próprio assunto – porque deparou-se com a constatação de que nos próprios atos cognitivos, ou seja, nos puros atos de conhecimento, que Weber – ingenuamente, eu diria – acreditou poder separar dos atos axiológicos ou valorativos, existe, se quisermos simplesmente pela distinção entre verdadeiro e falso, também uma relação de valor. E sobretudo quando se lê uma das primeiras obras fundamentais de Durkheim, *La division social du travail* [*A divisão social do trabalho*],[25] o *pathos* valorativo é patente, o que nele se relaciona de modo estreito com o que assinalei acima, ou seja, a hipóstase dos fatos sociais, dos *faits sociaux* que, como se foi cristalizando em sua obra, são orientados também de modo normativo e reconhecidos como determinantes de valor. Esses dois momentos, o dos *faits sociaux* como dados impenetráveis e o de seu aspecto valorativo, cristalizaram-se posteriormente com muita nitidez na teoria da *conscience* (consciência) ou do *esprit collectif* (espírito coletivo)[26] de Durkheim.

---

25 Ver E. Durkheim, *De la division du travail social* [A divisão social do trabalho] Paris, 1893; em alemão, com uma introdução de Niklas Luhmannn: E. Durkheim, *Über soziale Arbeitsteilung. Studie über die Organisation höherer Gesellschaften*, 2.ed., Frankfurt a. M., 1988.

26 Em relação à consciência coletiva, a *conscience collective*, ver também no II livro o 3° cap.: "Os fatores colaterais. A indeterminação crescente da consciência comum e suas razões" (p.344-66; ver também a introdução de Luhmann, p.24, nota 11). Já em sua palestra *Zur Logik der Sozialwissenschaften*, na reunião da Sociedade Alemã de Sociologia em Tübingen, Adorno levou em frente a discussão em torno do conceito de valor remetendo a Weber e Durkheim: "Todo o problema do valor que a Sociologia e outras disciplinas carregam consigo como se fosse um lastro, encontra-se portanto mal colocada. Uma consciência científica da sociedade que se apresenta como axiologicamente neutra, falha em relação ao assunto tanto quanto aquela apoiada em valores

134   // Registro tudo isso e chamo a atenção dos senhores a esses assuntos apenas para que vejam que, mesmo no que se refere a pensadores que atribuíram um papel fundamental à reflexão metodológica, como o maior sociólogo alemão e o maior sociólogo francês da geração passada, não existe concordância quanto às questões centrais da sociologia. Talvez eu devesse acrescentar, embora de modo precário, que não pretendo contrapor ao comportamento de neutralidade axiológica de Weber algum comportamento valorativo, conforme a intenção que frequentemente me atribuem. Tão impossível como a ideia weberiana da neutralidade axiológica absoluta é também a vinculação de conhecimentos sociológicos a valores trazidos de fora e por isso reificados e fixos – tal como tentado por Max Scheler em sua obra intermediária e também em sua tardia *Wissenssoziologie* [*Sociologia do saber*].²⁷ Creio antes que, em uma variante de uma expressão de Feuerbach,²⁸ não se deve ser, nem

---

mais ou menos prescritos ou estabelecidos arbitrariamente; ao nos curvarmos à alternativa, nos perdemos em antinomias. Também o positivismo não pôde se libertar delas; Durkheim, cujo *chosisme* de resto ultrapassava a mentalidade positivista de Weber – que afinal tinha na própria sociologia da religião seu *thema probandum* – não reconheceu a neutralidade axiológica" (Adorno, GS 8, p.561).

27 Ver Max Scheler, *Probleme einer Soziologie des Wissens* [*Problemas de uma sociologia do saber*], *Gesammelte Werke*, v.8: *Die Wissensformen und die Gesellschaft*, com adendos editados por Maria Scheler, 2.ed. rev., Bern, München, 1960, p.15-90.

28 É provável que a referência seja a seguinte formulação de Feuerbach: "Não ser *contra* a religião, mas estar *acima* da mesma. Mesmo que seja pouco o que sabemos, esse pouco determinado ainda é mais do que o 'a mais' nebuloso que a fé possui frente ao saber". Ludwig Feuerbach, *Sämtliche Werke*. Ed. por Wilhelm Bolin e Friedrich Jodl, v.10, Stuttgart, 1911, p.326.

contra a neutralidade axiológica, nem contra valores, mas acima de ambos, ou seja, encarar essa alternativa como um todo enquanto expressão de uma reificação, tal como esta ainda não podia ser pensada por Kant, por exemplo, que distinguiu entre preço e dignidade de um objeto ou de um comportamento.[29] Não é por acaso que o termo "valor" lembra a economia e o mercado, a partir de onde, mediante um desvio passando por Münsterberg, Windelband, Rickert,[30] penetrou nas ciências sociais. O próprio termo constitui também a expressão de uma reificação, da mesma forma que a neutralidade axiológica, a posição que lhe é contraposta, também expressa uma consciência reificada.

Por ora assinalo essas questões de modo resumido apenas para evitar que os senhores saiam dessa aula com a ideia de que eu pretendo agora retornar à hipóstase dogmática de algum tipo de valores antropológicos gerais. Isso encontra-se tão distante de minhas intenções quanto estou distante da posição weberiana. O lema kantiano de que "apenas o caminho crítico ainda se encontra aberto"[31] parece-me dotado da

---

29 Na *Grundlegung zur Metaphysik der Sitten* [*Fundamentação da metafísica dos costumes*] de Kant encontra-se escrito: "No reino dos fins tudo tem ou um *preço* ou uma *dignidade*. No lugar do que tem um preço também pode ser posto algo outro como *equivalente*; mas em contrapartida o que se encontra para além de qualquer preço, isto tem uma dignidade" (Kant, *Werke*, op. cit., v.4, Berlin, 1968, p.434).

30 Com sua obra *Philosophie der Werte* [Filosofia dos valores], publicada em 1908, o psicólogo Hugo Münsterberg (1863-1916) se posicionou próximo à escola do neokantismo do sudoeste alemão, cujos representantes Heinrich Rickert (1863-1936) e Wilhelm Windelband (1848-1915) viam como tarefa das "ciências da cultura" a implementação de um "reino dos valores" de validade atemporal.

31 Kant, *Kritik der reinen Vernunft* [*Crítica da razão pura*], B 884.

mais alta atualidade inclusive no que se refere ao chamado problema dos valores. É curioso que toda essa problemática não tenha sido ainda desenvolvida com a radicalidade necessária, seja na literatura das Ciências Sociais, seja na literatura filosófica; embora eu acredite que é possível dizer que praticamente todos concordam quanto a que a velha e rígida dicotomia de conhecimento valorativo e conhecimento axiologicamente neutro é impossível hoje em dia.

Ao me referir à discordância dos sociólogos da geração anterior em relação a métodos, penso que algo semelhante pode ser dito em relação à geração atual. Àqueles que participaram da reunião da Associação de Sociologia em Frankfurt e que ouviram as conferências de meus colegas Dahrendorf e Scheuch,[32] ambos adversários de uma concepção dialética da sociedade, não devem ter deixado de perceber as diferenças entre ambos, dos quais, aliás, Scheuch representou o ponto de vista positivista mais radical. De resto, uma das regularidades curiosas da história dos dogmas da sociologia é que sempre um sociólogo descreve o que veio antes como metafísico. Deixo isso apenas registrado, poupando-me de improvisar uma longa teoria a respeito. É certo que as ressalvas levantadas por Comte tão enfaticamente contra os metafísicos e que provavelmente também foram brandidas em parte contra seu professor Saint-Simon enquanto este era o pensador mais ousado e dinâmico, retornam de modo quase inalterado na crítica feita por Durkheim[33] ao conceito de progresso de Comte. De

---

32 Em relação às apresentações de Scheuch e Dahrendorf, ver as referências nas notas 46 e 49.
33 Ver E. Durkheim, *Die Regeln der soziologischen Methode* [*As regras do método sociológico*], trad. alemã, op. cit., p.118s.

outro lado, para um metodólogo da sociologia norte-americano como Lundberg,[34] certamente também Durkheim era um arquimetafísico, // com sua consciência coletiva simultaneamente absoluta e autônoma.

Claramente a aspiração a ou a possibilidade de propriamente eliminar o conceito, se posso radicalizar dessa maneira, na Sociologia, isto é, reduzir conceitos a meras fichas de jogo, que servem como abreviaturas para assuntos subsumidos sem que lhes corresponda qualquer autonomia, essa possibilidade parece-me extraordinariamente limitada. Afinal não há qualquer pensamento sem conceitos. E esse fato, em conjunção com o intento presente na Sociologia mais recente de simplesmente eliminar a autonomia do conceito, implica em que o inefável, o inexterminável de todo conceito que ocorre na sociologia sempre de novo expõe a Sociologia à suspeita de ser metafísica. Disto haveria que se concluir que, simplesmente conforme o sentido imanente do conhecimento social, não se pode passar inteiramente sem aquilo que o positivismo designa como metafísica e que nessa exigência existe mesmo algo de quimérico e, eu quase diria, de quixotesco.

Mais uma vez chamo a atenção dos senhores a que a possibilidade do conhecimento sociológico e, sobretudo, do conhecimento ainda não regulamentado, a possibilidade do que chamei de "experiência não regulamentada"[35] é extraordinariamente

---

34 George A. Lundberg (1895-1966) chegou a ponto de exigir para a Sociologia uma pesquisa social de orientação puramente fisicalista; ver G. Lundberg, *Social Research. A Study in Methods of Gathering Data*. New York, 1942; ver também Lundberg, *Foundations of Sociology*, New York, 1939.

35 Referências na nota 9, 6ª Aula {9.5.1968}.

limitada mediante a metodologia, mediante o primado absoluto da metodologia. Tal limitação pela metodologia, pela metodologia posta como absoluto, fetichizada, quase sempre se dá à custa do assunto. Penso ser este o ponto de vista fundamental pelo qual peço que leiam a controvérsia entre Habermas e Albert[36] que se ocupou dessas questões e que não precisamos referir em pormenor na medida em que pretendemos lhe dedicar // a aula subsequente, na qual para minha alegria o senhor Habermas pretende estar presente. [*Aplausos*] – Portanto afirmo isso apenas como indicação do que, pelo ponto de vista da Sociologia, é o sentido dessa controvérsia. [*Aplausos*]

---

36 Em relação a essa controvérsia, ver nota 9, 4ª Aula {2.5.1968}.

// 10ª Aula
18.6.1968

Senhoras e senhores,

Peço que me desculpem pelo atraso. Como aconteceu provavelmente a muitos dos presentes, esperei em vão pelo sinal. Mais uma vez parece que muitas coisas não funcionam. Tenho a impressão que algo não vai bem com o sistema de som e acho que também com o ar-condicionado – mas de resto tudo se encontra na mais perfeita ordem.

Senhoras e senhores, começamos a nos ocupar com a questão da relação entre método e assunto tematizado. Eu chamei a atenção dos senhores a que a crença no método como única salvação, ultimamente tão difundida, já é desmentida simplesmente porque nos mais diversos períodos os sociólogos nunca lograram concordar entre si em relação ao método – posso saber a razão dos assobios? – Bem, eu não sei – O senhor Kulenkampff assegurou que a "técnica" foi alertada e assegurou que tudo está em ordem. Só posso repetir o que disseram. Peço que me desculpem se não consigo falar mais alto do que já falo. Sinto muito, mas espero ainda assim ser ouvido em alguma medida.

Não quero diminuir a relevância das controvérsias sobre o método ao enfatizar essa divergência entre os métodos que na verdade talvez seja particularmente característica para a sociologia, mas acontece que em geral por trás das controvérsias sobre o método ocultam-se problemas objetivos. Este é propriamente o motivo pelo qual de certo modo eu sigo a técnica usual às introduções, que se concentram em controvérsias metodológicas porque não podem se aprofundar nos assuntos objetivos. Peço que tenham presente – e o faço para que as minhas afirmações críticas // não sejam compreendidas de modo unilateral e no sentido de uma elaboração sociológica indisciplinada e intempestiva – que nos problemas metodológicos postos pela Sociologia naturalmente também sempre se impõem questões substanciais. Ou seja: uma certa dependência da pertinência e do conteúdo do que se chama de Sociologia em relação ao método e à escolha do método, sempre se encontra presente nos problemas metodológicos. É claro que os problemas substanciais mediados pelos problemas metodológicos também sempre se impõem. E nessa oportunidade quero enfatizar que as minhas considerações críticas em relação à revisão da metodologia não se destinavam a inibir o pensamento sobre o método ou a reflexão metodológica, mas resguardá-los de dar aquele passo aparentemente ínfimo, porém infinitamente cheio de consequências, que consiste em acreditar que todas as questões substanciais decisivas podem ser reduzidas a questões metodológicas. Ocorre que nas controvérsias metodológicas não só se escondem divergências substanciais – como costuma acontecer nas ciências, onde disputas metodológicas ou disputas formais são meras superfícies a ocultar controvérsias sobre conteúdos – mas algumas vezes as divergências metodológicas aparentemente determinantes contêm efetivamente aspectos antinômicos substanciais do assunto.

Considero tão importante este ponto que, fiel ao meu princípio de demonstrar considerações gerais tanto quanto possível a partir de modelos que são, eles próprios, sociologicamente relevantes, retomo mais uma vez aquela disputa entre Durkheim e Max Weber – uma disputa não concluída, aliás – a que já me referi na penúltima aula.[1] A partir dela é possível os senhores reconhecerem com muita clareza a relação entre método e assunto tematizado. Ao assegurar o ininteligível no *chosisme* // e afirmar que a sociologia encontra seu verdadeiro objeto onde acaba a inteligibilidade, Durkheim atinou com um momento muito central da socialização, a saber: a autonomização institucional do que é produzido pelos homens em relação aos homens. Só que ele hipostasia esse momento, ou seja, ele o trata de modo tal que parece que essa intransparência, essa "segunda natureza" das instituições feitas pelos homens e que se autonomizam em relação a eles, está na própria essência da socialização. É nessa tendência que se sustenta a apologia em relação à sociedade vigente, de fato existente como um dos traços decisivos de Durkheim e que no curso de sua evolução será cada vez mais pronunciado. Mas até mesmo nessa tendência encontra-se ainda um momento de verdade – e aqui, senhoras e senhores, conforme a finalidade de uma introdução, persigo o objetivo de estimular o aprendizado de uma leitura aprofundada de textos de Sociologia. Pois o que chamamos de

---

[1] Não *na penúltima aula*, como Adorno supôs, mas na última aula, em 11 de junho. Não houve aulas no dia 13 de junho, *Corpus Christi*. Ver 9ª Aula {11.6.1968}.

reificação e o que chamamos de alienação, mediante esses dois conceitos de modo algum imediatamente idênticos, seguramente se desenvolveu em sua configuração específica, conforme a conhecemos desde Hegel e Marx, a partir da sociedade capitalista. De outro lado, assumir que as sociedades até aqui, em suas formas anteriores, se efetivaram como uma pura relação imediata entre os homens, seria uma forma inteiramente inadequada de romantizar as formas originárias da sociedade. É possível discutir longamente acerca da viabilidade de ter havido "selvagens pacíficos", *peaceful savages*[2] bem determinados, pequenas sociedades não organizadas e inofensivas. Que eu saiba, ao esperar uma resposta da Etnologia, encontramo-nos aqui como na maior parte das vezes em que dirigimos perguntas acerca da origem de tais fenômenos à Etnologia: ela recusa respostas inequívocas. // O que talvez nem seja culpa da Etnologia, pois tais fenômenos podem de fato se perder na incerteza do passado. Porém, é possível afirmar com certeza que os estágios iniciais da sociedade, designados pelo sociólogo norte-americano Thorstein Veblen como *barbarian culture*,[3] "cultura bárbara", como, por exemplo, a mexicana e a egípcia, tiveram a seu modo também um caráter impositivo e também escapavam à "compreensão" por um trabalhador escravizado ou um sacrifício ritual, do mesmo modo que as engrenagens da sociedade industrial escapam a uma compreensão tão imediata.

Ora, em contrapartida – para chegar ao posicionamento weberiano – Weber anuncia o interesse da Sociologia sem re-

---

2 Adorno referiu-se a Thorstein Veblen e sua *Theorie der feinen Leute*; ver nota 6, 4ª Aula {2.5.1968}.

3 Thorstein Veblen, *Theorie der feinen Leute*, op. cit., p.163s.

correr a tais relações – o que se encontra como momento de verdade inclusive no subjetivismo sociológico – a saber: essas relações coaguladas, autonomizadas e objetivadas dos homens também são, como explicitado por Marx, "relações entre os homens e não, como se apresentam a nós, a propriedade de coisas".[4] Portanto, ele realizou a redução das instituições ao que é humano por assim dizer involuntariamente, implicitamente, na medida em que impôs a exigência de compreensão de tudo o que é social, servindo-se neste sentido com muita propriedade justamente daquele meio que efetivamente é comum aos sujeitos e às instituições objetivadas, exteriorizadas, como, digo, justamente a racionalidade.

Assim é possível os senhores acompanharem como se orientava uma disputa metodológica no âmbito da antiga sociologia positivista – e repito que ambas, a escola francesa e a escola alemã, eram igualmente positivistas, ou seja, igualmente contra a especulação idealista e contra a acepção de uma compreensão do assunto ele próprio "a partir de seu interior". // Pelo exposto de modo breve e denso acerca dessa controvérsia, é possível reconhecer – o que me parece ser de suma importância – algo do que talvez se pudesse compreender como intimação a transitar a uma concepção dialética de sociedade. Ao mesmo tempo, é possível ver quão pouco uma transição como essa tem a ver com uma ciência secreta ou esotérica, a pressupor aquele inquietante autodinamismo particular do conceito na minha e na sua cabeça, nos termos constantemen-

---

4 Em relação a essa alusão à teoria de Marx, confira-se o capítulo "Der Fetischcharakter der Ware und sein Geheimnis" ["O caráter fetichista da mercadoria e seu segredo"], Karl Marx, *Dal Kapital. Kritik der politishen Ökonomie* [*O capital. Crítica da economia política*], v.1, op. cit., p.85-98.

te atribuídos à dialética conforme uma perversa compreensão equivocada de Hegel. Ou seja, a função de uma teoria dialética seria justamente, na medida em que são inferidos a partir de algo comum, isto é, o processo de vida da sociedade, juntar ambos esses momentos claramente contrapostos entre si no caráter da sociedade: por um lado, sua ausência de inteligibilidade, sua opacidade, e, por outro, seu caráter afinal redutível ao que é humano e, portanto, compreensível. Em seus estágios iniciais, o processo de vida da sociedade tanto exigia autonomização, enrijecimento e inclusive dominação – ao menos era essa a opinião dos grandes teóricos socialistas – quanto se originava no âmbito do trabalho social da sociedade como um todo e, nesta medida, é novamente compreensível, e portanto é o contrário de uma tal institucionalização. – Creio que a reflexão assim indicada deveria bastar para mostrar que a visão dialética dispensa bruxaria e fundo falso, mas se constitui simplesmente um resultado superior do pensamento. Eu diria que o pecado do positivismo consiste em eliminar essa consequência do pensamento, esse progresso na formação teórica a partir de sua própria necessidade, em prol de uma ingenuidade obtusa da imediatez, tal como esta é inteiramente alheia às ciências naturais muito mais desenvolvidas, que permanentemente tem necessidade de formações teóricas do tipo das que os positivistas querem justamente proibir aos sociólogos // dialéticos. Esse é o ponto que eu ainda queria enfatizar em relação à disputa acerca da metodologia.

    Gostaria de acrescentar que a escolha do método não é acidental ou arbitrária, o que significa que ela também não conduz necessariamente a um núcleo idêntico. Os senhores dirão que – e isso é um argumento plausível – justamente quando, como defendo enfaticamente nessa introdução, se parte de uma estrutura objetiva da sociedade no lugar de uma mera esquematização subjetiva, então todos os caminhos conduzem a Roma, ou seja, então propriamente todos os métodos deveriam convergir numa mesma situação factual social. Seguramente há nisso algo de verdadeiro. Nos mais diferentes métodos expressam-se certas estruturas fundamentais da sociedade. Por exemplo, quando se examinam as determinações atribuídas estritamente no sentido de uma sociologia subjetiva por Max Weber ao "tipo ideal" capitalismo,[5] e se comparam as mesmas com a teoria marxista, em contraposição essencial à qual a sociologia weberiana foi concebida, então reencontraremos entre o que Weber designa como atributos do capitalismo uma grande quantidade de momentos que também ocorrem em Marx – embora não enquanto atributos, mas desenvolvidos como categoria fundamen-

---

5 Em relação ao conceito de "tipo ideal" em Weber, ver *Wirtschaft und Gesellschaft* [*Economia e sociedade*], op. cit., p.2-11. "Para a análise científica formadora de 'tipos', todos os nexos de sentido do comportamento irracionais ou condicionados afetivamente e que influenciam a ação são representados e investigados da forma mais visível como 'desvios' de um curso construído e puramente orientado racionalmente a fins [...] Somente assim será então possível a atribuição causal de desvios às irracionalidades que os condicionam. Portanto nesses casos a construção de uma ação de estrita orientação racional a fins serve à Sociologia, por causa de sua compreensão evidente e de sua univocidade – baseada na racionalidade – como 'tipo' (*Idealtypus*) para compreender a ação real, influenciada por irracionalidades de toda sorte (afeições, equívocos) como um 'desvio' do esperado conforme um comportamento puramente racional" (idem, p.2s; ver também a referência da nota 11, 14ª Aula {2.7.1968}). Para a determinação do capitalismo em Weber, ver a referência da nota 15, 3ª Aula {30.4.1968}.

tal, ou seja, a forma mercadoria – como forma equivalente, mercado, racionalidade, cálculo e conceitos semelhantes.

Contudo, senhoras e senhores, creio que nesse ponto não deveríamos esquecer que a ciência da sociedade se refere a um objeto infinitamente diferenciado mesmo quando nos defrontamos com este objeto em outra perspectiva não tão diferenciada, mas com a brutalidade de que tivemos algumas provas chocantes com os recentes acontecimentos da intervenção da polícia "gaullista" na França.[6] Assim – e isso parece-me ser crucial – o decisivo não é o núcleo aparentemente idêntico // que se impõe inclusive em propostas metodológicas desenvolvidas de maneira diferenciada. O efetivamente decisivo são as configurações em que esses momentos se apresentam, que são justamente em grande medida momentos teóricos. Eu diria que apesar daquela concordância entre certos elementos da doutrina weberiana do capitalismo em termos de tipos ideais e a marxista, não apreendida em tipos ideais mas orientada ao próprio assunto tematizado, eu diria que na relação entre essas duas figuras da teoria social há uma diferença no que se refere ao todo. Se uma sociologia compreensiva, analítica e descritiva conforme o antigo estilo positivista – tal como se apresentou também por exemplo no sentido da *Wissenschaftslehre*, da "doutrina da ciência" de Wilhelm Dilthey[7] – registra esses

---

6 Em maio de 1968 o governo De Gaulle colocou em prontidão tropas militares e mobilizou a guarda nacional contra os estudantes e trabalhadores em greve.

7 A referência da *Wissenschaftslehre*, a doutrina da ciência, é a "Introdução às ciências do espírito. Ensaio de uma fundamentação para o estudo da sociedade e da história", in: Wilhelm Dilthey, *Gesammelte Schriften*, I, editado por Bernhard Groethuysen, 4.ed., Stuttgart, Göttingen, 1959.

momentos para reuni-los em uma espécie de definição, ou se, como indiquei há pouco, os mesmos são desenvolvidos uniformemente a partir de determinadas categorias fundamentais, a partir do que resultaria o que Marx designou em sua famosa carta de juventude como "melodia pétrea grotesca" de Hegel[8] ou seja, aquele tão desconcertante quanto exorbitante fenômeno do nexo impositivo dos chamados atributos, que não são simplesmente atribuídos a um núcleo conceitual, mas se desenvolvem igualmente uns a partir dos outros. Aquele infernal caráter impositivo do todo, que a todos nós impõe sofrimentos, se apresenta de um modo inteiramente diferente do que ocorre no tipo compreensivo descritivo de sociologia, como ela vigora com Weber. Pelo exposto os senhores podem verificar que, mesmo onde as diferentes propostas metodológicas produzem resultado igual, este igual não é o mesmo em cada proposta, mas dotado de um peso inteiramente diferente.

Senhoras e senhores, quero aqui abordar ainda outro aspecto não mencionado até agora. Ou seja: sempre afirmei que o método precisa se orientar pelo assunto tematizado e que ele não // é um mero esquema para classificar de acordo com uma ordem. Imagino que muitos dentre os presentes – por exemplo, os que provêm das ciências naturais ou que ao menos sejam portadores de um modelo de conhecimento científico objetivamente válido – possam pedir que lhes apresente um modelo determinado para esse problema de um conhecimento que se

---

8 No dia 10 de novembro de 1837, Marx escreveu ao pai: "Eu tinha lido fragmentos da filosofia de Hegel, cuja melodia pétrea grotesca não me agradou". Karl Marx/Friedrich Engels. *Werke. Ergänzungsband. Schriften, Manuskripte, Briefe bis 1844. Erster Teil.* Berlin, 1973, p.8.

orienta pelo assunto e para um que não o faça, que lhes explicite isso em termos concretos, no plano dos sentidos. Vou apresentar-lhes tal modelo. Tomarei esse modelo do âmbito da teoria das ideologias ou da crítica das ideologias. Este se converte quase automaticamente no ponto central, no problema central da Sociologia, quando, como assumo por um segundo, nos submetemos à concepção da divisão do trabalho na Sociologia, isto é, quando acreditamos que é possível separar a Sociologia e os processos sociais decisivos, como a produção e reprodução econômica da vida. É sabido que um dos meios, uma das técnicas da pesquisa das ideologias ou da crítica das ideologias – se uma ou outra, não importa por ora – consiste em uma pesquisa que se ocupa com produtos do espírito, analisa os mesmos e infere resultados sociais a partir desses produtos. Naturalmente nós poderíamos dizer que a crítica das ideologias deveria simplesmente se ocupar dos homens, que, conforme a terminologia técnica da sociologia, seriam portadores de ideias ou portadores de ideologia. Porém, a mais simples ponderação indicará que as ideologias que são imediatamente portadas pelos homens, não têm sua origem social simplesmente nessas pessoas e em seu consenso, mas lhes cabem coletivamente, por tradição ou algo assim, ou então – e isto é característico para nossa sociedade vigente – são geradas através da configuração altamente concentrada e organizada da formação da opinião, através da indústria cultural // em um sentido muito amplo. Assim, de um lado, como não se pode apreender em sua dinâmica as ideologias dos homens a partir de uma mera técnica de questionários, e como, de outro, é preciso ter em conta que as ideologias elas próprias são em grande parte funções dos efeitos exercidos sobre elas por formações espirituais pretensas ou reais, houve em decorrência um crescente interesse pelo estudo social daquelas formações espirituais.

Antes que eu venha a falar do problema a partir do qual quero elucidar a relação entre método e assunto tematizado, gostaria de acrescentar o que constitui provavelmente a diferença característica entre uma Sociologia orientada pela estrutura objetiva, e uma Sociologia de orientação meramente metodológica. A saber, como já expus há pouco, que ela não se ocupa simplesmente com as reações dos sujeitos experimentais, dos que são submetidos a teste, como ocorre no positivismo usual, mas que, porque os modos de comportamento, enquanto são ideológicos, tem um sentido (*Sinn*) ou uma ausência de sentido (*Unsinn*) conectado por sua vez ao sentido ou à ausência de sentido da sociedade, estabelece uma relação entre o que a teoria behaviorista denomina *Stimulus* e a *Response*. Isso significa, portanto, que as reações aparentemente subjetivas a questionários são postas em relação com uma análise dos estímulos exercidos pela sociedade sobre os homens. Provavelmente uma das maiores limitações da Sociologia positivista dominante – que continuamente me envolveu em conflitos nos Estados Unidos – consiste na existência de uma espécie de tabu em relação à suposição de um sentido ou de uma possibilidade de averiguação ou de interpretação daquilo que influencia os homens individualmente; que a única coisa certa que temos na mão são as reações e que a partir disso se esquece que essas reações, enquanto são mediações, derivadas e secundárias, // portam em si tudo menos aquela certeza que lhes é atribuída. Senhoras e senhores, também aqui é possível verificar novamente que a motivação para aquele modo de apreender a relação entre o conteúdo dos estímulos sociais e as reações sociais, tal como a cultivamos de maneira muito sistemática no Instituto de Pesquisa Social, não é um capricho nem uma espécie de manifestação filosófico-especulativa, mas é amadurecida mediante reflexões abertas sem restrição a qualquer pessoa que reflete sem preconceitos. Gostaria de dizer – pois costumo colocar as cartas sobre a mesa e deixar de lado todas os chamados recursos pedagógicos – que meu interesse prioritário nessa aula é que os senhores possam realizar de um modo racional e não conforme alguma sugestão ainda que velada, o passo da experiência social simples e do material social simples, àquela posição que *tant bien que mal*, com seus méritos e seus defeitos, se chama "Escola de Frankfurt".

Talvez eu tenha assim convencido os senhores da relevância da análise de textos para a sociologia. É claro que não precisam ser textos, podem também ser imagens, e espero também ter mostrado que tem sentido aplicar esse método inclusive à música. Mas o fato de a linguagem como meio de comunicação ser em geral comum a tais produtos e aos homens a que eles se dirigem, conduz os textos a uma espécie de situação preferencial. Análises de textos desse tipo já são antigas. Remetem ao período de 1920. Benjamin fez uma série de coisas assim nessa época, Krakauer as empreendeu de modo sistemático, bem como Bloch, e penso que posso dizer que também há, com a mesma intenção, uma série de coisas minhas desse período.

148   // O problema também seria abordado nos Estados Unidos – de modo totalmente independente dos esforços que, na Alemanha, foram empreendidos fora das universidades, e contra os quais a Sociologia acadêmica da época se fechou por completo – embora sob uma perspectiva essencialmente acadêmica. O homem que tem o mérito de ter-se ocupado de modo sistemático – como se diz – com a questão pela primeira vez

nos Estados Unidos foi Harold Lasswell,⁹ um pesquisador das ideologias. Ele era influenciado essencialmente por Vilfredo Pareto¹⁰ – o que caracteriza a configuração de suas contribuições – por quem tinha elevada estima, em consequência do que era comprometido com o "conceito de ideologia total", de modo que para ele o momento de crítica às ideologias passa a um segundo plano porque as formações espirituais são sobretudo de natureza ideológica, na medida em que segundo esta concepção propriamente não existe o que é não ideológico. A Lasswell nem se lhe permitiria ser um pensador norte-americano da época de 1930 se ele não tivesse desenvolvido esse método essencialmente como um método quantitativo, se ele não tivesse desenvolvido o tipo de análise que denominou de *content analysis*, ou seja, análise de conteúdo – um termo que designa algo mais do que a palavra indica, isto é, a análise de quaisquer textos e outras formações espirituais, hoje em dia, por exemplo, análises de revistas ilustradas, de determinados filmes e de todo tipo de coisas assim. Ou seja, ele em primeiro lugar identificava um certo número de fatores ou temas – ou como quiserem chamar isso – nos textos de que se ocupava, para tentar enumerar os temas individuais de que um tal texto se constituía, sob medida para averiguar qual o peso relativo correspondente aos temas individuais ou, quando se tratava de

---

9 Em relação à aplicação dos métodos da pesquisa social empírica a formações espirituais, inaugurada por Harold D. Lasswell (1902-1978), ver a seção "Análise empírico-sociológica de produtos espirituais" [*Content Analysis*], no artigo "Empirische Sozialforschung", in: Adorno, GS 9.2, p.355s.
10 Em relação a Pareto, ver a Aula de 25.4.1968 e as notas 3 e 8, 2ª Aula {25.4.1968}.

propaganda,[11] correspondente aos diversos espetáculos ou truques de propaganda em relação a diferentes ingressos ou palcos em que tais formações se encontravam. Ele desenvolveu esse procedimento quantitativo // com muitos pormenores em um ensaio que viria a ser famoso: *Why be quantitative?* [Por que ser quantitativo?],[12] a que o já falecido sociólogo alemão Siegfried Krakauer respondeu ainda poucos anos antes de sua morte com um ensaio muito interessante e também corajoso sobre o significado do procedimento qualitativo na *content analysis*[13] publicado no *Public Opinion Quarterly*, onde deve ter aparecido também o trabalho de Lasswell. Tendo em vista o significado correspondente a essa, por assim dizer, disputa metodológica no que se refere ao assunto tematizado, recomendo fortemente o estudo desses dois textos.

A meu ver – o que, em outro contexto, talvez lembre o que eu disse acerca da controvérsia, aparentemente muito mais ampla e fundamental e menos técnica, entre Max Weber e Durkheim –,

---

11 A *Content Analysis* foi desenvolvida por Lasswell a partir da análise de propaganda inimiga durante a Primeira Guerra Mundial; ver Harold D. Lasswell, *Propaganda Technique in the World War*, New York, 1927.

12 Ver *Language of Politics. Studies in Quantitative Semantics*. Ed. por Harold D. Lasswell e Nathan Leites, New York, 1949, cap. 3, p.40-52.

13 Ver Siegfried Krakauer, *The Challenge of Qualitative Content Analysis*, in: *Public Opinion Quarterly*, ano 16, n.4, 1952-53, p.631-42; trad. alemã Kersten Witte et. al., *Für eine qualitative Inhaltsanalyse*, in: *Ästhetik und Kommunikation*, ano 3, n.7, março de 1972, p.49-58. Adorno equivocou-se ao supor que o trabalho de Lasswell fora publicado também em *Public Opinion Quarterly*. Somente o volume editado por Lasswell e Leites, *Language of Politics*, foi comentado em 1949, no n.13 da revista de Paul Kecskmeti.

essa disputa, esses dois pontos de vista encontram-se inquestionavelmente em determinada relação com o conteúdo da respectiva comunicação. Portanto, a legitimidade ou não legitimidade dos dois procedimentos, do procedimento de Lasswell ou do procedimento qualitativo, tal como expus, por exemplo, nas análises da televisão do livro *Eingriffe*[14] ou no trabalho sobre a astrologia do segundo volume da *Sociológica*,[15] não pode ser decidida de maneira metodológica abstrata, de modo que se possa dizer que uma é para sempre correta, e a outra para sempre incorreta, mas elas se encontram de sua parte em relação com o objeto a ser analisado. Aliás, o método de Lasswell, o método puramente ou essencialmente quantitativo, também pressupõe certos momentos qualitativos, na medida em que as diferentes categorias que são enumeradas em um tal texto são antes de mais nada de tipo qualitativo. Não é possível quantificar nada que não tenhamos antes determinado também qualitativamente. Penso que este é um princípio de todo problema metodológico da sociologia acerca do qual é preciso ter clareza.

// O método quantitativo de Lasswell é – para dizê-lo sem rodeios – inteiramente apropriado ao sistema da publicidade, onde esta é tomada em um sentido tão ampliado que inclui o tipo do folhetim das revistas ilustradas, ou o tipo do filme comercial ou o tipo da maior parte da música de entretenimen-

---

14 Ver Adorno, *Prolog zum Fernsehen* ["Sobre televisão"] e *Fernsehen als Ideologie* ["Televisão como ideologia"], *Eingriffe. Neun kritische Modelle*, Frankfurt a. M., 1963, p.69-80, 81-98; Adorno, GS 10.2, p.507-32.
15 Ver Adorno, *Aberglaube aus zweiter Hand* ["Superstição de segunda mão"], in: Max Horkheimer/Theodor Adorno, *Sociologica II. Reden und Vorträge*, Frankfurt a. M., 1962, p.147-62 (*Frankfurter Beiträge zur Soziologie*, v.10), Adorno, GS 8, p.147-76.

to, sempre que ela entretém. Isso quer dizer que num material desse tipo, ele próprio já organizado para capturar clientes – o que hoje em geral se costuma chamar de "comunicação" – num tal material estão contidas, efetivamente e de modo em certo sentido planejado e administrado, propriamente todas as operações, inclusive a comparação entre si dos diversos truques e técnicas no sentido de um efeito otimizado, de maneira que existe uma espécie de *adequatio rei atque cogitationis*, uma espécie de adequação das coisas aos pensamentos. Ou seja, nesses casos – e isso se aplica a tudo que a indústria cultural produz – em todos esses casos a análise quantitativa encontra-se por assim dizer cunhada sobre o material organizado conforme categorias quantitativas. Entretanto, isso também implica assegurar-se da intenção total de tal comunicação. Também nessas formações – ainda que fossem as mais áridas e indigentes – todos os truques adquirem seu valor posicional por serem vistos em sua relação ao objetivo como um todo que constitui a meta, motivo pelo qual também se introduz necessariamente um momento qualitativo na análise. De outro lado, acontece que, quanto mais diferenciadas e sobretudo quanto mais autônomas forem as formações espirituais, tanto mais desprovida de sentido torna-se de certo modo uma análise quantitativa da frequência dos dispositivos aplicados nelas. Agora, não digam que tais formações diferenciadas de antemão não tenham nada a ver com a pesquisa de ideologias, pois até mesmo formações espirituais de alta organização podem consistir em nexo ideológico, podem exercer efeitos estritamente ideológicos // e, efetivamente o fazem e frequentemente contêm em si próprias um esporão ideológico, se podemos dizer assim, mas em relação a elas evidentemente uma enumeração como a referida seria inteiramente inútil. Aqui o que importa efetivamente é aprofundar-se mediante uma espécie de análise no material individual específico, para apreender seu conteúdo social e, ao concretizá-lo tanto quanto possível, confrontar o mesmo com seu possível efeito sobre outros. — Diga-se de passagem que esse é propriamente o cerne da controvérsia acerca da sociologia da música, nos termos em que esta se desenvolve publicamente, já por um tempo longo demais, entre mim e o senhor Silbermann.[16] É disso que se trata; e é espantosa a pouca repercussão que teve essa questão tão simples — que o conteúdo social de formações organizadas e diferenciadas em si mesmas só pode ser apreendido mediante a análise de seu sentido, em vez de se vincular de algum modo esse sentido de antemão ao seu efeito, que possivelmente nada tem a ver com o conteúdo

---

16 O ponto de partida da controvérsia foram os artigos *Kunst* ("Arte"), publicado no Fischer-Lexikon *Soziologie*, por Alphons Silbermann (nascido em 1909) (ver referência na nota 5, 16ª Aula) e o artigo "Ideen zur Musiksoziologie" ["Ideias sobre a sociologia da música"], publicado na revista *Schweizer Monatshefte* em 1958 (Adorno, GS 16, p.9-23). A discussão continuou com uma referência direta a Silbermann, visto por Adorno como "expoente da pesquisa de orientação empírica na sociologia da música", nas aulas de *Einleitung in die Musiksoziologie* [Introdução à sociologia da música] do semestre de inverno de 1961-62 (Adorno, GS, 14, p.169-433) e nas *Thesen zur Kunstsoziologie* [*Teses sobre a sociologia da arte*], proferidas por Adorno em novembro de 1965 (Adorno, GS 10.1, p.367-74). O texto *Schlußwort zu einer Kontroverse über Musiksoziologie* [Palavra final para uma controvérsia sobre sociologia da música], escrito após uma réplica de Silbermann, foi publicado postumamente (Adorno, GS 10.2, p.810-5) Em relação à resposta de Silbermann às *Thesen zur Kunstsoziologie* [*Teses para a sociologia da arte*] ver as considerações do editor alemão, ibidem, p.810.

em si. — Aqui se encontra o que precisa ser elaborado e que é sociologicamente relevante: o conteúdo. Este só é apreendido por uma análise imanente, a qual, entretanto, deve-se acrescentar também a análise dos efeitos, ou seja, a descoberta dos efeitos de tais formações. Porém a conversão dos conhecimentos concretos específicos obtidos a partir das próprias formações em questões sociológico-empíricas traz consigo de imediato um rol muito invasivo de dificuldades, difícil de imaginar por quem não elaborou suas próprias maneiras de passar por elas no trabalho empírico-sociológico. Na quinta-feira prosseguirei a partir desse ponto.

// 11ª Aula
20.6.1968

Senhoras e senhores,

Acabam de me informar que mais uma vez o ar-condicionado não funciona. O funcionamento do alto-falante é duvidoso. Dos dois elevadores, um já não funciona há semanas. Considero essa situação escandalosa. [*Aplausos*] Quando se constroem auditórios planejados para receberem um grande número de ouvintes e que possivelmente são visitados por um grande número de ouvintes, então o mínimo que se pode exigir é que a aparelhagem técnica seja apropriada. Solicitei enfaticamente aos assistentes do seminário de filosofia que procurassem a administração do prédio para reclamar acerca dessas coisas, mas acredito que uma eventual intervenção mais enérgica dos estudantes a esse respeito ajudaria muito.

Senhoras e senhores, na última aula procurei mostrar com base em um modelo concreto em que medida as questões metodológicas dependem concretamente das questões de conteúdo. Procurei mostrá-lo com base em um problema famoso e relevante para a Sociologia, a relação entre métodos quantitativos e qualitativos, utilizando o exemplo de um campo especial da Sociologia pelo qual também me interesso muito, a chamada *content analysis*. Agora gostaria de acrescentar que a esse respeito não basta uma quantificação mecânica ou a restrição aos métodos quantitativos. Mas, para que se possa atingir uma divisão racional no que poderia se chamar de fatores, a primeira coisa necessária é assegurar-se da ideia ou da intenção – ou, para colocar a questão em termos menos respeitosos, do *ticket* – quando se trata de indústria cultural produzida mecanicamente // – para conhecer assim por sua função os processos individuais, os dispositivos e técnicas individuais empregados. Aqui já é possível perceber o que me parece ser decisivo para toda a sociologia empírica. Quando, em nome de uma pretensa ausência de preconceitos ou da pureza das investigações empíricas, acreditamos poder nos acercar dos problemas sem estarmos providos de conceitos, em geral fica claro que nem sequer dispomos de um critério seletivo em relação ao tema de que precisamos nos ocupar. Por essa via, tais estudos, puramente empíricos e às vezes até de modo exagerado, em geral simplesmente sucumbem em decorrência da crueza do material. Se posso mencionar algumas regras práticas em relação a estas questões da sociologia empírica, uma delas é que em geral num estudo empírico – e o afirmo explicitamente como regra geral que tem suas exceções – não é possível obter resultados para além das ideias nele investidas. Naturalmente isso precisa de ajustes. Tais ideias podem ser falseadas por algum estudo, de modo que quanto mais elas são adequadas a alternativas passíveis de decisão, tanto mais aumentam também – como eu diria – as chances de falseabilidade da hipótese, ou outra denominação que escolhermos, a partir de que o estudo foi concebido. Porém, existe uma diferença entre primeiro introduzir desse modo algo que a seguir pode ou não ser falseado ou diferenciado, e simplesmente não fazê-lo. Estou quase inclinado a dizer que a possibilidade da falseabilidade, a que justamente um teórico positivista da ciência e da sociologia como Popper[1] atribui tão extraordinário valor, ela é por sua vez função do que os senhores investiram em termos de ideias no estudo. // A falseabilidade constitui ela própria função da teoria investida, e sempre que se procede de modo ateórico, também não está dada a possibilidade do critério de verdade da falseabilidade, hoje justamente tão incensada pelo positivismo, salvo se no estudo houver ideias que por sua vez possam ser falseadas. Aliás, quero ressaltar ainda um problema vinculado à condição de enumeração da *content analysis* e, de modo geral, à divisão em fatores. Ou, melhor ainda: quero destacar propriamente dois problemas que existem aqui, dois problemas de lógica científica que são omitidos pela lógica da ciência vigente e de cujo significado me dei conta a partir de uma investigação empírica[2] muito abrangente e inclusive muito produtiva em várias direções, de que presentemente me ocupo. Em primeiro lugar, é preciso ter clareza quanto a que, quando não se analisam diretamente os textos, mas sim ideologias ou síndromes – por exemplo a sín-

---

[1] O "princípio da falseabilidade" de Popper tem como base a impossibilidade de corroboração indutiva de hipóteses pela experiência e a necessidade de resistirem em face de "tentativas de refutação": "Teorias não são verificáveis, mas podem ser corroboradas." Karl Popper, *Logik der Forschung* [*A lógica da investigação científica*], 2.ed ampliada, Tübingen, 1966, p.168; ver também Adorno, GS 8, p.309-15.

[2] Provavelmente trata-se do estudo *Freie Universität und politisches Potential der Studenten* [A universidade livre e o potencial político dos estudantes]; ver referências na nota 6, 3ª Aula {30.4.1968}.

drome da personalidade preconceituosa, tal como é estudada na *Authoritarian Personality*[3] – os chamados fatores, ou subsíndromes, como dizem alguns, ou subescalas, como se convencionou na moderna técnica da produção de escalas, constituem, por sua vez, produtos de uma abstração. Na realidade – o que também é repetidamente demonstrado pela pesquisa empírica mesmo em relação à quantificação – as chamadas subescalas ou subsíndromes encontram-se vinculadas umas às outras em uma conexão dotada de sentido, na medida em que tudo se refere a uma estrutura total, um todo que não pode ser apreendido imediatamente, mas apenas mediante uma divisão analítica conjunta tal como a referida. O perigo das investigações empíricas, para o qual quero chamar a atenção de todos os presentes que trabalham empiricamente – e espero que, ao estudarem Sociologia, todos participem alguma vez, de uma ou outra maneira, de investigações empíricas, pois essa é a melhor // escola para essas coisas, já que sabidamente é na forja que se faz o ferreiro – o perigo em que quase inevitavelmente incorremos está em que essas subestruturas sejam reificadas no curso de seu processamento e de sua utilização. Ou seja, elas, que de sua parte são produtos da abstração, são tratadas como se efetivamente já fossem momentos, fatores – nesse sentido fala-se em "análise de fatores" no *social research* (pesquisa social) – de que se compõem as estruturas totais a serem examinadas. Por essa reificação dos pretensos fatores, pela qual se junta uma coisa, enquanto os próprios fatores só se inserem através do método em um material já antes estruturado, por essa reificação se produz em certas circunstâncias

---

3 Ver referências na nota 11, 9ª Aula {11.6.1068}.

uma concepção um pouco mecanicista. Em determinadas circunstâncias resultam daí falsos problemas, como o da predominância de um ou outro fator, quando problemas como os da posição de um ou outro fator precisariam ser extrapolados ou solucionados a partir do nexo conjunto, que foi decomposto nesses fatores apenas posteriormente. O outro problema relacionado estreitamente, muito estreitamente com isso, é que – devido ao motivo já exposto, de que também aqui por toda parte os fundamentos da realidade são estruturas totais, decompostas em estruturas parciais apenas para serem apreendidas – justamente quando há na base uma construção realmente fecunda do todo, os vários itens isoladamente, isto é, as sentenças individuais de que costumam se compor os instrumentos de pesquisa, sempre são multidimensionais, ou, para ser simples e claro, atingem vários coelhos com uma só cajadada.

Nesse contexto, o exame mais detido da *Authoritarian Personality* // revelará aos senhores que muitos dos itens do questionário relativamente abreviado por fim remanescente pertencem a uma série dessas subsíndromes e representam diferentes fatores, motivo pelo qual de antemão é naturalmente muito limitada a tentativa de reduzir esses diferentes fatores a um só fator ou, então, de relacioná-los pela atribuição de pesos. Em decorrência disso procurou-se criticar a partir da perspectiva positivista ascética e purista essa pluralidade de significados, em face da forma da chamada "escala de Likert"[4] – que não será discu-

---

4 A suposição formulada na nota 2, 11ª Aula {20.6.1968}, de que a "investigação empírica abrangente" referida por Adorno seria o estudo acerca do "potencial político dos estudantes" é apoiada aqui

tida aqui, mas nos seminários auxiliares acerca de técnicas empíricas – que tende a valorizar tais itens multidimensionais ou de pluralidade de significados. Assim procurou-se produzir instrumentos unidimensionais, em que portanto cada item pertence a apenas uma síndrome, de modo que a referência conjunta dos mesmos tem sentido em uma só dimensão e toda multiplicidade de significados é evitada. Contudo, precisamente aqui se revela um extraordinário empobrecimento na fecundidade do instrumento.[5] Aqui é possível ter clareza acerca do que pretendo esclarecer: a produtividade de uma investigação e a exatidão dos meios de pesquisa utilizados não tem entre si uma relação simples e positiva, mas extraordinariamente complexa e frequentemente mesmo de ordem tal que uma se dá às custas da outra.

Não me compreendam mal. Não penso que quando se constroem instrumentos de pesquisa, estes devem simplesmente ser elaborados sem levar em conta as dimensões lógicas, bem como os valores posicionais e as dimensões frequentemente

---

pela referência à Escala-Likert, em cujos procedimentos formais se sustenta a Escala-A usada nessa investigação, que conforme seu conteúdo corresponde por sua vez ao modelo da Escala-F de *Authoritarian Personality*. "Na Escala-Likert (*method of summated ratings*) são selecionados os 'itens' que melhor se relacionam aos valores totais [...] e que apresentam a maior nitidez em sua distinção. Aos sujeitos experimentais inquiridos pede-se uma posição em relação a esses 'itens', em geral qualificada segundo cinco níveis. Os resultados individuais ponderados são somados conforme a pontuação esportiva e as posições dos indivíduos ou dos grupos são determinadas conforme o número de pontos alcançados respectivamente." (Adorno, GS 9.2, p.348).

5 Ver a nota 12, 9ª Aula {11.6.1968}.

muito complexas das partes individuais ou dos itens dos instrumentos de pesquisa correspondentes. Porém, eu diria que as considerações feitas aqui precisam ser bem ponderadas e precisam incluir o que pode resultar virtualmente, // a partir de um item individual ou do nexo dos mesmos, em termos de relevância temática para as ponderações que valem meramente para a unidimensionalidade, a clareza e a mensurabilidade dos instrumentos em sua totalidade. Não pretendo estimular o uso de instrumentos de pesquisa improvisados, que seriam rapidamente condenados de modo operacional, justamente pela discordância incontida dos resultados produzidos. Quero apenas advertir que evitem preferir, quanto à produtividade dos meios empregados, em quaisquer circunstâncias, as ponderações que visam meramente à pureza lógica dos instrumentos. Com frequência acontece que justamente itens que reúnem uma série de dimensões, revelam-se por isso mesmo como particularmente produtivos, porque se encontram relativamente pouco afetados pelo processo de abstração instrumental e em decorrência disso possivelmente adquirem particular proximidade à estrutura temática que constitui a causa de todo o empreendimento.

Voltando à *content analysis* – e aproveito para tratar de um assunto muito mais fundamental para a pesquisa sociológica – eu diria que, sobretudo quando estão em causa os meios de comunicação de massa e coisas semelhantes – na última aula procurei mostrar que a *content analysis* quantitativa não se aplica a formações espirituais autônomas – isto é, inclusive nos casos em que ela é produtiva no sentido da contabilização numérica, o mais importante é que se tenha clareza quanto ao objetivo do todo, qual sua finalidade, que se pergunte *cui bono*, quem se beneficia, antes de iniciar um estudo dessas coisas.

Aqui toco em um tema muito decisivo para a teoria social como um todo e, de resto, eu diria que inclusive para a leitura de qualquer obra científica. Se me é dado aconselhar // – e num curso introdutório cabe também aconselhar os ouvintes em seus hábitos de estudo – o primeiro conselho que eu daria é ver os livros que se leem, ou as obras que se estudam desde o início sob esta perspectiva: o que se pretende especificamente com as mesmas. Quem se ocupa ingenuamente com a filosofia sem que alguém advirta em relação à intenção existente por trás de um texto desses, qual o objetivo do todo, se encontra mais ou menos desamparado. Creio que uma das exigências mais importantes de um estudo acadêmico é que, afinal, o estudo dos estudantes precisa, conforme sua essência, conter indicações nesse sentido. Imagino – e recorro à minha própria experiência – imagino que alguém leia a *Ética* de Spinoza sem saber que o objetivo é tratar um problema muito inflamado existente durante todo o século XVII para todos os filósofos, inclusive ainda para Leibniz e para os "ocasionalistas". Trata-se de saber como o mundo ou a substância espiritual mental se conecta com o mundo ou a substância físico-espacial, como pode ser finalizada a ruptura entre "exterior" e "interior" que se desenhou com a desintegração da *ordo* medieval. Quando não se sabe que Spinoza tentou superar criticamente essa ruptura – formulada pela primeira vez em toda sua grandiosa crueza na doutrina das duas substâncias por Descartes – mediante a doutrina da substância divina única e quando não se é capaz de apreender a partir disso todo o chamado panteísmo spinozista, então as definições e os axiomas da *Ética* de Spinoza constituem desde o início um livro lacrado a sete chaves.

Essa ponderação vale particularmente para textos sociológicos. Gottfried Salomon-Delatour, falecido há alguns anos e um dos primeiros a lecionar // Sociologia nesta Universidade,[6] sempre dizia quando estávamos em um seminário que ao ler um texto de sociologia deveríamos, como estudantes, perguntar pelo *cui bono*, para assim adquirir clareza quanto à relação dos textos a serem lidos com os interesses sociais reais. Isto não deve ser entendido necessariamente no sentido de uma teoria das ideologias grosseira, isto é, que cada texto que se lê é ideologia, ou seja, nada expressa além de situações de interesses. Entretanto – para ficar ainda com um exemplo da história dos dogmas do século XVII –, os senhores obterão uma ideia muito diferente do materialismo pessimista e autoritário de Thomas Hobbes se souberem que aqui se tratou de uma teoria da restauração que procurou defender o absolutismo diante do potencial democrático que se insinuava, isto em vez de procurarem ver Hobbes apenas em conexão com os filósofos materialistas antigos no âmbito de uma história geral do materialismo. Portanto, a pergunta *cui bono*, no simples sentido do nexo entre formações espirituais de conteúdo social

---

6 Gottfried Salomon-Delatour (1896-1964) lecionou entre 1921 e 1932 como *Privatdozent* e professor ex-catedra de Sociologia em Frankfurt. Emigrou em 1933 para a França e mudou-se para os Estados Unidos em 1941, onde desse ano a 1943 foi professor da *New School for Social Research*, uma instituição de perfil mais conservador que concorria com o *Institute of Social Research de Frankfurt*, também instalado em Nova York. Só em 1958 ele retornaria à Universidade de Frankfurt, recebendo o *status* de professor titular aposentado da Faculdade de Ciências Sociais e Econômicas e um posto de docente na Faculdade de Filosofia; até seu falecimento lecionou Sociologia no *Institut für Sozialforschung*.

com a situação social real, preservará os senhores de escorregar na mera história do espírito quando se ocuparem da história dos dogmas. Pois desde Platão e Aristóteles uma das características das ponderações sociais é que elas não se situam em uma mera continuidade espiritual ou teórica, mas nelas se desenham situações e conflitos sociais muito reais.

Aliás, para tecer aqui uma reflexão mais geral, uma característica para tudo que é espiritual ou para todas as formações espirituais objetivas é que possuem uma espécie de caráter duplo. De um lado, há nelas um certo tipo de lógica imanente, uma verdade imanente // que, afinal, pode ser explicada porque as funções espirituais do gênero humano se tornaram autônomas no âmbito de seu desenvolvimento histórico natural, adquirindo uma espécie de conformidade a leis próprias. Contudo, de outro, as formações espirituais também permanecem como se nelas nunca operasse um sujeito individual, mas sempre um sujeito social, sempre também simultaneamente *faits sociaux*, fatos sociais, por trás dos quais se encontra a sociedade, seja a estrutura social total, seja a estrutura total mediada por interesses de grupos particulares e que por sua vez retroagem também sobre grupos ou sobre a sociedade como um todo. Por isso é necessário a todas as formações espirituais que se leve a cabo essa dupla reflexão. Seja dito de passagem, que a indicação desse duplo caráter das formações espirituais provavelmente também é uma defesa em relação à objeção muito barata do sociologismo, que recrimina à Sociologia ver meramente o lado social nas formações sociais, enquanto o outro lado, sua independência e sua autonomia, também fazem parte delas. Só que, afinal, essa autonomia, ela própria, também precisa ser apreensível socialmente, ou seja, a autonomização do espírito e a necessidade da mesma resultam por sua vez da divisão do trabalho e, por fim, das exigências da sobrevivência feitas para o gênero humano.

Senhoras e senhores, ao apresentar alguns exemplos nessa aula, *en passant* introduzi de soslaio, como contrabando, o conceito de história dos dogmas. Bem, como não tenho vocação para contrabandista não pretendo deixar as coisas como estão, mas aproveitar para dizer algo a respeito do significado da história dos dogmas e da chamada história dos dogmas na sociologia. Há um // duplo motivo para isso. Por um lado existem tendências muito vigorosas no sentido de relegar a ocupação com textos sociológicos passados ao âmbito da mera história do espírito e ao plano do que se chamaria de uma mera ciência auxiliar para a sociologia. Assim o importante sociólogo norte-americano Robert Lynd, criador do gênero do *community study* e ao qual devemos as importantes obras de crítica social *Middletown* e, posteriormente, *Middletown in Transition*,[7] disse certa vez em Nova York em minha presença que por princípio não lia livros que tivessem sido escritos antes de 1912 – e desconheço o porquê dessa data. Robert Lynd é tudo menos um obscurantista; ao contrário, é um homem muito culto e de mentalidade esclarecida e não retrógrada. Dizer isso correspondia a uma intenção, ou seja, a má vontade em relação ao historicismo, sobretudo do tipo alemão, que acredita poder evitar os problemas atuais mediante o recurso

---

7 Ver Robert S. Lynd e Helen M. Lynd, *Middletown. A Study in Contemporary American Culture*, New York, 1929. Idem, *Middletown in Transition. A Study in Cultural Conflicts*, New York, 1937. – Entre outras essas obras foram modelos para os *Darmstädter Gemeindestudien*. Ver Adorno, GS 20.2, p.618.

à história de alguns fenômenos. Aliás, essa maneira de pensar também pode ser encontrada na Alemanha. Não faz muito tempo um economista[8] muito famoso e importante me disse na Alemanha que o que se compreende por "economia política", que na época eu defendia como imprescindível ao estudo da economia, ainda tinha um lugar só na história dos dogmas. Diante dessa hostilidade em relação à história há necessidade de uma reflexão em relação a por que é preciso se ocupar com assuntos da história dos dogmas. Acredito que isso nada tem a ver com formação como cultura geral ou categorias duvidosas semelhantes, mas que o estudo de textos do passado, que não se referem diretamente à sociedade vigente e que conforme muitas de suas concepções de fato ficam para trás diante de uma socialização quase infinita da sociedade e da economia, não //se justifica como mera *backround information* — como se diria nos Estados Unidos — mas por pertencer diretamente, tematicamente, à compreensão da sociologia. Por esse motivo sou da opinião de que o estudo de textos importantes do passado constitui parte integral do estudo acadêmico da sociologia. O motivo para isso — e penso não poder separar essa apologia da história dos dogmas das posições teóricas que procuro desenvolver aqui — o motivo é que muitos dos problemas e dos momentos da formação da teoria que encontramos na história dos dogmas não são obsoletos, como rapidamente se supõe hoje em dia. Mas, pela tecnicização crescente das Ciências Sociais, ou seja, pela progressiva conversão das Ciências Sociais em técnicas orientadas a tarefas específicas que cabem a elas no âmbito da sociedade vigente, simplesmente desapare-

---

8 Não foi possível descobrir a quem Adorno se referia.

cem ou são esquecidos questionamentos que figuram unicamente nos textos do passado do pensamento social, de Platão e a esquerda socrática até – digamos – os pensadores da última geração passada, como Pareto, Durkheim, Max Weber, Simmel. Por exemplo, só podemos nos assegurar do que deve ser pensado com o conceito de totalidade social, a que já me referi no início das aulas, quando nos asseguramos desses esboços concretos mediante os quais se chegou à categoria da totalidade em tais textos do passado, onde naturalmente *O capital* tem papel primordial. Seguramente em incontáveis questões de detalhe houve ingenuidades nessas teorias mais antigas – de resto tão discordantes entre si quanto o são as teorias de hoje em dia. Mesmo em Marx muitas vezes não conseguimos nos livrar da sensação de que sua teoria se orientou propriamente pelo modelo relativamente ingênuo // da empresa individual, da fábrica individual, e que, embora ele já tivesse percebido no horizonte a sociedade anônima e coisas semelhantes, em sua obra a socialização do monopolismo é apenas periférica e por esse motivo o conjunto possui, poderíamos dizer, um momento de ingenuidade diante das condições atuais. Apesar disso, em que pesem todas as coisas que se podem objetar e que se tornaram problemáticas nos textos provenientes da história dos dogmas, nos mesmos é possível reconhecer e assegurar como problema o que se perdeu na sociologia altamente tecnicizada e racionalizada de hoje em dia. Nesse sentido a história dos dogmas constitui uma tentativa de recuperar de certa maneira o *pris du progrès*, o preço do progresso, na medida em que nos asseguramos de tudo que foi perdido e que esteve presente como abordagem, como concepção. O discurso da obsolescência, o discurso "Marx está ultrapassado" ou

"Spencer e Comte são ultrapassados" constitui, ele próprio, uma peça de ideologia. Isso pode ser constatado a partir do modo automático da entrada em cena desse discurso, pois atualmente quase ninguém dirá que a teoria de Marx é perigosa e revolucionária e eventualmente ameaça a sociedade em suas bases – as pessoas ficaram mais espertas – e dirão: "Bem, Marx, isto é o século XIX, isto está inteiramente superado pelo cálculo econômico e pela Sociologia subjetiva e resta apenas como interesse histórico". Mas – e aqui, senhoras e senhores, remeto à sua desconfiança em relação à ideologia – quase sempre quando ocorre esse apelo excessivamente zeloso à obsolescência de um fenômeno, sem especificar com precisão o que nele se encontra ultrapassado, trata-se somente de um meio para evitar assuntos ou disfarçar feridas existentes nessas concepções teóricas. Em termos // psicanalíticos poder-se-ia dizer que no que se quer despachar como obsoleto quase sempre existem momentos essenciais da sociedade que são reprimidos pela consciência coletiva e que devem ser repelidos. Justamente o pendente, inacabado e que assim sobrevive, constitui muitas vezes o que é decisivo.

Como costumo fazer, gostaria de esclarecer o que eu disse ao menos sucintamente a partir de alguns exemplos da história dos dogmas. Como se sabe, a sociologia de Comte, o seu *Cours de philosophie positive*[9] se orienta por uma grande dicotomia, a dicotomia entre as leis estáticas e as leis dinâmicas da sociedade, ou seja, aquelas que em suas palavras são as da ordem, como ele as chama, e as leis dinâmicas da sociedade, aquelas do progresso. É visível a primariedade e a crueza dessa

---

9 Ver referência na nota 21, 1ª Aula {23.4.1968}.

dicotomia, bem como a da impossibilidade de reduzir dessa maneira a duas dimensões algo tão complexo e diferenciado como a sociedade. E muito menos ainda na medida em que essas duas dimensões, a estática e a dinâmica, são mediadas entre si, eu diria, dialeticamente. Isto é, a dinâmica da sociedade entra em cena exatamente em decorrência dos chamados momentos estáticos, o movimento das forças produtivas, na medida em que hoje como outrora as relações de produção prendem e obstruem as forças produtivas. Mas eu diria que, por outro lado, toda essa questão da dialética de relações de produção e forças produtivas, tal como ela se tornou determinante para a teoria marxista e tal como hoje em dia, segundo penso, ainda é de fundamental importância,[10] recebeu sua primeira expressão em termos drásticos com esses conceitos relativamente grosseiros de Comte. Para dizer algo em termos pessoais: eu próprio só percebi um determinado aspecto da dialética a partir dessa antitética de estática e dinâmica. // Quem porventura for ler o texto "Sobre estática e dinâmica como categorias sociológicas", publicado agora no volume *Sociologica II*,[11] poderá perceber como teoremas, obsoletos em sua forma tradicional e pertencentes à história dos dogmas, na medida em que constituem objeto de reflexão posterior, podem, segundo penso, ensejar reflexões extraordinariamente hodiernas acerca da situação atual. E eu diria mais: reflexões

---

10 Adorno dispôs essa questão no centro de sua conferência *Spätkapitalismus oder Industriegesellschaft?* [Capitalismo tardio ou sociedade industrial?] na 16ª Reunião da Sociedade Alemã de Sociologia.
11 Cf. Max Horkheimer/Theodor W. Adorno, *Sociologica II*, op. cit., p.223-40; ver também a 1ª Aula {23.4.1968} e a nota 24 dessa Aula.

que de nenhuma maneira ocorrem de modo parecido a partir da maior parte do que hoje existe enquanto sociologia sistemática formalizada, como por exemplo a de Spencer [*Adorno se corrige*], quero dizer, Parsons.[12] – Já que durante o tempo todo eu me confundo e sempre tenho na ponta da língua o nome Spencer, quero dizer que a contraposição ou melhor a articulação das categorias "integração" e "diferenciação" em Spencer[13] dá vazão a ponderações sociológicas das mais consequentes. Provavelmente o significado do conceito de integração, que sem dúvida – um ponto em que seguramente todos os sociólogos hoje concordam entre si – é um conceito-chave para a sociedade contemporânea, só poderá ser compreendido corretamente na medida em que for apreendido em sua configuração spenceriana. Aliás, foi por essa via que chegou a Durkheim[14] para a seguir, passando pela escola de Durkheim, se impor na sociologia de nossos dias. O conceito de estrutura dos estruturalistas é propriamente apenas esse conceito de integração e suas verdadeiras raízes, ou seja, aquelas no conceito de desenvolvimento social, no conceito de desenvolvimento, só podem ser encontradas corretamente em Spencer. A partir da famosa tese do paralelismo entre integração e diferenciação de Spencer

---

12 Em relação ao ensaio para uma uniformização e sistematização da Sociologia, ver Talcott Parsons, *The Social System*, Glencoe, 1951, e a coletânea de ensaios de Parsons, *Essays in Sociological Theory. Pure and Applied*, Glencoe, 1954. Ver também em relação a Parsons na nota 18, 1ª Aula {23.4.1968}.

13 Em relação a Herbert Spencer, ver a 3ª Aula {30.4.1968} e a 5ª Aula {7.5.1968} e a referência na nota 18, 1ª Aula {23.4.1968}.

14 Ver a 3ª Aula, de 7.5.1968 e a referência da nota 9, 5ª Aula {7.5.1968}.

é possível compreender se hoje efetivamente integração e diferenciação ainda ocorrem paralelamente, ou se isso não acontece, se – como eu penso – entrementes não se anuncia uma divergência desses // momentos. De resto, a Sociologia de Spencer, o sistema spenceriano da Sociologia precisa ser recomendado sobretudo porque contém uma riqueza imensurável de material e de perspectivas, como dificilmente se pode esperar da Sociologia rigidamente controlada.

Por fim, menciono nesse contexto ainda a sociologia de Tarde, referida essencialmente à categoria da "imitação"[15] e que assim dispôs para a sociologia pela primeira vez o problema da mimese, como nós a denominamos. Eis uma questão que definhou de um modo muito curioso na sociologia atual e que um estudo intensivo de Tarde poderia revitalizar. Creio que Tarde seria um tema muito recompensador para trabalhos de conclusão de curso e congêneres.

Diante da limitação ao vigente, o momento dinâmico, e não somente o do pensamento sociológico, mas o da própria sociedade, pode ser reencontrado verdadeiramente apenas na história dos dogmas. Tudo aquilo que foi descartado como supérfluo, quer dizer, supérfluo para tarefas técnicas, não se encontra simplesmente destruído por essa remoção, mas permanece vivo. Esta é precisamente a situação da sociologia e por isso, em contraste com a opinião dominante no estudo da mesma, penso que o estudo de escritos sociológicos importantes do passado não somente ajuda, mas é absolutamente fundamental à compreensão da sociedade atual. O novo, que

---

15 Cf. Gabriel Tarde, *Les Lois de L'Imitation. Étude Sociologique*. 4.ed., Paris 1994.

vai além da mera repetição de fatos registrados, encapsula-se muitas vezes justamente em teoremas como os que no sentido da história da ciência positivista vigente são considerados ultrapassados, que, como se diz, tornaram-se ferro-velho. //

Na próxima aula começarei a falar acerca da relação entre a sociologia e outras disciplinas, assim delimitando a sociologia para, por essa via, introduzir os seus problemas tendo em vista um outro aspecto.

// 12ª Aula
25.6.1968

[Senhoras e senhores,
Hoje começarei a falar a respeito da questão da delimitação da sociologia em relação a outras disciplinas, não pela razão formalista de atribuir alguma importância a essa delimitação, mas porque acredito, em primeiro lugar, que o problema da delimitação permite lançar alguma luz em princípios da teoria da ciência e, em segundo lugar, que isso possibilita esclarecer a situação particular da sociologia. Bem][1] antes de mais nada, para evitar o aspecto quixotesco da questão, é preciso reconhecer que é impossível proceder sem uma certa delimitação, ou, como se diz na Inglaterra nesses casos, sem uma boa dose de senso comum.

Se em um curso de Sociologia nos ocupássemos com a odontologia preventiva só porque também essa prevenção afinal depende de toda sorte de momentos sociais, isso seria cla-

---

1 O início disposto entre colchetes desta aula foi transcrito da edição pirata desta pela editora Junius, porque não se encontra preservado na fita gravada.

ramente desprovido de sentido. Para além disso é preciso reconhecer, justamente para manter os pés no chão, que existem métodos sociológicos específicos e questões sociológicas específicas. O que remete a uma circunstância fundamental para a ponderação atual acerca da ciência e da crise da ciência. Ou seja, que por um lado a divisão do trabalho, divisão científica do trabalho é muito questionável pelos motivos que eu expus, isto é, porque resulta do método, da razão subjetiva e não do objeto, mas que, por outro, um progresso nas ciências seria inimaginável sem uma divisão do trabalho e sem que o pensamento tivesse passado pela disciplina de sua divisão do trabalho. // Se a escola positivista renovadamente insiste em que as ciências naturais devem seu sucesso espetacular justamente à sua adequação à divisão do trabalho, não há como negar isso.

Aproveito a oportunidade para destacar aos senhores que a divisão científica do trabalho possui ela própria um modelo socioeconômico, ou seja, que ela é mediada pela divisão do trabalho na produção material tal como esta se impôs pela primeira vez na manufatura no período inicial da burguesia. Aos que se interessam por essa questão recomendo a obra de Franz Borkenau[2] publicada na série do Instituto de Pesquisa Social no começo da década de 1930, na qual se investiga essencialmente esse problema. Para referir-se apenas a algumas coisas e alguns conceitos que podem ser considerados especificamente sociológicos, pode-se pensar nas chamadas técnicas investigativas de questionários ou entrevistas, que se origina-

---

2 Ver Franz Borkenau, *Der Übergang vom feudalen zum bürgerlichen Weltbild. Studien zur Geschichte der Philosophie der Manufakturperiode*, Paris, 1934 (*Schriften des Instituts für Sozialforschung*, ed. Max Horkheimer. v.4).

ram das pesquisas sociais e aliás remetem em sua gênese ao século XVIII e, o que é significativo, às necessidades de planejamento do sistema socioeconômico fechado do mercantilismo então vigente. Tais métodos remetem conforme seu sentido de antemão ao chamado "campo majoritário" que pode ser considerado o que é sociologicamente específico, na medida em que neles o questionário individual é apenas um elemento de um contexto estatístico maior e na medida em que a amostra como um todo deve se colocar como um "universo",[3] seja de que tipo for.

Quero registrar, contudo, que esses métodos não se limitam de modo algum à Sociologia como se poderia supor, mas que também na Psicologia existe uma grande quantidade de investigações // que pelas técnicas dos questionários parecem idênticas à Sociologia. Toco assim em uma questão a respeito da qual voltarei a falar mais tarde e que penso ter sido pouco considerada nos esforços que hoje florescem para fundamentar a Sociologia como uma ciência absolutamente independente. Nesse mesmo contexto cabem também, por exemplo, os esforços para consolidar o comportamento social específico mediante determinados experimentos, na forma como foram realizados especialmente nos Estados Unidos – dentre os quais lembro a escola de Schachter.[4]

---

3 O conceito de "universo" utilizado em técnicas de levantamento sociológico significa a "totalidade básica" para a qual uma amostra deve ser representativa; por exemplo, a população de um país; ver Adorno, GS 9.2, p.342. Em relação ao conceito de "campo majoritário", ver nota 15, 9ª Aula {11.6.1968}.

4 O sociólogo e psicólogo estadunidense Stanley Schachter estudou sobretudo questões da Sociologia de grupos e de massa.

Menciono *en passant* que, com o objetivo de fazer valer o conceito clássico de experimento das ciências naturais, que deve ser realizável tantas vezes repetidas quanto se queira e por qualquer cientista qualificado, se impõe um afunilamento a relativamente poucas variáveis – como se diz – de tal ordem, que esses procedimentos experimentais – sem que isso implique negar seu valor para o estudo da agressão social, por exemplo – de um modo geral se afastam tanto da realidade social que a proporção entre a sua exatidão, de que tanto se vangloriam, e a sua "relevância",[5] para adotar a expressão de Popper, já não faz sentido. Considerações semelhantes valem também em relação às técnicas bastante engenhosas da chamada sociometria, vinculada nos Estados Unidos ao nome Moreno.[6] Pode-se encontrar uma explicação adequada da técnica da sociometria[7] especificamente sociológica de Moreno no levantamento geral acerca das técnicas de pesquisa social empírica publicado pelo Instituto de Pesquisa Social há muitos anos, pouco após o regresso da emigração, no *Handwörterbuch der Sozialwissenschaften* [Dicionário das Ciências Sociais]. Aliás, por con-

---

5 Adorno referiu-se à exigência de Popper, segundo a qual "uma das tarefas da crítica científica deve ser tornar visíveis as misturas de valores e separar conforme verdade, relevância, simplicidade e assim por diante, as questões de valores estritamente científicas das questões extracientíficas". (Karl Popper, *Die Logik der Sozialwissenschaften*, Adorno et. al., *Der Positivismusstreit in der deutschen Soziologie* [A controvérsia do positivismo na sociologia alemã] op. cit., p.115.)

6 Ver J. L. Moreno, *Who shall survive?*, Washington, DC, 1934; tradução alemã conforme a 2.ed. ampliada de 1953: *Die Grundlagen der Soziometrie*, Köln, Opladen 1954.

7 Ver a referência na nota 2, 7ª Aula {14.5.1968}; em relação à sociometria de Moreno, ver Adorno, GS 9.2, p.354s.

Introdução à Sociologia

sistir essencialmente na pesquisa de relações entre indivíduos isolados e um grupo, // a partir das quais são inferidas conclusões acerca do comportamento do grupo e de sua estrutura, essa técnica também tem uma dimensão psicológica. Aproveito para encorajar ao estudo do texto *"Empirische Sozialforschung"* ("Pesquisa Social Empírica") porque ele resume para os iniciantes, em um espaço relativamente curto e sem se aprofundar nas técnicas específicas, uma visão de conjunto acerca de todas as técnicas reunidas sob a denominação de pesquisa social empírica. As publicações individuais de certos fascículos da *Columbia University* (Universidade de Columbia)[8] constituem visões muito mais aprofundadas e, pelos meus conhecimentos da literatura a respeito do tema, permanecem como a introdução mais razoável e, sobretudo, mais empiricamente embasada e apropriada ao assunto, acerca do conjunto da pesquisa social empírica.

Mas, ao denominar essas coisas como especificamente sociológicas e, ao mesmo tempo, enfatizar que a delimitação com a psicologia, por exemplo, é fluida, toco na questão que implica uma reflexão acerca dessa delimitação e acerca do que meu colega Scheuch de Colônia destacou, com intuito polêmico, ao exigir uma sociologia que "não pretende ser mais do que sociologia".[9] Exigências como essas são sempre dotadas desde

---

8 Presumivelmente Adorno se referia aos *"Studies in History, Economics and Public Law"*, publicados pela *Faculty of Political Science of Columbia University*, que passaram a se chamar a partir de 1955 *Columbia Studies in the Social Sciences* e foram publicadas na Columbia University Press, New York; não foi possível descobrir a quais cadernos Adorno se referia.

9 Com a recepção dessa palavra de René König, E. Scheuch aceitou a distinção estrita feita pelo mesmo entre Sociologia como ciência

o início de um forte poder de sugestão, quando expressas com um certo *pathos* de desencanto em que ressoa, além disso, a convicção de que quem se comporta de modo diferente vive no mundo da Lua. Acho que basta alguém se levantar em uma reunião, bater na mesa e bradar: "Nós exigimos uma sociologia que não quer ser nada além de sociologia", para poder estar certo de antemão de uma boa dose de aprovação coletiva. Se em razão do que procuro explicitar me cabe algum papel no contexto da reflexão própria aos senhores, este é precisamente o de estimular o ceticismo diante de reações de aprovação mais ou menos // automáticas como a mencionada há pouco. Eu diria que aquela exigência tão louvada e plausível se relaciona a um atributo que a sociologia compartilha com a filosofia, mas

---

empírica e filosofia social (ver as atas da 16ª reunião da Associação Alemã de Sociologia, op. cit., p.184s.) – Também em sua Introdução a *Positivismusstreit in der deutschen Soziologie* [Controvérsia sobre o positivismo na sociologia alemã] Adorno referiu-se ainda uma vez ao *puritanismo do conhecimento* positivista do mesmo: "No congresso de 1968 em Frankfurt sobretudo Erwin Scheuch defendeu uma sociologia 'que não quer ser nada a não ser sociologia'. Às vezes modos de comportamento científico revelam um medo neurótico de contato. A limpeza se torna sobrevalorizada. Se retirássemos da sociologia tudo aquilo que não corresponde estritamente por exemplo à definição weberiana do começo de *Economia e Sociedade*, nada restaria da mesma. Desprovida de todos os momentos econômicos, históricos, psicológicos, antropológicos, ela cambalearia em torno a qualquer fenômeno social. Sua *raison d'être* não é a de uma especialidade. De um campo específico, mas sim o nexo constitutivo e por isso mesmo negligenciado entre aqueles campos específicos à maneira antiga; um pouco de compensação intelectual da divisão do trabalho, que não deve por sua vez ser fixada incondicionalmente em termos da divisão do trabalho." (Adorno, GS 8, p.340, nota).

em um sentido bem diferente daquele que a escola positivista recrimina à dialética, ou seja, uma dimensão que ao menos à primeira vista praticamente nada tem a ver com a questão da especulação ou da pesquisa empírica factual. Quero contrapor ao senhor Scheuch uma tese igualmente posta em relevo, esperando que ela não seja apreendida em termos tão sugestivos como o foi a sua. Em minha opinião – e esse ponto em comum com a filosofia designa a dificuldade na relação da sociologia com os estudantes que se aproximam da Sociologia e das ciências tradicionalmente estabelecidas –, a Sociologia não é uma especialidade no sentido que estamos acostumados a encontrar no mapa das ciências, ou seja, uma especialidade a partir de seu objeto, de seu objeto firmemente definido. Eu creio que só faremos justiça à essência da sociologia, quando desde o início reconhecermos este seu caráter de não especialidade. Existe uma espécie determinada de resistência à chamada "especialização" que não é de hoje, mas pode ser encontrado nos escritos de Fichte e Schelling[10] acerca do estudo acadêmico, bem como nos dramas de Ibsen da década de oitenta do século XIX.[11] Portanto, entrementes a revolta contra a "especialização" tem uma tradição de 170 anos, e provavelmente é bom

---

10 Ver as referências na nota 10, 1ª Aula {23.5.1968}; ver também Fichte, *Einige Vorlesungen über die Bestimmung des Gelehrten, Fichtes Werke*, op. cit. v.6: *Zur Politik und Moral*, Berlin, 1971, p.289- 346.

11 Adorno pensava sobretudo em *Hedda Gabler*, de Ibsen (1890), conforme é sugerido por um trecho de seu ensaio *Kultur und Verwaltung* [*Cultura e administração*], onde ele escreve referindo-se à distinção weberiana entre *Fachmenschentum* (especialista) e *Kulturmenschentum* (homem de cultura): "Weber se opõe ao especialista ... na forma como era usual desde a *Hedda Gabler* de Ibsen". Adorno, GS 8, p.127).

lembrar que também a oposição à tradição pode se apoiar por sua vez em uma tradição. O momento de revolta contra a "especialização" não é partilhado por um número tão considerável de estudantes de Sociologia // por acaso, porque no estudo da sociologia presumivelmente – tenho essa hipótese – os jovens percebem e sentem de imediato que as coisas de que se ocupam não podem ser compreendidas no sentido dos conhecimentos especializados usuais. A demonstração disso pode ser feita de maneira relativamente simples por um argumento *a contrario*. Mesmo o indivíduo mais ingênuo pode perceber claramente quão pouco a Sociologia é uma especialidade, na medida em que efetivamente não há nada – e não é por acaso que utilizo aqui uma formulação feita por Hegel em outro contexto – não há "nada entre o céu e a terra"[12] que também não possa ser considerado sociologicamente. Isso não é muito diferente da maneira pela qual há sessenta ou setenta anos também se considerava pela perspectiva da Psicologia tudo que de alguma maneira se movia. Quando há pouco eu me referi à odontologia preventiva, que soa bastante absurda nesse contexto, então esse absurdo não parece ser tão grande quando lembramos que hoje em dia de fato a Sociologia médica e o problema dos aspectos sociológicos da técnica médica, em particular sobretudo do nexo entre os sistemas médicos e os sistemas sociais, já de há muito constituem objeto de estudos. Costuma-se designar essa situação com a expressão "sociologia com hífen" e os campos conhecidos em geral como "sociologia prática", ou também "sociologia aplicada", não passam propriamente de aplicações do modo de consideração socioló-

---

12 Ver referência na nota 6, 7ª Aula {14.5.1968}.

gico, quando se pressupõe que o método sociológico é mais ou menos o mesmo em todas essas sociologias com hífen. Mas, como essa é uma suposição mais ou menos desacreditada pelo que expus em aulas anteriores, ela não merece muita confiança. Essas // sociologias com hífen representam aquilo que na lógica dialética se apresenta como "má infinitude".[13] Sei disso a partir de minha própria experiência: quando eu ainda dirigia a "Associação Alemã de Sociologia", no âmbito de muitos comitês de especialistas eram constantes novas solicitações para constituir novos comitês de especialistas e às vezes parecia que cada membro dessa associação iria solicitar seu próprio comitê de especialista para algum tipo especial de Sociologia com hífen. A partir da constatação de que pontos de vista ou questionamentos sociológicos podem ser aplicados a tudo – e generalizo de propósito – segue-se naturalmente que a sociologia não pode ser definida e não pode ser estabelecida estritamente a partir do objeto, ainda mais quando, como procurei mostrar, seu próprio conceito nuclear, o conceito de sociedade, por sua vez não é um objeto mas uma categoria de mediação.

Mas se a Sociologia não possui tal campo de objetos e se ela não é um tal campo de objetos, então aqueles dentre os senhores que eu não afugentei mediante essa assustadora confissão [*Risos*] deverão perguntar, cobertos de razão, o que afinal é a sociologia. A isso eu responderia antes de mais nada simplesmente afirmando que ela é a reflexão acerca de momentos sociais no âmbito de quaisquer campos temáticos; reflexões que vão da simples constatação fisionômica de implicações sociais até a formação de teorias acerca da totalidade social. O que

---

13 Ver referência na nota 13, 2ª Aula {25.4.1968}.

torna a delimitação da Sociologia tão problemática é que ela se refere a esses momentos sociais necessariamente e não só perifericamente, é que sua própria possibilidade depende de haver nela própria assuntos que à primeira vista lhe são estranhos. Assim, para recorrer a um fenômeno recente no plano do pensamento social, o estruturalismo, o estruturalismo francês, // relacionado sobretudo com os nomes de Lévi-Strauss[14] e de Lacan[15] e que influencia de maneira muito forte o pensamento sociológico – no próximo semestre espero poder oferecer um seminário sobre o estruturalismo – esse estruturalismo toma seu material essencialmente e por motivos plenamente justificáveis pelos temas de sua formação teórica, em primeiro lugar da Antropologia e, além disso, de orientações específicas da pesquisa da linguagem, em especial a fonológica, tal como representada em Viena sobretudo por Trubetzkoi.[16] E se quiséssemos separar o estruturalismo, que conforme sua essência se entende como uma teoria da sociedade, desse material etnológico ou antropológico, então propriamente não restaria nada

---

14 Claude Lévi-Strauss, nascido em Bruxelas em 1908, lecionou Sociologia em São Paulo/Brasil e Nova York e a partir de 1950 Ciência da Religião Comparada em Paris. Após a publicação de sua obra fundamental *Anthropologie Structurale* foi convidado em 1959 para a cadeira de Antropologia Social do Collège de France.

15 Jacques Lacan (1901-1981), que lecionou na École Normale Supérieure de Paris, é considerado fundador de uma psicolinguística estrutural que reúne conhecimentos do estruturalismo linguístico de Ferdinand de Saussure (1857-1913) e da fonologia da "Escola de Praga" à psicanálise de Freud.

16 O eslavista e linguista Nikolaj Trubetzkoj (1890-1938) foi membro da chamada "Escola de Praga" de linguística e cofundador da fonologia.

de sua concepção. Se insistimos rigidamente em alguma definição singular da Sociologia, então esse empobrecimento, esse peculiar empobrecimento se torna evidente; tudo se passa como se as determinações formais cercassem os conceitos como se fossem espantalhos, de modo que não sobra praticamente nenhuma relação entre essas determinações e os questionamentos materiais, ao mesmo tempo que, por outro lado, essas definições impõem restrições ao pensamento sociológico que limitam o mesmo a ponto de impedir a realização de suas tarefas precípuas.

Nesse contexto quero – como era minha intenção já há algum tempo e acho que agora é a hora – me referir ao menos com algumas sentenças à definição de Sociologia, a uma definição de certo modo modelada conforme as definições jurídicas e que se encontra no início da obra principal de Max Weber, *Wirtschaft und Gesellschaft* [*Economia e sociedade*]. Ela naturalmente merece atenção especial, porque existe por trás dela o imenso trabalho e esforço conceitual de um dos sociólogos de conhecimento mais profundo e de pensamento mais produtivo entre os que viveram na Alemanha. // Pretendo mostrar que esta definição, cujos efeitos ultrapassam de longe a obra de Max Weber e podem ainda hoje ser percebidos sobretudo nos sistemas funcionalistas-estruturais de Parsons e Merton[17] nos Estados Unidos, não é por si própria tão evidente como parece ser o caso quando a ouvimos pela primeira vez. Aliás, nessa ocasião quero prevenir em relação a uma má interpretação das ressalvas que faço à formulação de Max Weber: o sentido destas não é fazer que as pessoas voltem para suas casas e digam:

---

17 Em relação a Parsons e Merton, ver nota 18, 1ª Aula {23.4.1968}, e nota 7, 3ª Aula {30.4.1968}.

"Hoje o Adorno aprontou uma boa com o Max Weber!"; e certamente o seu sentido não é fazer que se acredite que uma crítica dessas liquida uma construção intelectual tão imensa como é a de Weber, de maneira que já não haveria mais motivos para se ocupar com esta. Resta-me apenas prevenir tão enfaticamente em relação a essa crença quanto o fez ontem o senhor von Friedeburg em um seminário. A atitude de desconsiderar como liquidado ou ultrapassado qualquer fenômeno sociológico em relação ao qual algum professor expressou alguma crítica significa privar os estudos do que é mais fecundo para os mesmos. Só é possível estudar consequentemente qualquer assunto e só se pode fazer justiça aos objetos com que nos ocupamos – e isso significa antes de mais nada: os textos que precisamos estudar – quando lhes concedemos um crédito, quando não nos colocamos imediatamente na posição de quem em virtude de alguma pretensa informação está por cima das coisas e quando, como escreveu Hegel há mais de 160 anos na *Fenomenologia*, só se pretende estar acima das coisas porque não se está nas coisas.[18] De outro lado, a tentação de uma definição dessas – a tentação de que a adesão a esta significaria encontrar-se em solo firme // e ter toda a Sociologia nas mãos – é igualmente poderosa e a habilidade requerida num caso desses consiste em, nem simplesmente confiar na

---

18 Essa *atitude* Hegel atribuiu ao "entendimento de tabulação", ao qual bastam as definições: "Em vez de se aprofundar no conteúdo imanente do objeto, ele sempre deixa de reparar no todo e se situa acima da existência individual de que fala, isto é, nem a percebe. Mas o conhecimento científico exige entregar-se à vida do objeto ou, o que é o mesmo, ter diante de si a necessidade interna do mesmo e expressá-la", Hegel, *Werke*, v.3, op. cit., p.52).

autoridade e se orientar por ela, nem, de outro lado, acreditar poder superar o problema tão logo este seja reconhecido. A definição do início de *Economia e sociedade* é: "Sociologia" – ele é nominalista e portanto não atribui aos conceitos qualquer significado objetivo, mas os define em termos do que ele quer dizer com eles – "(no sentido aqui compreendido" – afirma ele – "dessa palavra usada em múltiplas acepções) quer dizer: uma ciência (*Wissenschaft*) que pretende compreender pela interpretação (*deutend verstehen*) a ação social (*soziales Handeln*) e em decorrência explicá-la, em seu curso e em seus efeitos, mediante suas causas. Um comportamento humano (independentemente de este ser um agir, omitir ou tolerar externo ou interno) se denomina 'ação' quando e na medida em que os sujeitos da ação associam ao mesmo um *sentido* subjetivo. É denominada ação 'social' aquela ação que conforme o sentido que lhe é atribuído pelo sujeito ou pelos sujeitos da ação é referido ao comportamento de *outros* e se orienta em seu curso em conformidade a isso"[19] – e caberia acrescentar no sentido mesmo de Max Weber: ou seja, alcançar outros no sentido das chances médias de determinadas ações. Isso soa tão exato como qualquer outra definição que um jurista fornece aos seus alunos e posso ter uma ideia, posso bem imaginar o poder de sugestão assim irradiado. Mesmo assim – e agora não quero ir além dessa advertência – existe um verdadeiro poço de problemas nessas sentenças aparentemente tão plausíveis. Antes de mais nada: "A ação social deve ser compreendida pela interpretação (*deutend verstanden*)" – Procuro realmente me restringir aqui a coisas acessíveis a sua experiência relativamente

---

[19] Max Weber, *Wirtschaft und Gesellschaft* [*Economia e sociedade*], op. cit., p. 1.

simples, que portanto ainda não postulam terem se aprofundado na Sociologia. Mas com um pouco de conhecimento da Sociologia, inclusive, por exemplo, em Max Weber e sobretudo // nele, é possível perceber que nem tudo que a Sociologia faz tem algo a ver com ação social, mas que a análise sociológica em grande medida se refere a formas objetivadas, coisas concretas que não podem ser dissolvidas imediatamente como ação, ou seja, tudo aquilo que em um sentido muito geral pode ser designado como instituições. Não existe aqui qualquer diferença entre, digamos, a análise marxista da forma objetiva da mercadoria e, por exemplo, o conceito de instituição social, tal como proposto por sociólogos alemães contemporâneos, entre os quais Schelsky e sobretudo Arnold Gehlen.[20] – Ou seja, nem todo estudo das instituições é um estudo de ações, embora evidentemente tenha a ver com a ação social e inclusive com a teoria da ação social. Porém, todo o sentido do conceito de instituição ou de dispositivo social objetivo ou, como em muitos sentidos se pode dizer, da organização ou daquilo que em Marx é designado como relações de produção, consiste justamente em que aqui não se trata de ação imediata, mas, se quisermos, de ação coagulada, de alguma figura de trabalho coagulado e de algo que se tornou autônomo diante da ação social imediata. Se a seguir pode ou não ser tornado visível como ação imediata, se pode ser novamente traduzido em ação, essa é uma outra questão – uma questão que efetivamente divide radicalmente as escolas do pensamento social. Contu-

---

20 Ver Arnold Gehlen, *Urmensch und Spätkultur*, Bonn 1956, especialmente Parte I: *Institutionen*, p.7-137; ver também H. Schelsky, *Ortsbestimmung der deutschen Soziologie*, op. cit., esp. p.91.

do, antes de mais nada é preciso dizer que todo esse campo é decisivo à Sociologia; e digo decisivo aqui não de maneira vaga ou como *lapsus linguae*, na falta de algo melhor, mas de modo estritamente intencional, para indicar que o destino social e por essa via também a ação social de qualquer ser humano individual, que constitui afinal o interesse efetivo da Sociologia – e nisso Max Weber está certo – que essa ação // depende muito mais dessas instituições e pode ser explicada unicamente a partir dessas instituições, em vez de considerar essa ação como o estrato derradeiro e imediato, e acreditar poder explicar o que é social a partir da ação social. Mas ainda há mais além disso: "... compreender pela interpretação a ação social". Tendo em vista a formulação extraordinariamente subjetivista dessa definição, é muito grande o risco de pensar essa interpretação como interpretação psicológica. Quero dizer que naturalmente – o que se relaciona à separação da Sociologia em relação a outras disciplinas – Max Weber não pensou na interpretação psicológica, mas isso não é evidente e precisa ser dito. Max Weber precisou despender os maiores esforços, de resto muito engenhosos, para diferenciar o conceito de interpretação (*Deutung*) da interpretação psicológica, na medida em que restringiu a interpretação propriamente à racionalidade, ou seja, a uma relação racional entre meios e fins passível de ser constatada nessa ação subjetiva. E como a racionalidade, como ensina a Psicologia, nada mais é do que exame da realidade, então a objetividade social pela qual a ação subjetiva precisa se orientar em cada caso penetra profundamente nesse conceito de representação, mediante essa mediação genial que é o conceito de racionalidade, a Sociologia de concepção subjetiva de Max Weber. Como os senhores veem, trata-se de investigações ou reflexões que são relativamente distantes mas que, se não forem levadas em conta, tornariam difícil perceber o sentido de uma definição aparentemente tão simples e evidente como a de Weber.

Existe aqui ainda uma outra questão, a que já me referi de passagem ao falar da controvérsia sobre o método entre Weber e Durkheim[21] isto é a questão da inteligibilidade enquanto tal. // Aqui se encontra por assim dizer estabelecida axiomaticamente a possibilidade de tal inteligibilidade da ação social. Mas, se concedermos o que destaquei há pouco, ou seja, que as instituições não apenas se autonomizaram em relação aos homens, mas que provavelmente, do ponto de vista histórico, as instituições heterônomas são mais antigas que a chamada ação livre dos homens, que conforme sua possibilidade se constituiu e se consolidou perante as instituições por meio de um processo extremamente árduo e doloroso, então imediatamente se impõe a pergunta se o comportamento interpretativo atribuído como algo evidente à Sociologia é o único que vale, e se realmente não vale também o contrário, tal como expresso na exigência do *chosisme* de Durkheim, ou seja, que não seria melhor desistir de uma interpretação tão logo se atinja o especificamente social, algo duro, impenetrável e contraposto ao sujeito da compreensão. Quero destacar apenas que um conceito como o da interpretação, tal como introduzido por Max Weber, tem implicações que na Sociologia weberiana da neutralidade axiológica, uma Sociologia que pretende ser livre de juízos de valor, geram consequências dificilmente toleradas nos termos da

---

21 Em relação à controvérsia sobre o método entre Weber e Durkheim, ver a 9ª Aula {11.6.1968}.

concepção de neutralidade axiológica da Sociologia de Weber. Pois se propriamente qualquer comportamento social precisa ser interpretado como dotado subjetivamente de sentido, então por essa via se atribui a qualquer comportamento social um sentido. // O mundo como um todo em sua marcha parece redutível a uma atribuição subjetiva de sentido e por essa via, como dotado de sentido, é potencialmente legitimado. Weber talvez tenha sido cauteloso demais para reconhecer isso e se fosse vivo provavelmente protestaria vigorosamente com sua famosa voz de trovão contra minhas afirmações. Mas que o tratamento constitutivo do conceito de sentido social contém em si a possibilidade do afirmativo, se simultaneamente não se dispõe na Sociologia também o conceito de crítica desse sentido, isso deveria a partir das poucas considerações que eu expus anteriormente. Que sujeitos da ação social associam sua ação com um sentido social, um sentido subjetivo, isso pressupõe uma espécie de racionalidade no comportamento dos homens que desse jeito também não pode ser pressuposta assim sem mais. Se ele pergunta pelo sentido que os homens associam a sua ação, então também deveria dar conta das diferenças existentes entre o sentido que os homens defendem subjetivamente e o sentido objetivo de que são dotadas suas ações. Por exemplo, a associação com certos movimentos radicais de direita pode ser vinculada subjetivamente com um sentido como o de melhoria das condições de vida do povo de que se faz parte e sua elevação a uma assim chamada posição de senhores. Porém, é possível que se mostre que o significado objetivo de tais ações no plano da história mundial e no contexto da sociedade como um todo é precisamente o contrário desse sentido pressuposto. Além de que naturalmente essa vinculação de um sentido às ações sociais no fundo é uma construção ideal tão realista quanto, por exemplo, a suposição de um acordo estatal, pois a maior parte das chamadas ações sociais dos homens não acontecem no sentido de um objetivo social pressuposto, mas ocorrem mais ou menos de modo reflexo. Evidentemente também existe a influência de pretensos fins subjetivos, mas apenas no enredamento de aspirações instintivas, ações psicológicas expressivas e toda sorte de outras coisas que são decisivas para determinar a relevância social de uma ação dessas, de modo que a relevância social – e com ela a dignidade de ser tratada na Sociologia – de maneira alguma precisa coincidir com o sentido subjetivamente pressuposto.

Senhoras e senhores, expus e desenvolvi // tudo isso apenas para mostrar que a tentativa mais famosa e perspicaz de uma fundamentação autônoma da Sociologia diante das outras ciências é tudo menos tão evidente e compreensível por si próprio como postula seu caráter axiomático e depois de amanhã prosseguirei na explanação dos limites da Sociologia ou do problema de seus limites.

// 13ª Aula
27.6.1968

Senhoras e senhores,
Na última aula procurei registrar em princípio a posição peculiar da Sociologia em sua relação com as ciências próximas. Procurei fazê-lo inicialmente na medida em que apresentei-a como autorreflexão dessas ciências particulares, mas não como uma especialidade no sentido usual, embora naturalmente haja muita coisa que pela perspectiva da história dos dogmas, pela perspectiva metodológica e também enquanto referência temática concreta possa ser considerado especificamente sociológico e, dito de um modo convincente, também pode ser aprendido quando se estuda Sociologia. Talvez eu possa resumir isso dizendo-lhes que a Sociologia é uma tentativa necessariamente limitada e parcial de compensação da divisão científica do trabalho mediante a referência àquele todo que é a sociedade, sem que ele próprio possa ser apreendido enquanto fato imediato.

Talvez alguém tenha lido na imprensa, nos últimos dias, alguma manifestação proveniente de algum colega meu, como o senhor Scheuch, em que ele recomenda estudar a Sociologia sobretudo como disciplina "secundária".¹ Ora, eu diria que o que se entende por disciplina principal e secundária cabe à avaliação de cada um, embora naturalmente a difícil questão relativa ao destino profissional recomende que no que se refere à ideia da subsistência de cada um, não se confie inteiramente na Sociologia. Eu já disse isso uma vez e quero repetir aqui. Porém, abstraindo dessa ponderação prática, há naturalmente alguma outra coisa a ser considerada na recomendação de que se estude alguma outra "ciência dura" além da Sociologia, conforme o que afirma Scheuch. Quando uma // ciência praticada com sentido, para além de ser mero e tedioso *fact finding*, consiste essencialmente na reflexão e não na apropriação primária de fatos, então existe para ela evidentemente o risco de uma certa atrofia, o risco de que a reflexão se estabeleça a si própria, e que ocorra aquilo. Hegel – espero não aborrecer com a repetição dessa citação – assinalou com a fórmula referente àqueles que se situam como superiores ao assunto, porque não estão inseridos nele.² A Sociologia pode levar de uma maneira relativamente fácil àquilo que Max Weber, numa formulação um tanto quanto sarcástica e que não aprecio, descreveu como "voracidade intelectual" em contraposição à "voracidade material" (*Geisthuberei* e *Stoffhuberei*),³ aquela situação em que de certo

---

1 Não foi possível descobrir a que declarações de Scheuch Adorno se referia. Em relação ao texto *Berufsaussichten für Soziologen*, ver a 1ª Aula {23.4.1968} e as notas.

2 Ver a nota 18, 12ª Aula {25.6.1068}.

3 Max Weber polemizou a respeito de uma formulação de Fr. Th. Vischer acerca de "Stoffhuber" e "Sinnhuber" no campo da Sociologia: "A goela ávida de fatos dos primeiros só pode ser saciada com documentos, estatísticas e questionários, ela é insensível em relação

modo já se tem previamente a resposta para todas as questões relativas a quaisquer assuntos e matérias que sejam apresentadas. Ao conceito de reflexão corresponde essencialmente também algo acerca do que se pode refletir. Da mesma maneira, ao conceito de mediato, do que é mediado, que procurei apresentar nesse curso como constitutivo para a Sociologia, sempre também corresponde um imediato, que perpassa essas mediações e que é afetado por elas. Acredito sim que nesse sentido é muito importante, como se dizia antigamente, que paralelamente à Sociologia se estude também um ofício, que entretanto não precisa de modo algum ser o que se designa como "ciência dura". Mas, falando de minha própria experiência, posso dizer que não me arrependo de ter aprendido técnicas históricas na Musicologia e até mesmo, até um certo nível, técnicas das ciências naturais no estudo da Psicologia, e creio que nesse sentido a estrita limitação à Sociologia, sem levar em conta o substrato ou os substratos a que ela se refere, é um pouco problemática. // A esse respeito eu aconselharia àqueles cujo interesse central é do tipo sociológico e não filosófico, que escolham o estudo das ciências específicas também conforme o ponto de vista da oferta de assuntos que pretendem focalizar em suas reflexões sociológicas.

às sutilezas do pensamento moderno. A gulodice dos últimos estraga seu gosto pelos fatos com a contínua destilação de novos pensamentos". Max Weber, *Die "Objektivität" sozialwissenschaftlicher und sozialpolitischer Erkenntnis*, in: idem, *Gesammelte Aufsätze zur Wissenschaftslehre*, op. cit., p.214). Adorno comentou a formulação da "*Gourmandise* dos últimos..." anotando em seu exemplar do livro de Weber: "comida caseira horrorosa".

Mas, mesmo após minhas afirmações acerca das relações da Sociologia com as ciências que lhe são próximas, não convém concebê-la como se fosse a soma ou a integração metodológica dos diferentes campos temáticos, conforme a palavra mágica da ciência interdisciplinar e coisas assim que se ouve por toda parte hoje em dia, como se o fato de um eventual trabalho conjunto de ciências separadas conforme a divisão do trabalho pudesse solucionar por si só o problema que está por trás da divisão do trabalho. Para especificar a questão sobretudo no sentido presente na "Escola de Frankfurt", um trabalho conjunto como esse não é tão importante assim na Sociologia, embora a colaboração direta com a Psicologia e a Economia seja seguramente indispensável, assunto ao qual retornarei a seguir. O que realmente importa é que haja uma apreensão das mediações – ou melhor – que, no específico campo temático em que nos aprofundamos, haja a apreensão das interações objetivas que nele ocorrem de maneira imanente, no sentido em que propriamente em cada campo temático de que a Sociologia se ocupa haja necessariamente também outros campos temáticos. Como estou em via de apresentar algo como uma ideia da Sociologia, seja-me permitido apresentar isso em uma sentença: a Sociologia procura estabelecer cientificamente, com meios da ciência, a unidade formada socialmente pelos campos específicos e que ao mesmo tempo continuadamente // – e de modo inevitável – é posta a se perder por meio da ciência. A meu ver, o processo de tal pensamento, que, contudo, precisa se aprofundar nos campos temáticos específicos e não pode se distanciar destes a fim de se desviar em direção a alguma estrutura geral, abstrata e situada por cima deles, esse processo constitui propriamente a tarefa da Sociologia. A diferença entre a concepção dialética da Sociologia e aquela atualmente prevalecente, como a teoria funcionalista-estrutural, está em que a teoria de Parsons[4] procura a unidade como se fosse um invólucro, ou seja, unidade de modo tal que as categorias são escolhidas de forma que nelas todas as ciências da vida ou as chamadas ciências do homem podem ser acomodadas como que em um contínuo, ao passo que nossa concepção implica procurar, em vez dessa generalidade abstrata, a unidade concreta da sociedade, através do aprofundamento interpretativo no respectivo campo temático específico. Posto em evidência por essa reflexão, o conceito de interpretação possui um significado central para a concepção de Sociologia que procuro apresentar.

Para que o exposto não fique tão abstrato ou tão geral, penso que devo uma explicação quanto ao que quero dizer ao afirmar que o modo social de ver é aquele que conduz a categorias sociais ou a nexos sociais dentro dos campos temáticos trabalhados em cada caso. Como modelo para mostrar isso escolho a Psicologia, e Psicologia na conformação em que parece mais distante dos nexos sociais por causa de sua concentração no indivíduo e na dinâmica monadológica dele, ou seja, a Psicanálise em sua forma freudiana e rigorosa, à qual desde cedo se censurou uma distância excessiva da sociedade e uma consideração do indivíduo que abstrai // da sociedade concreta. Todos os esforços para uma revisão da Psicanálise relacionaram-se precisamente a essas questões e às tentativas de sua correção. Aos que se interessam por isso bem como pela problemática dessas tentativas, posso indicar o meu ensaio "Die revidierte Psychoanalyse";

---

4 Em relação à teoria da ciência de Parsons como um "contínuo" uniforme, ver a I ª Aula {23.4.1968} e a nota 18 dessa Aula.

trata-se de um trabalho bastante antigo, escrito há vinte anos a partir de uma palestra proferida então na *Psychoanalytic Society* de San Francisco, hoje publicado em *Sociologica II* e no qual eu eventualmente me apoio nesse curso.⁵ Falando de Freud, uma das características da psicologia freudiana, justamente porque esta se baseia na divisão do trabalho e precisa respeitar essa divisão do trabalho sob condições muito semelhantes às que os sociólogos costumam defender, é que ela, em razão de contextos que lhe são estritamente imanentes, depara continuamente com conceitos sociais. Naturalmente, esses conceitos, nos termos gerais da lógica científica, são quase sempre dotados de certo caráter abstrato. Não são tão concretos quanto poderiam ser na Sociologia. Aliás, em geral nas ciências, quando duas disciplinas científicas são postas em contato, quase sempre as categorias que são assumidas de uma das disciplinas ficam para trás em relação às categorias da outra em termos de densidade, de concretude, de expressividade. Não vou explicar aqui a gênese desse fenômeno. Aos que se interessam, recomendo o capítulo sobre a "mediação" ("Vermittlung") de *Einleitung in die Musiksoziologie*,⁶ [*Introdução à musicologia*] onde se analisa justamente esse fenômeno. Algo parecido vale para as categorias em Freud. Em todo caso, os que já se ocuparam com Freud e a Psicanálise talvez reparem ou recordem // que nas *Vorlesungen zur Einleitung in die*

---

5 Ver Adorno, *Die revidierte Psychoanalyse*, in: Max Horkheimer/Theodor W. Adorno, *Sociologica II*, op. cit., p.94-112; agora em Adorno, GS 8, p.20-41. – Na referência das obras publicadas em *Sociologica II* (idem, p.241s.) consta: "Originalmente uma conferência na Sociedade Psicanalítica de São Francisco, abril 1946; publicado em *Psyche*, ano VI, 1952, caderno I, p.1ss.

6 Ver Adorno, GS 14, p.394-421.

Introdução à Sociologia

Psychoanalyse [*Lições introdutórias à psicanálise*] — que aliás considero a melhor introdução existente a todo o plano da Psicanálise e cujo estudo recomendo a todos os sociólogos — ocorre o conceito de "necessidade vital" (*Lebensnot*),[7] referente à coação pela renúncia à satisfação imediata dos instintos ou pulsões, que se prolonga posteriormente nos mecanismos do recalque ou da repressão com todas as suas consequências psíquicas. Freud simplesmente apresenta essa necessidade vital sem qualquer especificação. Entretanto, se analisarmos mais de perto esse conceito, essa necessidade vital naturalmente só tem sentido quando, por sua vez, não é interpretada novamente como algo psicológico — nessa medida ela seria então exterior ao sistema; na Psicologia seria introduzido algo que não pode ser explicado estritamente a partir da Psicologia. Porém, o que antes de mais nada está em pauta muito simplesmente — ou para ser mais preciso, o que se encontra objetivamente por trás disso, independentemente da percepção de Freud a respeito, é que em sua conformação vigente a sociedade não produziu suficiente alimento — em um sentido amplo, é claro — para todos os seus integrantes e, para levar em frente esse raciocínio, mesmo hoje, quando seria potencialmente possível que todas as pessoas recebessem alimentos suficientes conforme o "padrão" cultural vigente, por causa das condições da produção social, por causa das relações de produção, ou seja, simplesmente por causa da disposição das relações de propriedade, se impede que isso aconteça. O simples fato da carência, da carência exterior que a seguir se prolonga na dominação — para concretizar a questão — impele ou impeliu àquele tipo de trabalho, de trabalho social que em sua configuração até hoje sequer pôde ser pensado sem

---

7 S. Freud, *Vorlesungen zur Einführung in die Psychoanalyse*, op. cit., p.15.

189 uma disciplina do trabalho, // para que se constituísse assim aquela chamada moral do trabalho que tornou os homens aptos a produzirem em quantidade adequada à sua sobrevivência e, em consequência, impeliu a todas aquelas renúncias instintivas eróticas cuja teoria dinâmica forma essencialmente o conteúdo da doutrina freudiana.

Para evitar mal-entendidos, aproveito para dizer que a divisão das ciências que opõe a Psicanálise como uma disciplina clínica terapêutica à Psicologia é improcedente e arbitrária e, aliás, nos Estados Unidos de fato ela já não é mais considerada nesses termos. Evidentemente a pretensão da Psicanálise é a de ser uma psicologia dinâmica, topológica e genética. A opinião científica costumeira de considerar como verdadeiro psicólogo unicamente o psicólogo formado, o psicólogo experimental, e considerar o psicanalista, por sua vez, apenas um médico um pouco excêntrico, não faz justiça, nem à pretensão imanente da teoria freudiana, nem à situação científica de fato.

Bem, fica claro que, ao se concretizar esse conceito de necessidade vital como situação de carência que perdura e se reproduz, então em sua origem os chamados processos psicológicos contêm em si, em seu cerne, o momento social, de modo que por seu intermédio podem ser conhecidos. O que de resto só comprova que o homem individual de que a Psicanálise se ocupa é uma abstração diante daquele nexo social em que os indivíduos individualizados se encontram. Entretanto, além disso – e não posso me aprofundar nessa questão – tem sentido dizer que a Psicologia se ocupa do homem individual, do indivíduo, pois a individuação, isto é, que os seres individuais de certo modo se separaram da sociedade, contrapondo-se a

190 ela, também remete a condições naturais, // a saber simplesmente que nós chegamos ao mundo como seres individuais e

não como bancos de corais. A seguir, contudo, essa relação ainda é reproduzida pela conformação da sociedade, porque a sociedade é constituída ela própria pela forma dominante da troca entre contratantes individuais como uma sociedade individualista, de modo que justamente a categoria do indivíduo, em geral considerada como contraposta à sociedade e por isso excluída da Sociologia, é uma categoria social em seu sentido mais pleno. Mas não de modo tal que agora tudo o que é individual, ou que acontece no campo da psicologia individual, deve ser atribuído imediatamente à sociedade. Mas antes à maneira pela qual se deve interpretar a própria categoria de individuação e os específicos fatores formadores da individualidade por sua vez como interiorizações de imposições, necessidades e exigências sociais. Entretanto, para além disso existem ainda muitas outras referências à sociedade na Psicologia. Citarei apenas todo o campo das chamadas "imagens arcaicas" que Freud menciona repetidamente. São as imagens que não podem ser explicadas pelo trabalho psicanalítico com o indivíduo, ou seja, de maneira puramente imanente, no interior das mônadas individuais e fechadas em si mesmas. Freud expôs isso de maneira drástica ao mostrar que o mecanismo da associação e o associado mecanismo da interpretação individual de sentido detêm-se diante dessas imagens arcaicas. Freud caracterizou essas imagens arcaicas como – é preciso dizê-lo – herança do coletivo, como o "inconsciente coletivo" sedimentado em cada indivíduo.[8]

---

8 Ver, por exemplo, S. Freud, *Der Mann Moses und die monotheistische Religion*, in: *Gesammelte Werke*, v.16, London, 1950, p.101-246; especialmente a passagem relativa à "herança arcaica" (p.204ss.) e a relativa ao "inconsciente coletivo" (p.241).

De passagem seja dito que no próprio Freud, o que permanece até hoje pouco conhecido, motivo pelo qual destaco a questão, a rigor já se encontra toda a posterior teoria de Jung acerca do "inconsciente coletivo".[9] // Como ocorre com frequência com grandes manifestações intelectuais, quando elas posteriormente se desintegram e decompõem no que se refere à sua unidade e à relevância de sua concepção, pedaços isolados são arrancados, escolhidos pelos epígonos e considerados por eles – e peço perdão pela imagem incorreta – como se fossem a pedra filosofal a partir da qual tudo pode ser explicado. As concepções realmente significativas quase sempre se caracterizam por serem desprovidas de tais palavras mágicas, por não terem uma categoria determinada mediante a qual tudo pode ser explicado de uma vez por todas e por formarem nexos ou constelações de categorias para a explicação, em vez de remeter a uma só como se fosse pau para toda obra. Mas – e aqui se trata de uma observação de Psicologia Social – justamente quando uma teoria é dotada de uma palavra-chave, como o "inconsciente coletivo" de Jung ou a "consciência coletiva" de Durkheim[10] etc., essas "frases" feitas irradiam um peculiar poder de sugestão, como já assinalado por Hegel em relação a esse fenômeno.[11] Aquelas pessoas letradas que querem ascender na vida e ter

---

9 Ver Carl Gustav Jung, *Über den Begriff des kollektiven Unbewußten*, publicado como "The Concept of the Collective Unconscious", in: *St. Bartholomew's Hospital Journal*, XLIV, 3 e 4, 1936-37 (agora em *Collected Works*, v.9, parte I: *The Archetypes and the Collective Unconscious*, London, Princeton/NJ, 1981).

10 Em relação ao conceito de "consciência coletiva" de Durkheim, ver nota 5, 5ª Aula {7.5.1968} e nota 26, 9ª Aula {11.6.1968}.

11 Ver nota 12, 2ª Aula {25.4.1968}.

muito sucesso no mercado devem ser encorajadas a pensar uma "frase" feita assim, isto é, alguma categoria individual que, uma vez colada nas coisas, possibilita etiquetar tudo que existe sobre a terra. Mas tudo isso é dito apenas entre parênteses.

Em todo caso fica claro aqui que o momento coletivo, o momento social, se impõe justamente na camada mais profunda do indivíduo, na camada mais profunda da individuação, ou seja, aquela que é inacessível à dinâmica pulsional individual. Se me permitirem ainda esse excurso, aqui é possível encontrar um tema surpreendentemente dialético em uma teoria concebida de modo tão positivista como o foi a Psicanálise de Freud, o qual certamente teria ficado tão horrorizado // diante dessa revelação como ficaria qualquer outro sociólogo positivista de nossos dias. O tema dialético repousa no fato de Freud haver descoberto na elaboração de seu próprio material, genuinamente, que quanto mais profundamente se mergulha nos fenômenos da individuação dos seres humanos, quanto mais irrestritamente se apreende o indivíduo em sua dinâmica e seu resguardo, tanto mais perto se chega àquilo que, no indivíduo, já não é propriamente indivíduo. Assim a focalização freudiana do indivíduo oferece um exemplo esplêndido para a minha exigência de descobrir o conteúdo social das categorias peculiares das ciências específicas aprofundando-se nestas e não a partir do que se encontra fora delas. Na teoria freudiana predominam, em primeiro lugar, próximo à superfície e niveladas conforme o princípio da realidade a que todos os homens precisam se adequar, determinadas situações relativamente abstratas e semelhantes. A seguir, quando mergulhamos na chamada dinâmica psíquica, ou seja, quando se gera a diferenciação nos mecanismos inconscientes e sobretudo no movimento interativo entre o inconsciente e o eu individual, apercebe-se o coletivo – e novamente da mesma forma como no cerne da individuação. Aliás do mesmo modo como o próprio Freud, e muito além de sua doutrina das "imagens arcaicas", formula isso em princípio em sua teoria da universalidade e da indiferenciabilidade do eu,*[12] ou seja, das forças pulsionais psíquicas existentes em todos os indivíduos e que de acordo com Freud e como herança coletiva são mais ou menos idênticas em cada indivíduo. A Psicologia de intenção individualista de Freud não só conduz para além do indivíduo, mas também se torna cada vez mais abstrata na análise de observações individuais – se quiserem: apesar de seu ponto de partida extremamente concreto. Entretanto a isso se associa algo // sociologicamente muito criticável, a saber (em primeiro lugar), que Freud tende absolutamente a subestimar de modo extremo a possibilidade da individuação, a variabilidade. Isso justamente por causa da pretensa invariabilidade e constância do eu idêntico em todos os homens. Além disso (em segundo lugar), que essa teoria, justamente porque deparou no indivíduo com a "herança arcaica" dele, tende a considerar os próprios homens como em grande medida invariáveis – e nisso aliás é reforçada desde a Pré-história até hoje – e em decorrência disso tende a ver até mesmo as relações de dominação social como inevitáveis, como única possibilidade de uma dissolução socialmente aceitável do chamado complexo de Édipo.

---

* A Comissão Editorial optou por traduzir os termos do aparelho psíquico freudiano *Ich*, *Es* e *Überich* por eu, isso e supereu, pois são mais fiéis ao sentido não substancialista que tais termos têm no original em alemão.
12 Ver S. Freud, *Das Ich und das Es*, in: *Gesammelte Werke*, v.13, London, 1940, p.235-89.

Há ainda uma terceira categoria psicológica para explicar a presença da sociedade na Psicanálise; ela está evidentemente presente na figura da doutrina do chamado "supereu" ou "ideal do eu",[13] conforme a expressão de Freud em sua fase inicial, a qual, para ser breve, se refere à instância psíquica caracterizada como consciência moral (*Gewissen*), ela própria derivada por Freud a partir da dinâmica pulsional. Ela não é praticamente nada além da autoridade paterna transmitida ao indivíduo no âmbito da família burguesa, da família liberal burguesa, através da figura paterna ou de um símbolo de pai, uma *imago* paterna, que funciona nessa medida como agência da sociedade. Os mecanismos da chamada socialização, ou seja, os mecanismos por meio dos quais, nascidos como seres biológicos individuais, propriamente não nos tornamos, ou melhor, propriamente nos tornamos – o "não" foi um ato falho que daria satisfação a Freud – um *zoon politikon*, um animal político, esses mecanismos são justamente aqueles enfeixados no supereu.

Espero ter mostrado aos senhores de modo satisfatório e concreto o que pretendi nessa aula com a tese, de início excessivamente genérica, pela qual o aprofundamento nas disciplinas específicas conduz necessariamente de modo constitutivo àqueles momentos sociológicos // que, ou não são percebidos como tais de modo claro pelas ciências específicas correspondentes, ou são no mínimo reprimidos e postos à margem. Aliás, tudo isso pode ser visto ainda em uma versão mais geral ou fundamental, ou, se quisermos, filosófica e dialética, quando se assinala que a dialética do particular e do universal sob a forma

---

13 Ver idem, cap.III: *Das Ich und das Über-Ich (Ichideal)* e a p.285; ver também S. Freud, *Das Unbehagen in der Kultur*, in: *Gesammelte Werke*, v.14, London, 1948, p.419-506, especialmente p.482-506.

em que foi apresentada por Hegel, em que o particular é o universal e o universal é o particular, foi redescoberta por Freud, à revelia da Psicologia, em seu grandioso esboço científico. Freud efetivamente descobriu que o núcleo interior em que se baseia a psicologia do indivíduo singular é ele próprio um universal: ou seja, certas estruturas muito gerais, embora de tipo arcaico, do nexo social em que se situam os seres individuais.

Mas as ponderações que levantamos acerca da relação entre indivíduo e sociedade, acerca dessa dialética de indivíduo e sociedade, precisam ser e podem ser reencontradas na Sociologia. Talvez seja bom considerar a uma das tentações em que a Sociologia incorre para fazer jus a seu conceito de sociedade e sobretudo para evitar dissolver o predomínio da objetividade social em psicologia pura e simples. De maneira muito abrangente e na medida em que isso não se dá de modo racional teleológico, ou seja, não por meio de ponderações realmente racionais visando diretamente a condições sociais, trata-se de desconsiderar que a forma pela qual o geral se impõe no indivíduo é mediada pela Psicologia. Eu afirmei há pouco aos senhores que o supereu ou a consciência moral foi caracterizado por Freud como instância social de controle sobre o indivíduo representada por meio de determinadas figuras simbólicas. Antes de mais nada, na forma em que participa do processo de socialização, esse supereu // não é algo de exterior, mas uma instância psíquica. Portanto, a universalidade social incorporada pelo supereu, as normas e as obrigações – não roubarás, serás diligente, não serás infiel – todas essas normas efetivamente sociais são interiorizadas no indivíduo mediante mecanismos psicológicos. Julgo que uma Sociologia que esquece a mediação por parte da subjetividade individual é tão equivocada e tão ruim – e dito com clareza – tão dogmática quanto seria, inversamente, uma

Sociologia que acredita – como aliás Freud de fato imaginava – que a Sociologia não passa de uma Psicologia aplicada a uma maioria de pessoas. Essa é uma ideia que já é desmentida simplesmente pelo fato de que as injunções sociais que se impõem a nós são a tal ponto estranhas e exteriores que não conseguimos identificá-las diretamente com o que acontece em nossa prezada vida anímica. Gostaria de elucidar de maneira breve essa tese com a qual procuro concretizar o princípio da interação, como devem se lembrar, a partir de um problema da Sociologia, o famoso problema de Durkheim. Durkheim procurou demonstrar a autonomia absoluta da imposição social através do suicídio[14] – como é do conhecimento da maioria dos presentes. Ele procurou demonstrar isso, em primeiro lugar, baseado nos números de suicídios permanecerem relativamente constantes no âmbito de períodos históricos mais ou menos homogêneos e, a seguir, baseado na média do número de suicídios apresentada estatisticamente dependerem do quanto são rígidos ou flexíveis os sistemas de normas, os sistemas sociais normativos a que os homens estão sujeitos. Nessa oportunidade ele estabeleceu uma espécie de hierarquia entre as religiões, segundo a qual as normas mais rígidas são as do catolicismo, naturalmente na França, seguido pelo judaísmo e a seguir pelo protestantismo. // Vejam bem, trata-se de investigações que datam da última década do século XIX; como isso seria hoje em dia, essa é outra questão. Disso ele inferiu que o suicídio é um *fait social*, um fato social, que nada tem a ver com a psicologia individual na medida em que se apresenta mediante uma tal constância e regularidade estatística. Mas, com uma focalização como essa, a relação que o âmbito

---

14 Ver Émile Durkheim, *Le Suicide. Étude de Sociologie* [*O suicídio*], 3.ed., Paris, 1960; 1.ed. 1897.

social tem com as leis científicas efetivamente se mistifica[15] – para usarmos uma expressão de Marx. Isto é, quando não se pode indicar e não se pode compreender de que maneira aquelas peculiaridades estruturais de sistemas normativos rígidos ou flexíveis se realizam nos indivíduos singulares, quando, em outros termos, não se consegue dizer nada acerca dos mecanismos psicológicos que levam uma pessoa a cometer suicídio, ou que impedem uma pessoa de cometer suicídio, então – como aliás antes de mais nada é provável que ocorra a qualquer leitor do livro de Durkheim – o suicídio se torna simplesmente algo milagroso, incompreensível. Algo incompreensível suscitado por um ser misterioso que efetivamente aparece em Durkheim enquanto ser misterioso, ou seja, a consciência coletiva, a *conscience collective* que se encarrega disso – à qual, aliás, só para sustentar esse absurdo, são novamente atribuídas de modo paradoxal todas as propriedades que foram subtraídas ao indivíduo e à psicologia individual. Digo isso aos senhores apenas para que compreendam realmente com base em uma questão concreta porque na Escola de Frankfurt nós muito cedo procuramos inserir as chamadas ponderações psicológicas no que se denomina teoria objetiva da sociedade. Ou seja, antes de mais nada devido à simples e concreta razão de que sem o conhecimento preciso da extensão da sociedade ao âmbito dos indivíduos seria incompreensível que permanentemente incontáveis // indivíduos – e pode-se mesmo dizer: a maioria avassaladora dos homens – agem seriamente de modo contrário a seus interesses racionais. – Obrigado.

---

15 Em relação a essa conexão, ver a referência à nota 4, 10ª Aula {18. 6.1968}; em relação ao uso do conceito *Mystifikation* [Mistificação] em Marx, ver, por exemplo, Marx/Engels, *Werke*, v.23, op. cit., p.27.

// 14ª Aula
2.7.1968

Caras colegas, caros colegas,

Devem ter lido nos jornais que o procurador-geral do estado de Hessen, Fritz Bauer,[1] faleceu em consequência de um enfarte. É preciso dizer aqui, nesse contexto, que não se tratava apenas de um ser humano extraordinário, mas de um homem cujas qualidades intelectuais e políticas se traduziram também objetivamente naquilo que realizou. Sei de muito poucas pessoas que se esforçaram de maneira tão apaixonada e enérgica para que realmente o mal não se repita na Alemanha e que o fascismo seja combatido em todas as suas ameaçadoras formas. Ele perseguiu isso de um modo extraordinariamente coerente e dotado de uma coragem moral sem paralelo.

---

1 Fritz Bauer (1903-1968), que emigrou em 1936 após ser destituído de seu posto oficial e internado em campo de concentração, retornou em 1949 à Alemanha. Durante o julgamento do processo de Auschwitz em Frankfurt, entre 1963 e 1965, representou a acusação como procurador-geral do estado de Hessen. Sobre Fritz Bauer Adorno escreveu na *Dialektik Negativen* [*Dialética negativa*]: "Fritz Bauer assinalou que os mesmos tipos que com base em uma centena de argumentos pútridos pedem a absolvição dos torturadores de Auschwitz, são os que defendem a reintrodução da pena de morte". Adorno, GS 6, p.282.

Baseado em meu grande conhecimento de sua pessoa, julgo não incorrer em exagero ou sentimentalismo ao destacar que um dos motivos que contribuíram para a morte prematura de Fritz Bauer foi o desespero decorrente de que tudo aquilo em que depositava sua esperança, tudo aquilo que pretendia mudar e melhorar na Alemanha, parecia-lhe estar ameaçado e de que continuamente era atormentado pela dúvida em relação ao acerto de ter retornado da emigração. Eu próprio durante muito tempo fui assolado por esta dúvida. Sou forçado a dizer que existem desenvolvimentos na Alemanha, como a adoção das leis de emergência[2] e toda uma série de outras coisas, que fazem que se torne concebível para mim que Bauer, vitimado por um problema cardíaco, sofreu tanto por causa dessas coisas que elas acabaram interrompendo sua vida. Caras e caros colegas, quero pedir a todos que se levantem para homenagear a memória do falecido. – Muito obrigado.

Antes de iniciar, quero ainda anunciar que hoje à noite, às oito horas no Seminário de Filosofia, o senhor Grassi, de Munique, falará sobre Giambattista Vico,[3] cujo terceiro centenário de nascimento é celebrado nesse ano. Vico é um daqueles pensadores mais // admirados do que lidos atentamente e é digno do maior respeito como um dos poucos pensadores que se opuseram ao cartesianismo predominante entre os filósofos em sua época e ainda mais em Nápoles, no sentido de uma consciência histórica, porém não conforme o espírito dos poderes tradicionais e nem conforme o espírito de um obscurantismo seja ele qual for, mas que criticou Descartes, o pretenso fundador da Ilustração, em nome do espírito da Ilustração. Ao lado de Spinoza foi um dos primeiros pensadores que interpretaram material mitográfico e coisas afins à maneira do grande estilo da filosofia da história e

---

2 Ver nota 1, 9ª Aula {11.6.1968}.
3 Ernesto Grassi (1902-1991), na época professor da Universidade de Munique, apresentou a conferência "Vicos Kritik am Beginn des neuzeitlichen Denkens" ["A crítica de Vico no início do pensamento moderno"].

mais precisamente, de um modo social e, ainda mais exatamente, no sentido das lutas de classe. Até hoje não existe na Alemanha uma apresentação apropriada de Vico. Sua obra principal encontra-se, como todos sabem, traduzida somente parcialmente; acho que ainda não há uma tradução completa da *Nuova Scienza*, mas apenas a seleção organizada por Erich Auerbach,[4] cuja introdução aliás parece-me extremamente problemática. O único estudo significativo sobre Vico que conheço é o trabalho de juventude de Horkheimer sobre Vico que se encontra no livro *Anfänge der bürgerlichen Geschichtsphilosophie* [*Primórdios da filosofia da história burguesa*].[5] Não sei se todos conhecem este livro; vale a pena ler os capítulos sobre Maquiavel e sobre Vico. Hoje os senhores ouvirão muito acerca do problema da importância filosófica de Vico exposto por um italiano proveniente da tradição de Benedetto Croce,[6] que propriamente estabeleceu na Itália o verdadeiro significado de Vico. Se houver opiniões discordantes, espero que a discussão possibilite a oportunidade de que elas possam se expressar efetivamente. De qualquer modo espero o comparecimento de uma audiência bem numerosa à conferência.

---

4 Ver Giambattista Vico, *Die Neue Wissenschaft über die gemeinschaftliche Natur der Völker*, trad. e introd. Erich Auerbach, München, s.d. (1924). – Entrementes existe tradução completa alemã.

5 Ver Max Horkheimer, *Anfänge der bürgerlichen Geschichtsphilosophie*, Stuttgart, 1930; agora em idem: *Gesammelte Schriften*, op. cit., v.2: *Philosophische Frühschriften 1922-1932*, Frankfurt a. M., 1987, p.177-268; em relação a Vico, ver sobretudo a última parte: "Vico und die Mythologie", p.252-68; em relação ao mencionado capítulo sobre Maquiavel: "Machiavelli und die psychologische Geschichtsauffassung", idem, p.181-204.

6 Benedetto Croce (1866-1952), representante italiano da Filosofia da História, havia chamado a atenção em relação à importância de Vico para a perspectiva burguesa da Filosofia da História e da Estética por meio de numerosos estudos sobre a filosofia de Vico e, sobretudo, mediante sua obra *La filosofia de Giambattista Vico* (Bari, 1911).

Senhoras e senhores, na última aula nos ocupamos mais detalhadamente com a questão da mediação pela sociedade tal como ela se relaciona com as questões e disciplinas científicas específicas. Procurei mostrar isso concretamente a partir de uma série de modelos, a partir de uma ciência // muito ciosa de sua estrutura, por assim dizer, monadológica, ou seja, de sua desconsideração pela sociedade, tal como foi o caso da Psicanálise de Freud concebida com base no indivíduo e contra qualquer conceito de algo como um espírito coletivo. Eu mostrei ou tentei mostrar como a psicologia freudiana, contrariamente à sua intenção, acaba por encontrar em seus cernes mais recônditos os momentos sociais, enquanto uma Sociologia que, para reavivar a sua memória, se apresenta como pura, perde sua especificidade e se converte em mera estatística aplicada precisamente na medida em que, com base em seu conteúdo, procura se isolar de todas as outras disciplinas e não ser nada além de Sociologia. Não sei se chamei a atenção para isso, mas é muito curioso que justamente entre os representantes da Estatística que realmente refletem de maneira científica existe uma consciência muito crítica dessas coisas, como o professor Blind,[7] por exemplo, meu colega de universidade, que constantemente alerta a que a forma da estatística que prevalece nos Estados Unidos é uma ciência excessivamente abstrata e muito pouco afetada em seu desenvolvimento a partir das questões e condições específicas da Sociologia. Como há necessidade de conhecimento de estatística para o estudo da Sociologia, posso apenas recomendar vivamente que, assistindo ao curso do professor Blind, atentem particu-

---

7 O estatístico Adolf Blind (1906-1996) foi professor da Faculdade de Ciências Econômicas e Sociais da Universidade de Frankfurt a. M. a partir de 1952.

Introdução à Sociologia

larmente a essas questões, com as quais a rigor se iniciam os problemas científicos da estatística em seu verdadeiro sentido.

Senhoras e senhores: nesse contexto quero retornar uma vez mais a Max Weber, pois sempre que os limites da Sociologia são deslocados ou desalinhados, ou como quisermos chamar isso, por alguém, respondem-lhe com a autoridade de Max Weber. // Max Weber é indiscutivelmente um dos objetos de estudo mais importantes de qualquer sociólogo e sua obra precisa ser estudada muito além da leitura de seus textos fundamentais acerca da "Teoria da Ciência", o trabalho sobre "O Espírito do Capitalismo" e eventualmente a "Sociologia da Dominação".[8] Quando nos dedicamos seriamente a Weber, as coisas são muito mais difíceis do que parecem à primeira vista, o que talvez sirva para estimular o seu estudo. Gostaria de empregar em relação a Weber o que eu afirmei certa vez em relação a Thomas Mann: que em seu caso o decisivo é o que não está no mapa,[9*] ou seja, aquelas coisas que contrariam a sua

---

[8] Em relação à *Wissenschaftstheorie* [*Teoria da ciência*] weberiana, ver Max Weber, *Gesammelte Aufsätze zur Wissenschaftslehre*, op. cit. — A referência ao trabalho sobre *Geist des Kapitalismus* refere-se à obra *Die protestantische Ethik und der Geist des Kapitalismus* [*A ética protestante e o espírito do capitalismo*] in: *Gesammelte Aufsätze zur Religionssoziologie I*, op. cit., p.17-206; a referência de Adorno para a *Herrschaftssoziologie* [*Sociologia da dominação*] é o capítulo "Die Typen der Herrschaft" da primeira parte e a terceira parte: "Typen der Herrschaft", de *Wirtschaft und Gesellschaft* [*Economia e sociedade*] (op. cit., p.122-76, 603-817).

[9] Adorno citou sua conferência *Zu einem Porträt Thomas Manns*, proferida na inauguração da exposição sobre Thomas Mann no dia 24 de março de 1962 em Darmstadt: "Compreender Thomas Mann: a efetiva apreensão plena de sua obra só terá início quando se prestar atenção ao que não está no guia *Baedeker*". (Adorno, GS 11, p.336)

[*] *Baedeker* é o nome de um guia turístico tradicional muito conhecido na Alemanha, que mapeia o quê e onde encontrar cada coisa em cada

própria metodologia oficial. Quando estudamos os escritos de Weber, que vem da escola histórica da economia política como discípulo de Gustav von Schmoller[10] e que depois insistiu na independência da Sociologia na Alemanha da mesma forma que Durkheim o fez na França (então percebemos) que ele deve todo conteúdo de seus trabalhos ao material histórico. É bem verdade que ele procurou distanciar seu conceito de tipo ideal sociológico de um segundo conceito de tipo ideal histórico,[11] mas tenho dúvidas quanto ao êxito dessa tentativa em sua obra. Os tipos ideais, os tipos ideais sociológicos em Weber – e considero muito importante que isso seja compreendido – de modo algum são categorias-chave teóricas, que determinariam por si próprias ou através de suas interconexões algo que deveria se apresentar como uma teoria da sociedade coerente, mas constituem meramente instrumentos heurísticos, meios heurísticos com os quais o material histórico deve ser comparado. Por meio da comparação com essas constru-

---

lugar. Na tradução, preferiu-se a expressão: "o que não está no mapa", isto é, que não corresponde ao estabelecido oficialmente. (N.T.)

10 Gustav von Schmoller (1838-1917), que lecionou em Halle, Strassburgo e Berlim, foi o fundador da escola histórica da Economia Política. Ao lado de seu trabalho científico e de editor (a partir de 1877) do anuário *Jahrbuch für Gesetzgebung, Verwaltung und Volkswirtschaft*, muito influente, Von Schmoller foi, a partir de 1884, membro do Conselho de Estado da Prússia e a partir de 1899 representou a Universidade de Berlim na corte prussiana.

11 Em relação ao conceito de "tipo ideal" em Weber, ver nota 5, 10ª Aula {18.6.1968}; em relação à construção do conceito de "tipo ideal" e sua relação ao material histórico, ver aqui e em seguida: M. Weber, *Gesammelte Aufsätze zur Wissenschaftslehre*, op. cit., p. 190ss.

ções ideais seria então promovida propriamente a compreensão sociológica do material histórico. // A meu juízo, apenas quando temos clareza a respeito disto podemos compreender corretamente os tipos ideais em Weber. Como em geral ocorre com conceitos que desempenharam um papel importante na história dos dogmas, há um tratamento um pouco negligente do conceito de tipo ideal na literatura sociológica. Muitas vezes acreditamos que nos ocupamos com um tipo ideal tão logo trabalhamos com um conceito bem articulado, como este ocorre nas tipologias e como este se diferencia da empiria. Porém esse caráter especificamente heurístico, essa ideia de que os tipos surgem propriamente como bolhas na água, para, a seguir, da mesma maneira se dissolverem novamente em um nada, eu creio que essa estrutura extremamente peculiar do tipo ideal em Weber em geral é muito pouco levada em conta. E por isso, em minha opinião, a diferenciação entre usar o conceito de tipo ideal de modo rigoroso, ou seja, tendo em vista realmente o significado próprio dele, ou referir-se ao tipo ideal de maneira displicente e descompromissada sempre que deparamos com algum conceito que não é simplesmente uma descrição de algum material social, serve como indicador de diletantismo sociológico. Contudo, existe claramente em Weber uma ruptura profunda entre os materiais, entre os conteúdos históricos de seu trabalho, e os conceitos, construídos mediante abstrações subjetivas, que lhes são atribuídos, os tipos ideais, que em Weber são orientados conforme sua estrutura essencialmente ao método das definições das ciências jurídicas – o que destaco ainda nessa introdução de hoje a Max Weber. As definições jurídicas têm uma constituição similar aos tipos ideais weberianos; a Jurisprudência, aliás, é, além da Economia Política Histórica, a outra ciência de que Weber se ocupou inicialmente. Quando, ao estudar as obras de maturidade, nos admiramos com o peculiar caráter de fixação mediante definições dos tipos ideais, precisamos sempre lembrar // o procedimento da Jurisprudência. Weber partilha com a Jurisprudência essa peculiaridade tão característica da sua Sociologia, de operar com conceitos, com sistemas ou conexões conceituais, como se estes tivessem uma certa independência diante do material a que se aplicam. Para ser franco, minha dificuldade na compreensão do pensamento jurídico sempre residiu – para ser direto – nesse ponto, de que aqui os sistemas conceituais, que são teses cogitadas e elaboradas em um sentido bem palpável, se dispuseram no lugar das relações reais e das condições das decisões.

Como aqui nos ocupamos de uma "Introdução à Sociologia", isso remete – não se preocupem: parece mas não é uma digressão – a um tema que para mim é um dos mais decisivos dentre os que determinaram meu interesse pela Sociologia: ou seja, a necessidade, não de me ocupar com alguns conceitos já prontos, pensados e por isso descompromissados, mas de confrontar os conceitos com aquilo de onde provêm, e de onde provêm também as normas, onde a relação entre norma e realidade tem o seu lugar, o que, afinal, constitui o jogo das forças sociais. Creio que essa necessidade de, por meio da reflexão em relação à sociedade (fugir), do mero âmbito conceitual, dos conceitos, como eu diria, isolados e autossuficientes tal como acontece, por exemplo, na Física teórica e, com muito menos legitimidade, na Jurisprudência, essa me pareceu ser, dentre as motivações que levam à Sociologia, a mais simples e talvez também a mais imperiosa.

Mas, como eu dizia, existe em Weber no fundo uma ruptura entre o elemento conceitual, que na teoria // constituída de Weber é justamente o tipo ideal, e o material. Ela se manifesta na medida em que os tipos ideais, de acordo com a metodologia de Weber, ou seja, em conformidade com as exigências metodológicas explicitadas por ele próprio, são realmente meros instrumentos, que não têm lugar em uma teoria e nem tem qualquer peso conceitual próprio; existem unicamente para que, pela sua comparação com o material, este possa de alguma maneira ser estruturado no sentido da razão subjetiva ou instrumental. Porém o ponto a que quero chamar a atenção dos senhores nesse contexto, o ponto em Max Weber que, como eu dizia há pouco, não está no mapa, é que Max Weber a rigor não respeitou essa caracterização do tipo ideal – o que tem muitas implicações no que se refere inclusive à controvérsia em relação ao positivismo no âmbito da Sociologia. Antes creio que ele só pode ser compreendido adequadamente, como de resto acontece com todas as formações intelectuais de grande abrangência, na medida em que apreendemos em que pontos uma tal formação intelectual vai além daquilo que apresenta e pelo que ela se torna. Para a compreensão de textos filosóficos, isto chega a ser canônico; mas eu diria que isso também vale para a compreensão de textos sociológicos relevantes. Pelo fato de Weber dispor de uma abundância tão extraordinária de material histórico para seus conceitos sociais – abundância erudita de material que é invejável e, há que reconhecer, se perdeu para nós todos – e justamente por causa desse conhecimento que ele é levado a atribuir aos tipos ideais propriamente mais conteúdo substancial do que seria o esperado. Quero ilustrar isso com um exemplo ao menos, extraído da parte mais

205 famosa de *Economia e sociedade* // que certamente todos deverão estudar: a "sociologia da dominação". Nessa parte Weber estabelece três tipos ideais de poder ou dominação:[12] a dominação "racional" ou, como se dirá, "legítima", no sentido do princípio da razão que coincide historicamente em grande medida com a forma burguesa da dominação e até mesmo se desenvolve a partir do modelo burguês, apesar de Weber, ao contrário de muitas interpretações, rastrear a origem dessa dominação até o sistema senhorial feudal; além disso, existe em Weber a "dominação tradicional", que corresponde no essencial ao feudalismo, cujo conceito seria apreendido em termos econômicos como economia "tradicionalista"[13] por Werner Sombart, colega de Weber com posições muito próximas às suas, e, por fim, a "dominação carismática", a ser compreendida como uma forma de dominação em que determinadas figuras ou determinadas pessoas podem contar com a chance de sua autoridade ser considerada legitimada a partir de cima, de algum modo irracional. A questão relativa à introdução de elementos irracionais na sociedade é extraordinariamente importante para Weber devido a seu conceito de "nacionalidade instrumental" (*Zweckrationalität*),[14] e diz respeito aos limites dessa própria racionalidade. Também o conceito calvinista de "escolha irra-

---

12 Ver M. Weber, *Wirtschaft und Gesellschaft* [*Economia e sociedade*], op. cit., p.124.

13 Ver Werner Sombart, *Der moderne Kapitalismus. Historisch-systematische Darstellung des gesamteuropäischen Wirtschaftslebens von seinen Anfängen bis zur Gegenwart*, v.1: *Einleitung – Die vorkapitalistische Wirtschaft – Die historischen Grundlagen des modernen Kapitalismus*, 3.ed., München, Leipzig, 1919, p.14s. e 37s.

14 Ver M. Weber, *Wirtschaft und Gesellschaft* [*Economia e sociedade*], op. cit. p.13: "Age conforme uma racionalidade orientada a fins quem orienta sua ação conforme fim, meios e efeitos secundários e ao fazê-lo *pon-*

cional pela graça"[15] desempenha um papel determinante na sociologia das religiões weberiana. Porém, então acontece o seguinte: como bom intelectual, Weber passou a observar mais atentamente as formas da dominação, a partir das quais elaborou seu conceito de "dominação carismática".[16] Aqui se impõe deixar de lado o por que ele introduziu esse conceito e qual é para ele a função deste mesmo conceito. O verdadeiro motivo é que ele claramente opinava que nessa forma carismática de dominação se alcançava uma espécie de corretivo para o enrijecimento crescente do burocratismo do mundo burguês. Nessa medida há quase cinquenta anos ele já percebia essa tendência ao "mundo administrado", mas não se deu conta, ou talvez na época não poderia ter-se dado conta de que o conceito de "líder carismático" // (*charismatischer Führer*), no sentido da expectativa média de que ordens proferidas em nome do carisma efetivamente são obedecidas, não funciona como corretivo para

---

    dera racionalmente os meios diante dos fins, bem como os fins diante dos efeitos secundários e, por fim, os diversos fins possíveis entre si". (Em relação ao conceito de "racionalidade orientada a fins" — "*Zweckrationalität*", ver também a nota 22, 9ª Aula {11.6.1969}, e nota 5, 10ª Aula {18.6.1968}). Adorno incorporou sua crítica à racionalidade teleológica ao texto "Marginalien zu Theorie und Praxis" (ver Adorno, GS 10.2, p.774-6).

15 Ver M. Weber, *Gesammelte Aufsätze zur religionssoziologie*, op. cit., p.88ss.; ver também *Weber, Wirtschaft und Gesellschaft*, op. cit., segunda parte, cap. IV: *Religionssoziologie*, p.328ss.

16 Em relação à "dominação carismática" em Weber, ver, por exemplo, *Wirtschaft und Gesellschaft* [*Economia e sociedade*], op. cit., p.140-8: "Carisma é um fenômeno *inicial* de dominações religiosas (proféticas) ou políticas (de conquista), mas cede ao poder do cotidiano tão logo a dominação se encontra assegurada e, sobretudo, tão logo tenha assumido caráter *de massa*" (ibidem, p.147).

a dominação burocrática, mas é especialmente adequado a se fundir com a dominação burocrática. Isso vale tanto para o Estado fascista do *Führer* quanto para o que ficou conhecido como culto à personalidade nos sistemas stalinistas.

Retornemos, entretanto, à "dominação carismática". Com relação à "dominação carismática", parece que de início ele se viu diante do fato desse carisma ser transmitido por hereditariedade, sob a forma da graça divina e mesmo antes em certas relações hereditárias de sociedades primitivas. É preciso sempre ter em mente que Weber não era um adepto do irracionalismo no sentido em que ele próprio teria introduzido o carisma como uma categoria positiva. Ele abordou a questão de um modo estritamente descritivo, ou seja, como uma chance: se as pessoas atribuem a um outro um carisma desse tipo, então esse outro tem uma certa chance de que suas ordens serão levadas a efeito; se ele realmente é dotado desse carisma, isso é indiferente a uma ciência que se comporta reconhecidamente de maneira tão neutra em relação aos valores. Não posso deixar de destacar que justamente essa indiferença – ou seja, o fato de que nessa Sociologia não se coloque a pergunta crítica quanto à existência ou não existência do carisma – teve, subsequentemente, em certos fenômenos secundários associados a Weber, uma consequência muito perigosa e muito danosa cujos efeitos perduram até hoje. Porém, seja como for, ele se apercebeu – e assinala isso explicitamente numa passagem de *Economia e sociedade* – que o tipo de "dominação carismática" possui a tendência de a longo prazo se converter em "dominação tradicional".[17] À primeira vista isso parece bastante ino-

---

17 Ver ibidem, p.154.

fensivo, bastante plausível e bastante racional. // Contudo, peço agora aos senhores que pensem isso juntamente com o que eu disse acerca do conceito de tipo ideal em Weber; e evidentemente os três grandes tipos de dominação são para ele tais tipos ideais. Esses tipos ideais a rigor não devem ter absolutamente nada semelhantes a uma vida própria. Se tomo o conceito de tipo ideal de modo tão rigoroso como o exposto no texto das categorias da *Teoria da ciência*[18] de Max Weber, então um tipo ideal assim de maneira nenhuma pode ter uma tendência a transitar a algum outro tipo ideal, porque ele é algo inventado de modo inteiramente monadológico e *ad hoc* para subsumir certos fenômenos. E já se atribui a ele quase alguma coisa da substancialidade hegeliana do conceito, da objetividade do conceito, que Max Weber justamente contestou em uníssono com o positivismo dominante do pensamento sociológico de seu tempo e inclusive de nossa época. Em outras palavras: ao olhar com mais atenção seus próprios tipos ideais, ele é levado para além de sua definição ou de seu postulado do tipo ideal enquanto um tal instrumento conceitual estritamente abstrato, arbitrário e efêmero, e em direção ao que na Teoria Crítica se designa como leis objetivas do movimento. Pois se realmente existe algo como uma tendência imanente necessária de que tal tipo ideal transite para além de si mesmo e mude em outro tipo ideal, então isso não abala somente a estrutura monadológica e absolutamente singularizada desses tipos ideais, mas ao mesmo tempo propriamente introduz algo como o conceito de lei

---

18 Ver M. Weber, *Über einige Kategorien der verstehenden Soziologie*, in: *Gesammelte Aufsätze zur Wissenschaftslehre*, op. cit., p.403-50; especialmente p.408-14.

social do movimento e nessa medida inclusive uma espécie de estrutura objetiva da própria sociedade, que a rigor é negada por princípio pelo tipo de teoria do conhecimento correspondente a Weber. Isto implica uma consequência extraordinária a que quero atentar justamente tendo em vista a controvérsia do positivismo que constitui propriamente o contexto para as considerações // que procuro indicar nesse curso. Ou seja, até mesmo quando operamos com conceitos definidos de maneira estritamente instrumental, a estruturação do assunto ele próprio, do objeto, se impõe de tal modo que nesses conceitos operacionalmente definidos se impõe algo da estrutura objetiva através de sua própria determinação estrutural e, de acordo com as regras do jogo desse tipo de ciência, não poderia acontecer. Por uma perspectiva fortemente dialética, isso significa dizer que a concepção positivista da ciência, no instante em que analisa o seu material, perceberá uma espécie de objetivação no seio da estrutura da própria sociedade que se contrapõe a essa objetivação. É situação semelhante a quando analisamos o destino dos chamados líderes carismáticos e encontramos algum príncipe mongol, seguido pelos seus cavaleiros para conquistar o mundo porque julgavam haver um poder qualquer por trás dele, e descobrimos que isso é hereditário e origina uma dinastia. Peço que compreendam porque dou tanto valor a isso. Claramente a comprovação de uma objetividade da estrutura e da organização do assunto é muito mais convincente quando provém involuntariamente de um sociólogo cuja proposta metodológica se contrapõe àquela que apresento, do que quando exponho tais leis do movimento com base em minhas próprias premissas; e acreditem, a Sociologia de Max Weber é muito rica em estruturas desse tipo. Escolhi esse exemplo porque se refere a algo tão central como a dominação; poderia citar outros ainda. Mas quero enfatizar apenas que existe um nexo como esse. Nesse ponto – o que nos traz de volta ao tema importante de que nos ocupamos nessa aula –, na construção // aparentemente a-histórica dos tipos ideais, que são abstraídos da história, mas o são justamente à custa das condições históricas concretas sob as quais são gerados ou têm validade, a Sociologia incorpora de novo precisamente aquele momento histórico que Weber procurou afastar, através da construção de uma sociologia por assim dizer "pura". *Quod erat demonstrandum*, como queríamos demonstrar. O verdadeiro significado da alegada pureza da Sociologia deriva, por assim dizer, ele próprio da estrutura da Sociologia de Weber tal como ela se apresenta.

Pergunto agora aos senhores, ou melhor, pergunto a mim mesmo para discutir com os senhores, em que consiste propriamente esse interesse tão peculiar pela pureza da Sociologia ou de qualquer outra disciplina. Devo confessar que nunca em minha vida compreendi essa questão e até hoje não compreendo. Recordo que entre mim e Max Wertheimer,[19] com quem tive horríveis divergências desde que o conheci, houve apenas uma concordância: nem ele, nem eu, embora por um ponto de vista diferente, acreditamos em tais "caixinhas". Como sei que o pensamento conforme tais "caixinhas" é muito difundido e que ele certamente exerce um poder de atração grande sobre

---

19 O psicólogo gestaltista Max Wertheimer (1880-1943) lecionou até 1918 e, após um período em que foi professor em Berlim, a partir de 1929 na Universidade de Frankfurt; após sua emigração para os Estados Unidos, trabalhou a partir de 1933 na *New York School for Social Research*.

alguns dentre os presentes sem que utilizassem para tanto naturalmente o conceito de "caixinha", creio que deveríamos colocar a sério essa questão. Acontece repetidamente comigo, por exemplo, que pessoas, sobretudo pessoas subalternas, a quem minha orientação não agrada, embora não sugiram nada de diferente desta, digam em relação ao meu trabalho: "Ora, ora, isso oscila entre a Filosofia e a Sociologia" ou então "isso oscila entre a Filosofia e a Música"; "e não é nem puramente Música, nem puramente Filosofia" ou: "não é nem puramente Filosofia, nem puramente Sociologia". // E quando dizemos isso, acreditamos já ter dito assim algo de decisivo sem pensar nem um pouco na questão realmente decisiva, ou seja, a questão relativa à mediação interna das disciplinas tratadas e de certo modo postas em relação entre si. Antes de mais nada – e não como apologia de minhas próprias coisas, que podem ser desconsideradas aqui, mas devido ao curioso tabu que caracteriza a chamada pureza das disciplinas – quero levá-los a refletir a respeito dessa questão e a questionarem o dogma, seguramente inoculado a partir de outras disciplinas, de que o valor de uma disciplina é determinado essencialmente pela sua pureza, ou seja, que ela se apoia mais ou menos estritamente em determinados materiais e categorias sem levar em conta as demais. Julgo já ter mostrado em detalhes que uma disciplina como a Sociologia só faz sentido quando se refere a materiais que não podem ser considerados puramente sociológicos.

Os psicanalistas teriam muito a dizer a respeito. Poderíamos falar, por exemplo, do complexo da virgindade, agora transferido inclusive às ciências quando ele já não consegue se impor em outro lugar e exige ao menos da ciência com medo de contato que nenhuma dessas ciências seja contaminada por outra. Mas não pretendo seguir aqui essa dimensão psicológica, embora eu acredite que se alguém tiver a ideia de fazer uma psicanálise das ciências vigentes descobrirá coisas espantosas que poderiam contribuir muito à crítica do sistema científico em vigor. Experimentei fazer algo semelhante com o conceito de "pedante" na introdução ao escrito sobre "Sociologia e Filosofia"[20] de Durkheim; mas isso não passa de um modelo. Creio // que, e aqui me dirijo àqueles que têm interesse pela Psicanálise, que poder-se-ia chegar muito mais longe do que eu fiz. Mas aqui também certas tendências psicológicas repressivas, que seriam designadas na Psicanálise como tendências de recalque, se associam a tendências repressivas na sociedade de um modo que não surpreende ninguém e é isso que comento a seguir.

O ideal da pureza científica, no sentido da delimitação segura ou por meio de definições, ainda que arbitrário, de uma ciência em relação a todas as outras, em primeiro lugar ocorre porque uma ciência nesses termos, quando é pura e portanto não pode ser interpretada como uma intersecção com outras ciências, tem chances muito maiores de ser registrada no mapa das ciências estabelecidas. Justamente as *Latecomersciences*, as ciências de estabelecimento relativamente recente no universo das ciências, como a Sociologia, que carecem de uma tradição no sentido da sistemática medieval das ciências, tem uma necessidade particular de demonstrar seu caráter científico, e por isto apresentam um empenho exagerado em demonstrar sua pureza, sua independência e, com esta última, seu direito à

---

20 Ver Adorno, GS 8, p.265-70.

existência. Pois podem ou acreditam que podem comprovar seu próprio direito à existência unicamente por se referirem àquilo que de algum modo não é já coberto por outras ciências. Portanto pretende-se estabelecer uma ciência como as outras, sem pensar que justamente a essa ciência cabe a crítica às ciências limitadas no plano da divisão do trabalho – que agora não poderia ser estabelecida com mais rigidez. No mesmo registro cabe também a divisão entre o "científico" e o "pré-científico" // recentemente muito apreciada entre os sociólogos. Evidentemente não pretendo defender o pré-científico no sentido de uma observação ingênua e sem qualquer controle ou de uma reflexão intempestiva não menos ingênua e desprovida de controles. Mas creio que a ideia de que o chamado pensamento pré-científico é inteiramente diferente do pensamento científico, essa representação é negada diretamente pelas experiências e pelos processos efetivos de um procedimento científico produtivo. Se não introduzirmos interesses pré-científicos ou conceitos extracientíficos em qualquer investigação científica sociológica, então sequer haverá conceitos científicos. Por outro lado, a chamada experiência pré-científica naturalmente também é perpassada de temas críticos que favorecem o pensamento científico. Meu intuito é somente alertar em relação à adoção daquele tipo de postura científica na Sociologia que conheço muito bem. Segundo essa postura, uma pessoa com quem, à mesa em um café – penso em Viena – conversamos sobre muitos assuntos intelectuais, políticos, sociais, a respeito de que emite opiniões muito racionais, críticas e livres, no instante em que veste seu hábito – em sentido figurado, pois de verdade já quase ninguém mais o faz – se

Introdução à Sociologia

rende ao que Habermas designou como "experiência restrita",[21] aceitando apenas pontos de vista tão limitados e estreitos que não tem qualquer peso e se situam muito aquém do que são seus pontos de vista pré-científicos, ou seja, do que ele sabe quando se fala com ele em outra situação. Na próxima aula pretendo me aprofundar mais nessa problemática da pureza da Sociologia.

---

21 Em seu texto "Nachtrag zur Kontroverse zwischen Popper und Adorno" J. Habermas procurou explicar a oposição entre "teoria analítica da ciência e dialética" a partir das diferentes determinações das relações entre a teoria e seu objeto e a teoria e a experiência. Ele denominou "restrito" o conceito de experiência dos procedimentos empírico-analíticos, porque esses "só toleram um tipo de experiência que eles próprios definem. Unicamente a observação controlada de comportamentos físicos que é produzida em um campo isolado sob condições reprodutíveis por sujeitos intercambiáveis, parece propiciar juízos de percepção intersubjetivamente válidos. Esses representarão a base experimental em que devem se fundar as teorias, se as hipóteses inferidas dedutivamente pretendem ser não apenas logicamente verdadeiras, mas também empiricamente pertinentes. Ciências empíricas em sentido estrito insistem em que todas as proposições passíveis de discussão sejam controladas ao menos indiretamente por meio daquela experiência canalizada de modo muito estreito". J. Habermas, *Analytische Wissenschaftstheorie und Dialektik*, op. cit., p.159).

// 15ª Aula
4.7.1968

Senhoras e senhores,

Para poder planejar o restante deste curso, gostaria de ter um quadro da intenção da maioria dos presentes quanto à sua presença na terça-feira, dia 16. Se comparecerem, darei aula; mas se apenas uma pequena minoria estiver presente [*Risos*] – quero dizer: uma pequena minoria em sentido quantitativo e não qualitativo – então já não darei aula nesse dia. Portanto: peço que se manifeste quem pretende comparecer na terça-feira, dia 16! Agora: inversão de votação! – Bem, é uma decisão verdadeiramente salomônica. Tenho a impressão de que estamos divididos meio a meio. Caso não haja aula na terça-feira, os protesto serão intensos? [*Risos*] E se eu der aula, os protestos serão intensos? [*Risos*] Se eu der aula, parece que os protestos serão mais intensos. [*Risos*] Até onde meus ouvidos de músico possibilitam algum julgamento, a não ser que se peça de maneira muito enfática, eu então não mais darei aula nessa última terça-feira do semestre. [*Assobios*] Bem, agora me encontro na situação do jumento no meio de duas manjedouras cheias. Até que ponto chegou a questão da autoridade. [*Risos*] Tudo bem; de qualquer maneira ainda podemos decidir na próxima semana.

Senhoras e senhores, o problema do que se chama delimitação da Sociologia em relação às outras ciências e do lugar da Sociologia na ciência tem um aspecto em certo sentido mais geral que deve ser considerado. Refiro-me ao problema da fetichização da ciência. Uma concepção como a que eu mencionei, de uma Sociologia que não pretende ser nada a não ser // Sociologia,[1] é uma concepção fetichista. Diga-se de passagem que uma tarefa muito proveitosa relativa à chamada sociologia da educação – apesar de esta, a meu ver, se dedicar muito pouco a questões como essas – seria dizer realmente algo a respeito do conceito de fetichismo da ciência. Nesse contexto, fetichismo da ciência significa que, com seus métodos imanentes e seus nexos de fundamentação, esta se converte em fim por si mesmo, sem referências àquilo de que deve se ocupar. Entretanto a ciência não é uma formação autônoma no sentido em que isso se aplica ao outro campo da atividade intelectual, a arte, ao menos como ela tradicionalmente compreende a si própria. Cabe acrescentar que a questão da autonomia e, de outro lado, a heteronomia da arte constitui por si só também um problema dialético de primeira grandeza. Isto é, afinal a ciência possui o seu *terminus ad quem*, a sua justificativa, unicamente no que oferece de visões compreensivas que alcançam para além das ciências, sem se exaurir no interior do corpo científico. Sei muito bem que esse problema em geral não é tão simples assim e penso que justamente na atual situação de crise da ciência e crise da universidade – difíceis de separar uma da outra – que precisamente nessa situação não se deve jogar a criança com a água do banho. Não resta dúvida –

---

1 Ver nota 9, 12ª Aula {25.6.1968}.

e também já enfatizei esse momento – que justamente a formação de métodos imanentes ou, se quisermos, uma certa medida de fetichismo de seu próprio conceito, possibilitou o avanço das ciências em geral e não só das ciências naturais, onde isso é evidente. Mas penso que em relação a esse complexo a Sociologia ocupa uma posição especial, o que a meu ver é particularmente importante para o *topos noetikos* da Sociologia. // Precisamente porque a própria Sociologia elabora conceitos como reificação, como fetichização, como a questão do lugar do espírito na realidade, ou seja, o que em um sentido muito amplo e até mesmo amplo demais é denominado problema da ideologia. Porém, quando a Sociologia simplesmente assume a autossuficiência dos outros tipos de ciência, sem ao mesmo tempo incorporar esse tipo de reflexão sobre si própria e sobre sua relação aos objetos, então no que se refere à Sociologia isso conduz realmente àqueles fenômenos de deformação, os fenômenos caracterizados como restrição, como "experiência restrita", por Habermas e que a Sociologia em sua fase de autorreflexão efetivamente pretende superar. Se procurássemos determinar a diferença entre a Sociologia conforme seu conceito na Escola de Frankfurt e o conceito predominante, então um elemento essencial estaria em que ela não sucumbe a esse fetichismo. Considero desnecessário dizer aos senhores que não me refiro a algo pragmático, como a utilidade imediata de seus resultados. Ao contrário, uma visão de conjunto da Sociologia nos termos científicos vigentes revela justamente que essa crença na autossuficiência do método e na independência absoluta da Sociologia combina extraordinariamente bem com sua utilidade para quaisquer problemas particulares e solucionáveis no campo da sociedade. De outro lado, o que é não fetichista se refere sobretudo àqueles campos do pensamento que, embora providos de um sentido prático, a saber, que afinal se referem principalmente à transformação das estruturas, podem, no entanto, ser traduzidos muito menos em exigências práticas imediatas do que o que pode resultar dos métodos sociológicos usuais, que em termos estritos da divisão do trabalho são justamente definidas nesse sentido. De qualquer maneira é interessante que, apesar de continuamente solucionar tarefas práticas, a Sociologia chegou a esse fetichismo essencialmente // porque procurou se livrar da suspeita de generosidade descompromissada e de mudancismo utópico. Nos termos apresentados tal autolimitação da Sociologia foi de ordem apologética, ao procurar assumir seu lugar no âmbito da ciência acadêmica estabelecida justamente na medida em que mostrou ser também uma ciência nesses moldes; ao mesmo tempo, ela também não é uma ciência nesses moldes, mas simultaneamente algo qualitativamente distinto, exatamente porque se refere ao âmbito em que também se localiza a própria ciência e portanto precisa refletir esta. Ora, esse estabelecimento da Sociologia como ciência específica teve uma consequência muito peculiar, que pode ser acompanhada em várias formas no curso da história da Sociologia mais recente. De um lado, ela queria ser uma ciência específica conforme o modelo das ciências naturais, constituídas como dominação da natureza e cujas formas categoriais podem em sua totalidade ser determinadas como formas da dominação da natureza; mas, de outro, a Sociologia, enquanto não é inteiramente "restrita", tem esse objeto geral que – se quisermos – inclui seu próprio sujeito, ou seja, a sociedade. Disso resultaria essa peculiaridade que continuamente revive sob as formas mais variadas, de que, assim como as ciências naturais reivindicam um poder em relação à natureza, a Sociologia reivindica um poder em relação à sociedade. Esse tema já pode ser observado na concepção dos reis filósofos em Platão.[2] Afinal, não se deve esquecer que em Platão as categorias metafísicas, ou seja, a teoria das ideias, ainda não se diferenciavam da teoria da sociedade; nesse sentido a doutrina platônica ainda era inteiramente arcaica e de modo algum distinguia entre a Filosofia como uma pergunta pelo ser e a Filosofia (como uma pergunta) pela sociedade. Uma das grandes // articulações da filosofia de Platão – se posso me expressar desse modo – está em que ela procura reconduzir suas representações de um encadeamento mais ou menos orgânico e simultaneamente hierárquico da sociedade, às aptidões anímicas dos homens, às três aptidões anímicas por ele assumidas[3] e, assim, pôr fim à própria teoria das ideias. Aqui é possível supor sem risco de cair em sociologismo barato que as ideias que estão em causa na teoria platônica do Estado são projeções da experiência social sobre o céu de ideias que cabe trazer de volta à terra de que afinal se originaram. Quero poupá-los de uma visão histórica acerca dessa reivindicação de poder por parte do pensamento social. A forma disso em Platão é que os filósofos, enquanto aqueles que efetivamente devem conhecer e ter uma visão de conjunto da essência da divisão do trabalho e, por essa via, da essência das funções individuais dos homens, também devem por isso ser reis. Surpreendentemente em um antiplatônico

---

2 Ver Platão, *Der Staat* [*A República*], livro V, 473 B e ss.
3 Ver Platão, *Der Staat* [*A República*], livro IV, 433 A ss. e 435 A ss.; ver em relação à teoria do Estado de Platão nesse contexto *Soziologische Exkurse*, op. cit., p.9ss.

tão convicto como Comte, essa concepção pode ser reencontrada na reivindicação propriamente explícita do controle e da organização da sociedade pela Sociologia.[4] Doutrinas semelhantes podem ser encontradas até muito recentemente, por exemplo, em numerosos teoremas de meu antigo colega Karl Mannheim, como toda a ideia da *"intelligentsia* socialmente desvinculada"[5] que, por ser desprovida de determinada posição de classe ou de interesses, seria capacitada a um grau de objetividade superior a todos os demais; também nessa doutrina existe aquela reivindicação de poder. Em sua fase inglesa, o Mannheim tardio terminou por apresentar explicitamente uma teoria da elite,[6] uma teoria da elite inteiramente do tipo

---

4 Em relação à reivindicação de poder pela Sociologia anunciado por Comte e a qual atualmente se reproduz de maneira mais ou menos aberta, ver Adorno, GS 8, p.316s; ver também nota 5, 2ª Aula {25.4.1968} e a 16ª Aula {9.7.1968}.

5 Karl Mannheim (1893-1947) assumiu a expressão relativa à *"intelligentsia* socialmente desvinculada" a partir de Alfred Weber (1868-1958); ver Mannheim, "The Problem of the Intelligentsia", Mannheim, *Essays on the Sociology of Culture*, London, 1956. Em relação ao conceito de ideologia, importante nesse contexto, ver *Ideologia e utopia*.

6 Já em 1937 Adorno escreveu uma crítica ao problema da formação das elites em Mannheim, destinada à publicação na *Zeitschrift für Sozialforschung*, com o título: *Neue wertfreie Soziologie. Aus Anlaß von Karl Mannheims "Mensch und Gesellschaft im Zeitalter des Umbaus"*. Nesse ensaio publicado postumanente ele afirma: "Mannheim considera as 'elites', cujo conceito assumira a partir de Pareto, como órgão de integração. Elas deveriam provocar a integração da formação da vontade (*effect an integration of the numerous wills*) e valem quase como agentes daquela racionalidade social, pois o conhecimento social e a disposição se concentram por assim dizer por motivos materiais cada vez mais na cabeça de poucos políticos, líderes econômicos, técnicos de administração e especialistas jurídicos". Adorno, GS 20.I, p.20.

218 da dominação autoritária, em que é de se supor // que também os sociólogos controlam as elites e, portanto, precisam zelar acerca de quem em cada caso é dirigente. Senhoras e senhores: não sei se o desenvolvimento da Sociologia em uma disciplina de massa tem algo a ver com essa latente reivindicação de poder; não considero isso impossível. De qualquer maneira creio que, se a Sociologia deve fazer jus àquela exigência que caracterizei como reflexão ou autorreflexão, então ela precisa de resistência crítica justamente diante dessa ideia de reivindicar ser a instância dominante da sociedade. A reivindicação de um poder em relação à sociedade por parte da Sociologia é insustentável justamente pela perspectiva sociológica. Pois essa reivindicação pressupõe de modo imediato, e portanto no âmbito das relações de dominação vigentes, que um grupo como os sociólogos, definido meramente de modo intelectual no plano da divisão do trabalho ou das atividades intelectuais, teria um direito ao controle social com base no fato de que real ou pretensamente – eu diria que em geral pretensamente – saberia mais do que os outros. O erro desse pensamento – erro de pensamento propriamente de difícil apreensão entre sociólogos – consiste em que essa consciência pretensa ou realmente adequada, como a imaginada, por exemplo, no perspectivismo de Mannheim, é imediatamente considerada poder. Nesse contexto surpreende bastante – e sempre considerei estranha a pouca repercussão disso – que Comte, que pretendia fundar a Sociologia como ciência pura da sociedade e ao qual remetem todas essas ideias científico-fetichistas da Sociologia, não tenha atinado que ele próprio, para ir direto ao ponto, não era um sociólogo, mas um historiador das ideias ou um metafísico do espírito, em um sentido que, como demonstra a tese de Negt[7] em detalhes, quanto a essas coisas nem se diferencia tanto de Hegel como seria // propriamente de esperar das posições fundamentais de um metafísico radical, como esse último, e de um antimetafísico radical, como aquele.

Seja dito de passagem que, de maneira geral, quando vistas a partir de um distanciamento maior, com frequência doutrinas teóricas simultâneas, sejam elas sociais, sejam elas filosóficas, são muito menos diferenciadas entre si – vistas com grande distanciamento – do que de início parecem ser conforme seu conteúdo explícito, porque a estrutura conjunta da sociedade de que se originaram e todo o estado espiritual que acumularam em si se impõem perante os seus chamados posicionamentos. Como simples ilustração do que quero dizer, afinal é bastante curioso que em Comte as fases, os "estados"[8] em que divide a história da humanidade, são efetivamente fases do espírito; ou seja, o estado teológico, o metafísico e o positivo, tudo isso se refere a fenômenos do espírito, ou seja, à religião, à filosofia especulativa, sobretudo racionalista mas também crítica e sobretudo crítico-sensualista, e por fim à ciência mais ou menos já conforme uma ideia tecnocrática; ao contrário, com ele propriamente a reflexão não se refere em absoluto às condições sociais daqueles "estados" reais ou pretensos, ou seja, aos nexos entre feudalismo e teologia cristã ou ao nexo entre a fase burguesa inicial e o pensamento metafísico. Ele é muito menos sociológico do que o esperado. Herbert Spencer representa um avanço decisivo em relação a Comte – o que em

---

7 Ver referência na nota 6, 2ª Aula {25.4.1968}.

8 A. Comte apresentou essa *lois des trois états* na Introdução a seu *Cours de Philosophie Positive* [Curso de filosofia positiva]. Ver referência na nota 21, 1ª Aula {23.4.1968}.

um sentido muito positivo é devido ao naturalismo, o chamado naturalismo de Spencer, ou seja, a ideia do homem como um gênero[9] que evolui conforme as leis da natureza – na medida em que derivou essas fases de evolução a partir da necessidade vital efetiva, a partir das demandas da autoconservação, // em vez de determiná-las como meros "estados" do espírito; em Comte, por sua vez, esses "estados" e com eles todas as leis que apresenta, são propriamente abstrações completas das condições e forças sociais que neles se manifestariam.

Atualmente ocorre uma nova movimentação dessa reivindicação de poder por parte da Sociologia, embora sob uma forma diferente daquela da época de Comte, e posso imaginar que existe algo de muito sedutor nessa reivindicação de poder e também nessa pretensão elitista da Sociologia. É apenas isso que se pode fazer em um curso como este, estimular a refletir acerca dos problemas da ciência que se pretende introduzir e acerca dos problemas postos na relação com essa ciência; no fundo não há necessidade de mais do que isso em um curso introdutório. Principalmente em sua configuração norte-americana, a Sociologia demonstrou em grande medida a capacidade de controlar situações sociais, bem como solucionar toda sorte de problemas sociais mediante o conhecimento científico. Aos interessados em sociologia industrial quero lembrar a famosa pesquisa Hawthorne,[10] que foi de certa maneira uma crítica ao taylorismo vigente na produção industrial dos Estados Unidos, ou seja, ao processo de trabalho inteiramente racionaliza-

---

9 Ver H. Spencer, *The Principles of Sociology*, op. cit., p.17.
10 Trata-se do *Mayo study*, já mencionado na 7ª Aula {14.5.1968}; ver nota 5, 7ª Aula {14.5.1968}.

do associado à ideia da linha de montagem, da *assembly line* ou da *conveyor belt* ou outra denominação que se queira para esse processo. Essa pesquisa, o chamado *Mayo study*, comprovou que a produtividade do trabalho não cresce simplesmente com a racionalização, como se supunha até então, mas que existem valores limites – o que seria posteriormente demonstrado matematicamente com toda precisão em pesquisas escocesas; ou seja, quando a racionalização tecnológica do trabalho é impelida para além de uma determinada medida, // ela se torna regressiva e decresce, o que levaria a incluir nas ponderações o chamado *Human factor*, o fator humano; por essa via se chegou mediante investigações sociológicas a uma formação social, ou seja, o grupo "informal" e portanto não derivável das condições de racionalização,[11] que contribui assim para superar o referido valor limite.

Nesse contexto quero destacar aos senhores uma questão de princípio, ou seja, a função que as chamadas instituições irracionais, como a família, a igreja, as forças armadas, têm no chamado mundo racional burguês. Sobretudo na sociologia anglo-saxã em geral tais instituições irracionais são consideradas rudimentos, restos de fases arcaicas; Spencer, por exemplo, considerou toda a esfera militar[12] uma condição necessária para que se chegasse à existência de uma integração de formações sociais, porém acreditou que ela seria dissolvida pela esfera industrial, ou seja, pelo trabalho racional baseado

---

11 Em relação ao "grupo informal" ver 7ª Aula e nota 4, 7ª Aula {14.5.1968}.
12 Ver H. Spencer, *The Principles of Sociology*, op. cit., §§ 515-21 e §§ 547-61.

na divisão do trabalho e nesse sentido estaria superada. O interessante sociólogo americano Thorstein Veblen, autor de *Theory of the Leisure Class* [A teoria da classe ociosa], uma obra muito heterodoxa e crítica e particularmente recomendável a todos, chega ao ponto de praticamente considerar todas as formas de dominação ou de instituições de poder caracterizações rudimentares na sociedade racional, meros *archaic traits*, vestígios ou restos propriamente ultrapassados pelo desenvolvimento das forças produtivas e dos homens.[13] Senhoras e senhores, posso aqui apenas indicar esse problema, embora acredite que essa visão seja equivocada. Penso que só se faz justiça aos problemas da sociedade // vigente quando o aprofundamento da visão e a insistência do pensamento em relação a essas questões vão além de toda essa tradição. No fundo, todos os pensadores que mencionei encontravam-se plenamente convictos em relação à racionalidade da sociedade burguesa, ou seja, consideraram que a racionalidade do pensamento causal-mecânico que predomina na produção no âmbito da sociedade burguesa constitui uma chave para explicar adequadamente a sociedade enquanto tal, bem como o curso dos acontecimentos. Nesta medida deixaram de levar em conta por completo o enorme papel das relações de produção em sua relevância própria, ou dito de outro modo – de maneira a se harmonizar precisamente com os termos que acabei de expor – deixaram de levar em conta que a tão falada racionalidade da sociedade burguesa, ou seja, tudo que é compreendido como era científica, sociedade científica ou sociedade industrial – o conceito de

---

13 Ver Th. Veblen, *Theory of the Leisure Class. An Economic Study of the Evolution of Institutions*, op. cit., cap.9.

sociedade industrial aliás não passa de uma extensão do antigo conceito comteano da fase positiva ou científica – é na verdade irracional. Irracional significa aqui que, se considerarmos que o objetivo da sociedade como um todo é a preservação e a emancipação dos homens que a compõem, então a organização vigente que caracteriza a sociedade tem sua finalidade em conflito com sua própria *raison d'être*, sua própria *ratio* ou razão de ser. Tão logo é percebida essa questão, as instituições, por assim dizer, irracionais adquirem elas próprias uma função, de modo que a preservação dos momentos irracionais da sociedade pode ser derivada da própria estrutura social. Para mim tal derivação da aparente irracionalidade social anacrônica a partir da própria estrutura da sociedade constitui a tarefa que se exige de uma Sociologia que se pretende razoável. Acontece que em nossa sociedade // em numerosos momentos – momento não no sentido temporal, mas de incontáveis aspectos – a irracionalidade da organização da sociedade se impõe, por exemplo, quando determinadas formas de produção, como a agrária, sobretudo em empresas agrícolas de pequeno e médio porte, já não são viáveis sob as relações vigentes de produção. Pode-se dizer que nos encontramos praticamente em uma crise agrária permanente talvez já há 150 anos, interrompida por assim dizer apenas pela "bênção" das eventuais catástrofes da guerra ou da fome. Isso significa, contudo, que tais setores [são incapazes de se manter] por outra via que não mediante instituições irracionais como a família, ou seja, mediante uma espécie de trabalho em que os trabalhadores não recebem a totalidade do resultado de seu trabalho, mas são expropriados mais uma vez no âmbito de sua associação mais íntima, denominada por isso de célula nuclear da sociedade, ou seja, que as relações irracionais conseguem sobreviver unicamente pela sobrevivência dessas funções irracionais. A irracionalidade de instituições ou os momentos irracionais em nossa sociedade podem ser compreendidos apenas como funções de uma persistente irracionalidade, o que eu mostrei com base no exemplo da família, mas que seguramente poderia ser mostrado do mesmo modo nas forças armadas e nas tarefas bélicas, que têm a função de garantir o funcionamento econômico puro do sistema ao mesmo tempo que impelem à sua destruição, o que provavelmente poderia ser mostrado da mesma forma para as igrejas. Apesar de a própria sociedade ser racional em seus meios, essa racionalidade dos meios constitui efetivamente, conforme Weber, apenas uma racionalidade de meios e fins, ou seja, sua validade existe no intervalo entre os fins postos em cada caso e os meios utilizados para tanto, sem se referir aos próprios fins, isto é, justamente àquele fim de uma preservação satisfatória e recompensadora da espécie como um todo. É por esse motivo // que as irracionalidades não apenas se conservam, mas de certo modo se reproduzem de maneira ampliada; diga-se de passagem que essa é a explicação mais apropriada da importância que os chamados momentos psicológicos e psicossociais têm nessa sociedade. Penso que a derivação objetiva da irracionalidade, ou se quiserem, a derivação racional dessa irracionalidade, constituiria peça essencial da Sociologia que se apresenta hoje em dia.

Senhoras e senhores, isso se aplica ao que expus acerca do poder reivindicado pela Sociologia. Eu afirmei que a Sociologia devia sua reivindicação de poder à sua capacidade de controlar determinadas situações. Tomemos o exemplo já utilizado, a pesquisa de Hawthorne e o correspondente culto do chamado pequeno grupo irracional – em certo sentido uma família retomada sinteticamente no plano da esfera do trabalho que, como se sabe, já se afastou da família mesmo no que se refere a seu lugar. Percebe-se logo que os fatores psicossociais ou sociológicos subtraídos à calculabilidade econômica estrita aqui se inserem eles próprios no cálculo, ao se orientarem pelo incremento da produtividade do trabalho e se encontrarem propriamente também integrados à engrenagem econômica dominante em toda sua irracionalidade. Em decorrências, nos Estados Unidos fala-se nesse contexto inclusive de uma *cow sociology*, de uma "sociologia da vaca". O significado dessa expressão bastante difundida nos Estados Unidos se vincula à existência – não sei se ela ainda existe, pois faz muito tempo que não viajo para lá, embora creia que provavelmente ainda existe e peço aos recém-vindos dos Estados Unidos que eventualmente me corrijam – de uma famosa propaganda de leite do oligopólio leiteiro *Borden*. // É a famosa vaca *Elsie*,[14] a vaca da *Borden* representada em incontáveis cartazes e que leva uma vida familiar extremamente feliz com seu marido *Elmer*, o que é demonstrado em todos os detalhes para enfatizar a boa qualidade de um leite proveniente de relações familiares no âmbito da comunidade das vacas em que há tanto zelo pelas vacas. Bem, penso que não há necessidade de detalhar mais e explicar de que maneira essa ideia pode ser aplicada à Sociologia a que me referi há pouco.

Mas falando sério, afirmo que esse tipo de poder reivindicado pela Sociologia como ciência hoje em dia é em princípio dessa natureza, ou seja, que a ideia da dominação de tais seto-

---

14 *Elsie, a vaca feliz*, foi introduzida na literatura sociológica no ensaio de Adorno "Individuum und Organisation", Adorno, GS 8, p.453.

res no âmbito da sociedade vigente é ampliada como ideia de uma dominação sociológica da sociedade como um todo. Há nisso algo daquela ilusória aparência de ausência de classes tal como imaginava o há pouco citado Mannheim em sua teoria de uma *"intelligentsia* socialmente desvinculada" por cima das classes. A antiga reivindicação sociológica de poder, tal como anunciada de modo mais ou menos explícito pela Sociologia estabelecida, não se encontra voltada a apresentar uma sociedade racional a partir de suas próprias potencialidades e tendências imanentes, mas sim voltada ao exercício de um controle racional, isto é, particular, a partir do alto sobre a sociedade. Para dizê-lo de modo enfático, poderíamos afirmar que, para essa concepção da dominação da sociedade pela Sociologia, o conceito de racionalização se dispôs no lugar da racionalidade; e não são poucos os socialistas que partilham propriamente esse ponto de vista, segundo o qual o socialismo é a eliminação de *faux frais*, de custos indevidos evitáveis, ou seja, simplesmente a eliminação de coeficientes de atrito no sentido de um movimento fluido do enorme maquinário produtivo // do capitalismo, sem que a relação dos homens vivos para com esse maquinário seja ao mesmo tempo propriamente parte da reflexão. Seria possível afirmar que com essa latente reivindicação de poder a Sociologia não seria nada além de uma instância de controle no sentido do ideal tecnocrático, mas que agora se estende para além da mera organização estritamente exterior do aparelho produtivo, ao interior da convivência humana e, por fim, até mesmo ao consciente e inconsciente dos próprios homens. Essa tecnocratização do ideal sociológico vale em uma medida tanto mais ampla, quanto mais a chamada Sociologia pura que constitui objeto de nossa conversa atual por sua vez se acomoda em relação a uma técnica; pois o próprio conceito de técnica encerra em si de modo inalienável o momento da dominação sobre a natureza, e tão logo esse conceito de técnica se aplica aos homens de modo imediato e desprovido de reflexão, propriamente o conceito de dominação é transferido de modo igualmente direto da natureza aos homens.

Creio que as considerações de princípio que expus hoje bastam para tornar claro por que não pode existir um privilégio sociológico no sentido de que, por estarmos de posse de uma chance – e não cabe se iludir de que é apenas uma chance social – temos por isso o direito de pleitear uma espécie de posição elitista de liderança na sociedade. Nossa tarefa, ao contrário, é criticar e dissolver tais conceitos de liderança elitista – inclusive dos intelectuais – e não prolongá-la pela fetichização de nossas próprias posições. O melhor que podemos esperar é que nos seja facultada uma certa chance de maioridade emancipatória através do objeto de que nos ocupamos e da liberdade de que dispomos para dele nos ocuparmos. O poder perverso da Sociologia vigente está em que a técnica // de situações de domínio científico, ou seja, algo que praticamente é uma relação coisificada ou reificada, é transferida à sociedade que, de sua parte, deveria ser propriamente o sujeito de tais conceitos; senhoras e senhores: essa é justamente a diferença entre o que eu chamaria em um sentido enfático de teoria da sociedade e o conceito mais estreito e realmente limitado de Sociologia – Muito obrigado.

// 16ª Aula
9.7.1968

Senhoras e senhores,

Tenho a impressão de que mais uma vez o ar-condicionado não funciona. Não sei se concordam com essa opinião. Se concordam, eu agradeceria muito se alguém procurasse a administração para comunicar a situação. A concentração intelectual em um dia quente como hoje é realmente uma tarefa muito difícil. Praticamente impossível.

Senhoras e senhores: sinto que no final da última aula eu me apressei em demasia para levar uma ideia à sua conclusão. Assim quero voltar ao que disse ao concluir e acrescentar uma reflexão relativa aos princípios desta. Procurei mostrar que o que existe de dominação danosa na Sociologia em sua reivindicação de controle da sociedade, que acaba mais ou menos por se impor – embora na comparação à totalidade desse pleito em Comte, isso ocorra em setores isolados –, que esse erro consiste em ampliar a tal ponto a possibilidade de domínio científico de situações sociais individuais – por exemplo, pela possibilidade de, com base em resultados sociológicos, gerar condições psicológicas de trabalho que implicam um aumento da produtividade – de modo que disso resulte a reivindicação de uma espécie de controle sobre a sociedade como um todo. Senhoras e senhores: tenho clareza quanto a que, antes de mais nada, simplesmente se poderia retrucar no sentido do senso comum, no sentido de uma lógica não refletida // – às vezes adianto objeções desse tipo porque sinto que elas não seriam feitas pelos senhores, embora devessem ser feitas porque os pensamentos só se aprofundam adequadamente quando efetivamente resultam em atritos – com a objeção: por que métodos que possibilitam solucionar de modo mais ou menos satisfatório problemas sociais em microssetores não deveriam ser ampliados e por fim aplicados à totalidade da sociedade? Penso que essa questão é tão central para a posição da Sociologia que, se quero introduzir seriamente a ela, lhes devo uma resposta. A Sociologia é uma ciência muito peculiar no que respeita uma questão pouco realçada, ou seja, o nexo de que se inferiu que na Sociologia seja possível compreender o objeto por dentro, diferentemente do que ocorre nas ciências da natureza. Isso foi reiterado sobretudo por Freyer.[1] O problema aí implícito, quando posto em termos da linguagem filosófica – a Filosofia não pode ser esquecida em uma introdução à Sociologia, pois ela faz parte do conceito de Sociologia que apresento – caracteriza a Sociologia como a ciência que, enquanto sujeito, tem ao mesmo tempo a si própria como objeto; em que portanto o sujeito, e a ciência afinal tem como sujeito ideal a totalidade da sociedade, que executa o conhecimento, não possui nada mais do que a sociedade.[2] Eu sempre repeti

---

1 Ver a referência sobre Freyer na nota 3, 9ª Aula {11.6.1968}.
2 Essa tese de Adorno torna-se mais clara na formulação da *Introdução a Positivismusstreit in der deutschen Soziologie* [Controvérsia do positivis-

nessa sessão, digo, nessa introdução [*Risos de lado a lado*] a ideia de que a Sociologia consiste essencialmente na autorreflexão da ciência e isso já não é novidade. Mas, por mais esclarecida que pareça essa questão, por trás dela se escondem a rigor o problema central e a dificuldade central da Sociologia. Por um segundo tenhamos presente que na sociedade em que vivemos não há propriamente um sujeito social geral e que sujeito e objeto se distanciam entre si nessa sociedade, que de uma forma nunca antes verificada os homens vivos são // objetos dos processos sociais que, por sua vez, são compostos pelos homens, então a dificuldade reside em que a abordagem sociológica é tão manipulada como abordagem tecnocrática aplicada aos homens – como corresponde ao conceito de Sociologia que abordo criticamente – que o sujeito social ou a sociedade como sujeito é tratada como se fosse idêntica à sociedade como objeto. Portanto, os métodos da Sociologia que objetificam, que coisificam e reificam são aplicados à sociedade como sujeito, ao mesmo tempo que justamente esses métodos reificantes deveriam ter seu limite no sujeito vivo. Apenas nessa oportunidade é possível compreender em seu sentido estrito a crítica à sociologia positivista que constitui o cânone apresentado nesse semestre e a censura que repetidamente dirijo à sociologia positivista no sentido de ser expressão de uma cons-

---

mo na sociologia alemã]: "O positivismo considera a Sociologia como uma ciência entre outras e desde Comte toma os métodos comprovados das mais antigas, sobretudo as da natureza, como aplicáveis à sociologia. Isso encerra o *pseudos* propriamente dito. Pois a Sociologia possui caráter duplo: nela o sujeito de todo conhecimento, ou seja, a sociedade, portadora de universalidade lógica, é simultaneamente o objeto" (Adorno, GS 8, p.316).

ciência reificada. Por ser consequente, tão logo é aplicada à sociedade como um todo – que deveria ser sujeito – a Sociologia converte a sociedade em objeto; fazendo assim, repete novamente no ato de conhecimento os processos de reificação que, por sua vez, em decorrência da tendência objetiva do desenvolvimento social, já existem nos efeitos do caráter da mercadoria em expansão. Eu diria que o empenho da teoria crítica da sociedade, o empenho de uma concepção dialética da sociedade, reside propriamente em não identificar a sociedade como sujeito com a sociedade como objeto. E isso por uma dupla razão: porque a sociedade como objeto, ou seja, o processo social, ainda não é sujeito, ainda não é livre, ainda não é autônoma; de outro lado, a sociedade como sujeito, o potencial da // sociedade como sujeito, ou seja, a representação de uma sociedade que determina a si própria, que é emancipada e também liberta em seu conteúdo, se rebela contra qualquer tipo de pensamento que objetifica, que reifica, é incompatível com o que lhe é impingido pelos métodos sociológicos estabelecidos.

Passaram-se quase trinta anos desde que Paul Lazarsfeld – um representante extremado da sociologia positivista e especialmente da pesquisa social empírica, diferenças de orientação científica que motivaram desentendimentos intensos entre nós durante os três anos em que trabalhamos juntos[3] – publicou um artigo na *Revista de Pesquisa Social,* ou melhor, na revista *Studies in Philosophy and Social Science,* substituta da *Zeitschrift für Sozialforschung* durante a guerra, que propriamente, o que é muito curioso,

---

3 Em relação a Paul Lazarsfeld e seu trabalho com Adorno no *Princeton Radio Research Project* entre 1938 e 1940, ver nota 6, 9ª Aula {11.6.1968}.

deu expressão ao problema de que me ocupo, embora certamente desautorizasse as formulações de que me valho para tanto. O artigo se intitula "On Administrative and Critical Communications Research".[4] No curso das discussões travadas entre mim e Horkheimer, de um lado, e Lazarsfeld, de outro, ele se deu conta de que nesses debates e no plano da chamada pesquisa de comunicação confrontavam-se duas concepções inconciliáveis de Sociologia: de um lado, a que constata fatos sociais, preparando--os e disponibilizando-os para posicionamentos administrativos de qualquer ordem, o que corresponderia ao que caracterizou como *administrative research*, "pesquisa administrativa"; e, de outro, a investigação crítica da comunicação. A diferença própria entre elas não se situa apenas nos fins que perseguem, mas em que uma considera o tratamento dos homens como objeto, por exemplo, como objetos da manipulação da indústria cultural que pretende saber como deve arranjar seus programas // para maximizar sua comercialização, ao passo que a outra, representada por nós, insiste no potencial da sociedade como sujeito e em todos os seus fenômenos deve ser avaliada criticamente conforme esse conceito de sua própria subjetividade. A crítica à reivindicação de poder da Sociologia poderia ser formulada também em termos pelos quais essa reivindicação é a totalização da reivindicação administrativa, ideal de administração total que implica tudo menos uma posição de neutralidade. Dito isso pretendo encerrar essas considerações.

Também na Alemanha dedicou-se certa atenção ao problema exposto acima e até mesmo fora de nossa escola se procurou dar

---

4 Ver Paul F. Lazarsfeld, "Remarks on Administrative and Critical Communications Research", *Studies in Philosophy and Social Science*, v.IX, New York, 1941, n.I, p.2ss.

conta dessas questões. René König, por exemplo, se esforçou para separar Sociologia e Filosofia Social,[5] talvez compreendendo isso como uma espécie de concessão aos "frankfurtianos". Em relação a isso há que dizer que ele simplesmente assumiu de maneira ingênua a velha distinção conforme a divisão de trabalho entre Filosofia e ciências específicas, e ao fazer isso deixou de perceber a situação específica da Sociologia há pouco enfatizada, a saber, que se trata da disciplina cujo objeto é em si e necessariamente também sujeito. Deixou de levar em conta que esse caráter de sujeito do objeto implica por si próprio aquelas modificações que procuramos em nosso tipo de Sociologia e que encontraram sua expressão, ainda que incompleta, no método dialético da Sociologia. Bem, não sou fetichista em relação a nomes e, certamente, não em relação a conceitos, afetados por toda sorte de sinais de arbítrio de uma nomenclatura científica urdida por eruditos. Se apesar disso desde o início me recuso a assumir aquela distinção de König, // isso não se deve apenas a que, pelos motivos há pouco enumerados, considero quanto a esse tema ser impossível diferenciar entre si os dois momentos que ele pretende distinguir, mas porque na sociedade em que vivemos – conforme uma experiência que foi confirmada com tal frequência que penso até em denominá-la de lei sociológica – recorrentemente diferenciações geradas como referências meramente de

---

5 Ver a "Introdução" ao *Fischer-Lexikon "Soziologie"* (Frankfurt a. M., 1967), organizado por ele, em que afirma: "Nesse livro compreende-se o conceito de Sociologia no sentido de uma ciência empírica específica. [...] Da Sociologia assim compreendida são excluídos antes de mais nada todos os pontos de vista de orientação filosófica, especialmente a Filosofia da História e a Filosofia Social" (idem, p.8).

tipo formal, têm a tendência a se converterem em referências a conteúdos. Quando afirmam em um contexto qualquer como o de uma distinção hierárquica, que se trata de uma questão meramente formal desprovida de qualquer importância, então podemos estar quase absolutamente seguros de que se trata efetivamente de algo muito importante; isso se aplica de uma maneira extraordinariamente ampla. As razões disso são muito profundas, justamente porque a forma racional da burocracia se impõe quase sempre essencialmente mediante mecanismos formais, sobretudo mecanismos jurídico-formais. Por exemplo, para fazer uma formulação em termos bem drásticos, se aceitássemos aquela diferenciação entre Sociologia e Filosofia Social, em decorrência se fariam diferenciações conforme esses pontos de vista também nas grandes instituições de fomento, na comunidade científica, na Fundação Volkswagen ou qualquer outra desse tipo, e projetos de pesquisa que, quando coletivos – pesquisas empíricas –, são sabidamente muito caros, seriam atribuídos à Sociologia, e todo o restante seria chamado Filosofia; e quando se iniciassem projetos de pesquisa que conforme essa divisão do trabalho seriam caracterizados como Filosofia Social, então não haveria recursos disponíveis para tais projetos. Creio que é bom os senhores lembrarem como distinções aparentemente só metodológicas ou epistemológicas atingem o funcionamento prático dessas ciências. Aproveito isso para enfatizar que sob o predomínio da "pesquisa administrativa", da *administrative // research*, a sociologia empírica foi desenvolvida de modo muito unilateral, na medida em que se formou unicamente seu potencial de assegurar informações úteis, enquanto todos os aspectos da pesquisa empírica que têm implicações críticas e através das quais poderiam ser investigadas realmente de modo empírico, por exemplo, teses e demandas sociais como a sociedade do bem-estar, ou como a parceria social, ou como o pretenso pluralismo – para mencionar as preferidas – foram tratadas até hoje de uma maneira espantosamente precária. Uma das intenções decisivas do Instituto de Pesquisa Social é que procuramos, no quadro modesto imposto por razões financeiras, aplicar ao menos uma série de pesquisas de tipo empírico exemplares, que mostram que os métodos empíricos também podem ser reformulados – para fazer uso desse termo – no sentido de um conhecimento empírico crítico da sociedade, que, no entanto, pressupõe teoria.

Existe ainda algo muito mais grave e profundo por trás dos problemas que comento aqui já há algum tempo: a função ideológica objetiva implementada pela aplicação à Sociologia de uma divisão de trabalho acadêmica em sentido estrito. O que eu tenho em mente poderia ser expresso sob a forma de uma tese nos seguintes termos: o interesse essencial nas diversas disciplinas acadêmicas desaparece por causa dos fossos que existem entre elas, e mesmo a posterior integração e colaboração destas, revelando resultados e coincidências estruturais formais, por exemplo, entre Sociologia // e Economia, não consegue restaurar o que foi perdido, simplesmente porque uma posterior recomposição secundária de fatores – como se diz – aparece como o que é concreto e determinante; e afinal a tarefa da ciência seria apreender a concreção social – como concordam os próprios positivistas – e não satisfazer a si própria mediante esquemas classificatórios.

Gostaria de elucidar isso aos senhores mediante um problema que julgo ser tão relevante para o estado geral da Sociologia e para o conceito de sociologia como o são os momentos sobre os quais lhes dirigi a atenção na aula de hoje: ou seja, a relação entre Sociologia e o que no passado era conhecido como Economia Política e atualmente é designado em geral como Economia – mudança que por si só já é muito interessante e a respeito da qual muito se poderia dizer. A rigor trata-se de fato do problema da Economia Política. Entre todas as demandas feitas pelos estudantes na reforma universitária, considero a referente a uma formação mais robusta em economia política a mais urgente. Particularmente urgente sobretudo porque a outra demanda muito importante, de que falarei a seguir e se refere à instalação de uma disciplina de Psicanálise, foi contemplada com a nomeação do senhor Mitscherlich.[6] Sem pretender me imiscuir e dar conselhos, gostaria apenas de acrescentar que tenho a impressão que o movimento estudantil enquanto orientado à própria realidade interna das universidades é mais frutífero justamente onde alcança problemas e demandas de conteúdo, ou seja, questões relativas ao conteúdo acadêmico e não quando é orientado institucionalmente, como parece ser o caso hoje em dia, em que se desenha o risco de uma certa // adaptação à institucionalização vigente. Creio que não se deveria centrar tanto a atenção em normas de procedimentos, pautas de trabalhos e problemas de representação, mas em questões de conteúdo, no próprio conteúdo científico acadêmico, onde – sabe Deus – há muitas críticas a serem aplicadas.

---

6 O psicanalista Alexander Mitscherlich (1908-1982) foi nomeado para a Universidade de Frankfurt em 1966; de 1959 a 1976 ele foi diretor do *Sigmund Freud-Institut*, em Frankfurt a. M.

Minha tese é simplesmente a seguinte: através da separação estrita entre Economia e Sociologia, feita sem a menor dúvida com o objetivo real de recusar a teoria marxista *ante portas*, desaparecem os interesses sociais decisivos de ambas as disciplinas; precisamente em virtude da sua separação – e falo de modo estritamente cognitivo, não me oriento praticamente, mas por ora apenas no sentido do conhecimento de estruturas científicas, embora conforme suas consequências essas questões dificilmente se separam de problemas relativos à práxis – ambas falham em relação a seus próprios interesses, malogram em relação ao que é decisivo para elas. A famosa Sociologia que "não pretende ser nada além de Sociologia"[7] conforme a proposição de Scheuch, restringe-se a opiniões e preferências ou quando muito a relações interpessoais, formas sociais, instituições, relações de dominação e conflitos. Nessa medida passa-se ao largo do que propriamente constitui a *raison d'être* de todas essas coisas – digo coisas para me referir a todos esses momentos – e que é o único padrão que possibilita sua avaliação; ou seja, deixa-se de lado o processo da autoconservação da sociedade humana; não se leva em conta que afinal todo esse processo social gigantesco e mantido unido pela troca é absolutamente desprovido de qualquer sentido que não seja em primeiro lugar garantir e conservar em movimento, materialmente e em seu padrão cultural, a vida do gênero humano em seu conjunto. Se argumentássemos nessa direção, os sociólogos retrucariam de imediato: "Bem, como sociólogos nós não podemos nos ocupar com questões como essas, // relativas a problemas da autoconservação econômica de uma nação

---

7 Ver nota 9, 12ª Aula {25.6.1968}.

ou até mesmo da humanidade, pois essas coisas são efetivamente atribuição da economia; o que é especificamente sociológico se constitui precisamente pelo interpessoal, prescindindo dos processos propriamente econômicos". Em outras palavras: a Sociologia – e essa é a objeção mais grave que pode ser dirigida ao que em geral responde como Sociologia – não leva em conta a produção e a reprodução social da vida da sociedade como um todo; e se existe algo que é uma relação social, então é justamente essa totalidade. Tão logo se levantam coisas como essas, imediatamente se ergue a objeção de economismo.

No que se refere a Max Weber, há que reconhecer – em que pese seu famoso ataque à teoria marxista referente à relação entre base e superestrutura em seu ensaio sobre a ética protestante[8] – que o problema dessa relação ainda é encarado como problema; afinal, não é por acaso que sua obra principal inconclusa se intitula *Economia e sociedade*, na qual se coloca a questão da inter-relação e da interdependência de ambas, embora já sejam apreendidas como entidades diferenciadas conforme o esquema sociológico. O que se decantou na Sociologia – contra Weber – é que esse nexo entre economia e sociedade, que explicitamente lhe pareceu ser o problema sociológico central, foi eliminado da Sociologia em seu sentido cientificista estrito, de modo que a Sociologia não tem a menor preocupação com a questão, como o demonstra a literatura sociológica em geral, e mesmo sociólogos tão empenhados na crítica social como o falecido Wright Mills eram tão comprometidos com a Sociologia dominante, que operaram principalmente com conceitos como poder, elites e disponibilidade pessoal quanto ao

---

8 Ver referência na nota 16, 7ª Aula {14.5.1968}.

238 aparato produtivo,[9] // sem se referir de modo mais aprofundado à análise dos processos econômicos eles mesmos. Mas, no que se refere por sua vez à economia ou à teoria econômica, ela recusa tudo o que não acontece estritamente no âmbito das relações da economia de mercado vigente e que pode ser matematizado ou calculado conforme os esquemas das relações de mercado em curso, seja como História, seja como Sociologia, seja até como Filosofia; essa recusa caminha no sentido, por exemplo, de uma teoria de classes puramente sociológica. Na medida em que ambas as disciplinas recusam essas questões, o que é decisivo é expelido também da Economia: a saber, que as relações econômicas entre os homens, que se apresentam como puramente econômicas e acessíveis ao cálculo, efetivamente são relações enrijecidas entre os homens; ao mesmo tempo a Sociologia que se ocupa apenas com relações entre os homens, sem despender muita atenção à sua configuração econômica objetivada, se apresenta de sua parte como se o decisivo dependesse efetivamente dessas relações interpessoais ou até mesmo das chances de ações sociais e não daqueles mecanismos. Falta no meio disso – e "meio" aqui não tem significado topológico, mas deve ser apreendido realmente como autorreflexão de ambas as ciências – efetivamente o que outrora fora designado com o conceito de "economia política". Por essa via não desaparece da Sociologia apenas o que é decisivo, mediante o que a engrenagem social se preserva, mas inclusive como ela se conserva, com que sacrifícios, amea-

---

9 Ver Charles Wright Mills, *The Sociological Imagination* (1959); dt: *Kritik der soziologischen Denkweise*. Com Prefácio de Norman Birnbaum, Neuwied, Berlin, 1963.

ças e também com que potencialidades para o bem — isto é, justamente o que importa, o que poderíamos denominar de cerne do processo social. Isso para nem mencionar o desaparecimento da questão candente da relação entre economia e sociedade, em conexão imediata com o problema de saber até que ponto a sociedade contemporânea ainda permanece ou não // uma sociedade de troca; de sua permanência ou não como sociedade de troca, por sua vez, depende de um modo que dispensa maiores comentários, também essencialmente o prognóstico acerca das questões especificamente políticas ou sociais. Ou seja, senhoras e senhores — para dizê-lo sem rodeios — a questão da tendência do capital, a questão da concentração, que sempre é negada com artifícios no plano interno da economia, não é apenas uma questão de cálculo econômico, mas é diretamente uma questão que não apenas determina a estrutura de nossa sociedade até seus comportamentos subjetivos mais delicados, mas da qual também depende o desenvolvimento da sociedade e das formas sociais específicas. Quando essa questão não é levada em conta, então a Sociologia será praticamente neutralizada por inteiro diante do que se impõe como destino à humanidade. De outro lado, é preciso ter em mente que não se trata de exigir uma introdução da economia de mercado matematizada na Sociologia, mas que se trata de exigir da Sociologia exatamente o que ela não providencia: a saber, a retradução das leis econômicas em relações humanas coaguladas. Afinal a existência de um plano indiferenciado ou de um ponto de indiferenciação entre Economia e Sociologia deve ter sido a razão que levou Marx àquela formulação peculiar da "economia política", uma formulação que é peculiar porque, de outro lado — como é do conhecimento de muitos —, o conjunto da esfera da política é atribuída por Marx à ideologia. Entretanto, essa teoria da política como ideologia também tem sua ambivalência. De um lado, a política é ideológica enquanto expressão de relações de poder vigentes, na medida em que se comporta como se fosse uma espécie de técnica // ou modo de operação independentemente das relações de poder sociais; mas, de outro, existe naturalmente também na esfera política a possibilidade ou o potencial de uma transformação social. Portanto, colocando a questão em termos dialéticos, poderíamos dizer que a política é e, simultaneamente, não é ideologia. Aliás, gostaria de acrescentar que Marx nutria uma grande aversão diante da palavra Sociologia, provavelmente decorrente de sua má vontade, de resto justificada, quanto a Augusto Comte, a quem dirigiu a mais arrasadora crítica.[10] Uma análise mais pormenorizada mostraria a relação dessa aversão com a repulsa de Marx perante a posição reificante, meramente contemplativa da Sociologia diante da sociedade, e que ele percebia a impossibilidade do deslocamento ideológico implícito no projeto de estabelecer uma ciência como as outras ciências tendo como objeto a sociedade que, como men-

---

10 Não foi possível identificar as manifestações de Marx sobre Comte a que Adorno se referiu; entretanto a carta de Marx a Engels de 7 de julho de 1866 confirma que o juízo de Marx acerca de Comte foi corretamente caracterizado por Adorno como "arrasador": "Ao mesmo tempo estou estudando Comte, porque os ingleses e os franceses fazem tanto barulho a respeito do homem. O que os seduz a esse respeito é o tom enciclopédico, *la synthèse*. Mas isso é lamentável em relação a Hegel (embora Comte seja superior no detalhe, como profissional da Matemática e da Física, mesmo aqui Hegel é infinitamente superior no conjunto). E esse positivismo de merda apareceu em 1832!". (Karl Marx/Friedrich Engels, *Werke*, op. cit., v.31, Berlin, 1965, p.234).

cionado atrás, não é propriamente objeto, mas sujeito. Contudo ele deu conta da grande ambiguidade dessa situação, na medida em que repeliu a Sociologia como ciência que então se estabelecia, desprezando a palavra sociologia, ao mesmo tempo que dedicou a maior parte de sua obra de maturidade ao que não pode ser designado senão como economia política teórica. Se ele sempre teve clareza quanto à redução dos nexos econômicos a relações objetificadas entre os homens ou se também ele pagou seu tributo à ciência objetificada, como aliás ocorre a todos que se ocupam cientificamente, essa é uma questão que deixo em aberto. Sempre é preciso escolher entre a consciência científica reificada e um pensamento amadorístico impulsivo; // nos termos da realidade em curso, é difícil superar essa contradição.

Insisto ainda que não se trata de uma demarcação muito forte entre as disciplinas, mas de uma posição muito mais radical e determinada. Ou seja: a demarcação em causa não apenas é injusta em relação a algumas passagens entre os limites, o que é inevitável em um pensamento encadeado e não deve ser motivo de lamento; refiro-me a algo muito mais sério, ou seja, que mediante essa separação estrita entre Sociologia e Economia os interesses propriamente centrais de ambas as disciplinas se perdem; e justamente por isso que ambas não atingem mais seus interesses centrais, elas simultaneamente realizam sua função no âmbito do vigente, na medida em que ambas não tocam nas chagas presentes no vigente e que o vigente deixa sua marca em cada um de nós, mesmo que não sejamos objeto de guerras ou de outras catástrofes naturais da sociedade.

Senhoras e senhores, o que procurei mostrar com alguma ênfase na relação entre Sociologia e Economia, também vale para a relação entre a Sociologia e outras disciplinas próximas, embora não de um modo tão marcante e tão consequente; vale sobretudo também para a relação com a História. Aliás, também a separação em relação à História foi muito lenta. Em Marx, que afinal se desenvolveu a partir de Hegel, as categorias não são apenas sistemáticas – como se costuma dizer – desenvolvidas a partir do conceito, mas de acordo com sua intenção são sempre ao mesmo tempo categorias históricas; nisso são muito semelhantes a como em Hegel as chamadas categorias sistemáticas são categorias históricas. Também em Weber havia uma forte orientação pelo // material histórico. A desistoricização da Sociologia com que hoje deparamos é um sintoma a mais de sua reificação, do corte de seu vir-a-ser. Mas disso falarei na quinta-feira.

// 17ª Aula
11.7.1968

[Senhoras e senhores,
O fato de a Sociologia possuir uma dimensão histórica e de o material da Sociologia ser sempre ao mesmo tempo um material histórico não é realmente posto em questão. Em princípio, o que se encontra em causa diante de todo esse complexo – em uma característica de todas as controvérsias metodológicas da Sociologia – é que aparentes mudanças de ênfase]¹ conferem ao tema uma importância muito maior do que parece. Senhoras e senhores, quero chamar sua atenção justamente para essa situação. A diferença está em que na Sociologia vigente, sobretudo nos Estados Unidos, a dimensão histórica é tolerada em geral enquanto um fundo em segundo plano, ou – como ali se costuma dizer – como *background-information*, que proporciona uma ideia de como se chegou a tudo aquilo, para que não paire no ar, no sentido do ideal conhecido como colaboração

---

1 O começo da aula reproduzido entre parênteses [ ] foi completado a partir da edição *Junius* deste curso, pois não foi preservado na gravação.

interdisciplinar. Mas há uma continuada compreensão equivocada e incompreensão quanto ao papel constitutivo da história e dos nexos históricos para a Sociologia, no sentido em que a apreensão imanente das categorias da Sociologia é desprovida de sentido e que a sociedade não pode ser apreendida sem referência aos elementos históricos nela implícitos. O conhecimento histórico não é algo à margem da Sociologia, mas algo que nela é central; a posição conferida à história é uma diferença decisiva entre todas as que são essenciais para distinguir uma teoria crítica da sociedade, representada prototipicamente pela teoria marxista, e a Sociologia no sentido restrito, tal como criticado por Habermas[2] e tal como procurei caracterizá-la ainda uma vez em nossa última aula. A "economia política" de Marx e sua teoria da sociedade é // em sua essência simultaneamente uma teoria histórica e pode ser compreendida unicamente como uma teoria histórica. Recentemente, em grande ensaio publicado em um suplemento de uma revista filosófica,[3] Habermas discutiu a questão em pormenores, remetendo à problemática da antiga teoria do conhecimento. Não pretendo repetir a argumentação de Habermas e peço apenas que estudem esse ensaio. Uma forma para expressar isso seria que o que deve valer como essência dos fenômenos sociais – essência só no sentido de essencial – em grande medida nada mais é do

---

2 Ver Habermas, *Analytische Wissenschaftstheorie und Dialektik* [Teoria analítica da ciência e dialética], op. cit., p.155-92; sobre a relação entre "teoria e história", ver sobretudo p.161-6.

3 Trata-se do suplemento 5 da revista *Philosophischen Rundschau* (Siebeck und Mohr, Tübingen), onde em fevereiro de 1967 foi publicado o ensaio de Habermas, "Zur Logik der Sozialwissenschaften" [A lógica das ciências sociais].

que a história armazenada em fenômenos. Eu lhes falei da dimensão da interpretação, mostrando que um momento essencial, central, da Sociologia é interpretar fenômenos sociais como expressão da sociedade, da mesma maneira que um rosto pode ser interpretado como expressão do psíquico nele refletido. Podemos dizer que na Sociologia a dimensão da interpretação consiste essencialmente em que a história se encontra armazenada nos fenômenos que aparentemente se encontram parados, que aparentemente são um dado e até mesmo algo de momentâneo. A aptidão interpretativa reside essencialmente na capacidade de apreender a dinâmica imobilizada ou o vir-a-ser nos fenômenos; tal como – conforme exemplo que me ocorre – a interpretação de traços culturais por Thorstein Veblen, que fala de *conspicuous consumption* e de que a cultura em sua abrangência, ou seja, como se dirige aos seus consumidores, não é nada além de ostentação de poder, violência, prestígio.[4] Essa teoria não diz nada além de que todos os traços que caracterizam uma cultura dominante como tal, são traços de sua própria história ou, melhor, história prévia, ou seja, que conforme sua expressão os traços que emergem nela são *archaic traits*, portanto, // traços arcaicos; que, por exemplo, um edifício imponente e pretensioso, como a imitação de um palácio florentino que encontramos em grande número em Manhattan, na realidade não é nada além de sobrevivência de fortalezas e ostentação militar em uma época em que um poder militar direto como esse já não existe, mas em que o poderio e a imensidão

---

4 Sobre o conceito de *conspicuous consumption* ver Th. Veblen, *Theorie der feinen Leute*, *Theory of the Leisure Class*, op. cit., cap. 4, "Conspicuous Consumption".

do capital se expressa pela utilização de meios historicamente superados, seja inconscientemente, seja no sentido de um inconsciente coletivo. É isso que eu quis dizer ao afirmar aos senhores que antes de tudo o momento da fisionomia social ou da visão sociológica em geral se identifica à apreensão do vir-a-ser no que se apresenta como um mero ser; da mesma maneira pela qual, aliás, um dos órgãos essenciais de uma teoria crítica da sociedade consiste em apreender em seu vir-a-ser coisas que se apresentam como existentes e por isso como dados de natureza. Em um formato muito simples, poder-se-ia dizer que unicamente o que se formou apresenta-se, desde o início, de modo tal que sua possível transformação salta aos olhos. Porém o significado da história – e não me refiro aqui ao significado marginal, mas ao significado constitutivo da história para a Sociologia – revela-se ainda em um sentido mais radical: justamente o da lei sociológica. Nesta nossa última aula, evidentemente não é possível expor uma teoria da lei social; contudo posso – com alguma segurança – expor algumas coisas sem precisar recorrer à famosa distinção entre o nomotético e o ideográfico,[5] discutível – do ponto de vista da Sociologia – justamente porque obviamente existem também regularidades sociais. Entretanto tais regularidades // sociais diferenciam-se de modo constitutivo de regularidades no plano

---

5 Wilhelm Windelband criou a distinção entre nomotético e ideográfico, que corresponde à distinção desenvolvida por Rickert entre ciência da natureza, à procura de leis generalizadoras, e ciência da cultura, que investiga o "valor" de um fenômeno singular em que se realiza um "bem cultural"; ver W. Windelband, *Geschichte und Naturwissenschaft*, Freiburg 1894; ver também nota 30, 9ª Aula {11.6.1968}.

das ciências naturais, justamente pela forma de sua própria historicidade. Apresentado nos termos de uma fórmula, apenas para efeitos de orientação, para que tenham a oportunidade de refletir a respeito após este curso, eu diria que em geral a forma da lei das ciências naturais – e não falo da Física mais recente, pois quando se pretende delimitar entre si esferas de disciplinas não se deve começar pelo que há de mais moderno – a regularidade das ciências naturais parece ter a forma: "sempre que – então"; ou seja, sempre que isso e aquilo é dado, que essa e aquela condição sejam realizadas, então ocorrem esse ou aquele efeito. Em contrapartida a forma fundamental das leis sociais é a seguinte: depois de acontecer, de ocorrer isso, isso e isso, desenvolvendo-se na sociedade nessa direção e em nenhuma outra, então com grande probabilidade, definida por Marx mediante o conceito de tendência,[6] ocorrerá isso ou aquilo. Aqui a forma segundo a qual se orientam tais regularidades não é: "sempre que – então", mas "depois que – então"; esse "depois que" naturalmente contém de modo constitutivo o tempo e assim toda a dimensão histórica.[7]

---

6 Marx fala de uma "tendência" quando determinados fatores não negam o efeito de uma lei geral, embora contenham, reduzam ou enfraqueçam sua implementação. O modelo mais famoso que Adorno provavelmente tinha em mente é "a lei da queda tendencial da taxa de lucro" e das "causas que se contrapõem à mesma" e "cruzam o resultado da lei geral, suspendendo-o e dando-lhe o caráter de uma tendência" (Marx/Engels, *Werke*, v.25, op. cit., p.242ss.).

7 Em sua Introdução a *Positivismusstreit in der deutschen Soziologie* [Controvérsia sobre o positivismo na sociologia alemã] Adorno desenvolveu essa forma do conceito de lei social não em contraposição à lei das ciências da natureza, mas a partir da determinação dialética da relação social entre o individual e o universal: "A formulação

Se, como Habermas procurou fazer, – sobretudo na introdução à sua obra *Estudante e política* [*Student und Politik*],[8] que recomendo enfaticamente – quisermos compreender o significado da categoria "esfera pública" (*Öffentlichkeit*), então não basta definir esse conceito de esfera pública ou então descrever fenomenologicamente a opinião pública e seu declínio, declínio real ou fictício, mas desde o começo é preciso conhecer e refletir os processos a que essa categoria de esfera pública se subordina e que – se é que houve isso – se fizeram valer para a transformação na função ou na composição // interna de esfera pública. É preciso saber que de início foi feita, diante da sociedade feudal e em nome de uma razão natural e virtualmente comum a todos os homens, a exigência de uma esfera pública plena como uma condição da democracia de homens emancipados. A expressão mais vigorosa disso é evidentemente o segundo *Tratado sobre o governo*[9] de John Locke, motivo pelo qual aconselho insistentemente que se familiarizem com essa

---

dialética das leis sociais como histórico-concretas corresponde à ênfase no singular que não sacrifica o mesmo à universalidade comparativa por causa de sua universalidade imanente. A determinação dialética do singular como simultaneamente particular e universal muda o conceito de lei social. Ela já não possui a forma 'sempre que – então', mas, sim, 'depois que – é preciso que'; em princípio ela vale apenas nas condições da ausência de liberdade, porque em vez de a lei determinada ser mero produto da síntese científica dos momentos individuais, estes já a contêm em si, como resultado da estrutura social específica" Adorno, GS 8, p.323.

8 Ver *Student und Politik. Eine Untersuchung zum politischen Bewußtsein Frankfurter Studenten*, Jürgen Habermas, Ludwig von Friedeburg, Christoph Oehler, Friedrich Weltz, Neuwied, 1961, p.11-55.

9 Ver John Locke, *Zwei Abhandlungen über die Regierung* [Dois tratados sobre o governo civil], org. e introd. W. Euchner, Frankfurt a. M., 1967.

obra. Com *O espírito das leis*[10] de Montesquieu, forma um dos textos fundamentais da teoria social do Ocidente. Por outro lado, também é preciso considerar que tal conceito de esfera pública, em virtude de ser remetido à razão subjetiva e não mais a uma ordem espiritual objetiva de acordo com a exigência do modo de pensar medieval, desde o começo incluiu o conceito de opinião e, por essa via, inclusive um momento acidental e preferencial que de maneira progressiva reduziu o conceito de esfera pública ao que de essencial as pessoas pensam de um modo mais ou menos descompromissado. Também é preciso saber que o caráter mercantil em expansão crescente com o avanço da sociedade burguesa e principalmente as crescentes dificuldades de valorização do capital levaram à manipulação e por fim à monopolização da própria esfera pública, bem como à conversão desta em mercadoria, em algo produzido e tratado com o objetivo da sua venda, justamente o contrário do que corresponde a seu próprio conceito. Creio que apenas quando acompanhamos reflexivamente esses processos poderemos efetivamente compreender os fenômenos da ideologia contemporânea que se tornaram tão importantes e que são caracterizados com o conceito de manipulação. Se estudamos apenas os fenômenos contemporâneos da esfera pública sem acompanhar reflexivamente o que seu conceito significava, em que // e sobretudo sob quais pressões esse conceito se modificou, então somente atingimos um quadro inteiramente inútil e desprovido de conceito que corresponde ao que hoje em dia se designa em geral como pesquisa de comunicação. O termo comunicação já contém essa neutrali-

---

10 Ver Montesquieu, *Vom Geist der Gesetze* [*O espírito das leis*], 2v., Tübingen, 1951.

zação, de que aparentemente tudo se passa como se não se tratasse de nada a não ser que uns comunicam algo a outros, fazem que saibam alguma coisa, deixando de levar em conta que as formas dessa comunicação já encerram historicamente, de modo constitutivo, todas as relações de dominação. A contradição assim constituída entre o conceito de esfera pública e aquilo em que ela se converteu é, por sua vez, um órgão essencial de uma teoria crítica da esfera pública; e se nisso abstrairmos do momento histórico, então uma crítica à esfera pública hoje e às condições atuais de uma esfera pública sequer é possível. Com isso pretendo apenas dizer que o meio da crítica social, que a Sociologia vigente não leva em conta, precisa ser procurado precisamente no caráter constitutivo da história para a sociedade. Existe efetivamente na Sociologia predominante uma tendência muito forte de eliminar a dimensão histórica. A manifestação mais aguda disso é a famosa expressão do velho Henry Ford: *"History is bunk"*, "história é besteira"; ou seja – em uma tradução livre – "a história deve ir para a lata de lixo". Essa mesma formulação no fundo já foi antecipada na última grande fala de Mefistófeles no final do *Fausto*, onde se afirma em relação a tudo que foi e já não é: "...é como se nunca tivesse sido".[11]

O conceito de fato que já foi discutido em diversas ocasiões e que é idolatrado pela Sociologia vigente tem entre uma de suas características a de ser representado propriamente como atemporal, como momento presente pontual. Quando eu afirmava // que o empirismo vigente de modo paradoxal eliminava a experiência, então – se quiserem – aqui encontramos a

---

11 Ver Johann Wolfgang Goethe, *Faust* [*Fausto*], II, verso 11601.

razão disso, na medida em que essa característica pontual, esse "isso é o caso" que abstrai de sua historicidade particular, de suas implicações históricas e converte o resultado de um vir-a-ser em um "ser-deste-modo-e-não-de-outro" absoluto. Isso, porém, implica uma consequência extraordinária, pois na medida em que se converte em absoluto e em que desaparece sua gênese, aparece simultaneamente como natural e por isso — conforme já expus — como princípio imutável. Nessa medida — motivo pelo qual insisto no valor decisivo de uma relação entre História e Sociologia, inclusive como corretivo diante do risco da degeneração de uma sociologia crítica em um sistema meramente dedutivo — a eliminação da dimensão histórica constitui um instrumento essencial para sancionar ou legitimar o existente ou vigente. Com a eliminação do vir-a-ser dos fenômenos, desaparece também a perspectiva do que pode resultar deles, do que podem vir-a-ser.

Em diversas oportunidades nas últimas aulas falei do nexo entre a reificação da consciência e a Sociologia estabelecida. Talvez seja possível agora compreender isso de maneira mais nuançada; ou seja, a consciência reificada é tal que, de acordo com o padrão de algo reificado conforme o modelo de um sistema conceitual enquanto aparato em funcionamento, ao reduzir a um momento o objeto, simultaneamente coagula este em algo sólido. O que não é nada além de ser "aqui e agora", endurece ou solidifica justamente mediante essa fixação no instante. O meramente instantâneo e o coisificado, esses opostos extremos, coincidem na medida em que ambos abstraem do que é historicamente constitutivo. Mas isso se contrapõe de maneira absoluta // ao próprio objeto da Sociologia, ou seja, à sociedade, que é um processo funcional e vital e não um mero conceito descritivo, por exemplo, de todos os homens que vivem em determinado momento, e por isso mesmo não pode ser apreendida senão historicamente, porque seu próprio caráter funcional não pode ser apresentado a não ser na dimensão temporal. À medida que abstraímos disso, podemos dizer que o método falsifica novamente o tema, ao imobilizar em sua situação momentânea a sociedade que em si é necessariamente dinâmica por força da lei que lhe é própria. Assim deparamos necessariamente com a categoria do *status quo*, uma categoria central da ideologia vigente. Trata-se da cegueira da Sociologia anti-histórica diante das tendências imanentes de desenvolvimento da sociedade e, por esta via, diante do que é decisivo no objeto: a saber, que a Sociologia precisa ter conhecimento da direção pretendida por esse todo para, a partir daí, inferir se e como eventualmente se pode interferir nessa tendência. Nesse contexto repito o que já indiquei há pouco, ou seja, que a Sociologia orientada ao momentâneo e que se denomina empírica, justamente na medida em que desconsidera em princípio a dimensão temporal do vir-a-ser, se priva da experiência. De resto, a fraqueza subjetiva da memória que se relaciona com a categoria da "fraqueza do eu"[12] revelada pela Psicologia, constitui um dos traços decisivos da nova heteronomia em formação. "Toda reificação é um esquecimento"[13] e crítica significa propriamente o mesmo que recordação, isto é, mobilizar nos fenômenos o que fez que estes se tornaram aquilo

---

12 Sobre o conceito de "fraqueza do eu", ver referência na nota 103, 7ª Aula {14.5.1968}.
13 Theodor W. Adorno, GS 3, p.263.

em que se converteram, para assim apreender uma outra possibilidade de vir-a-ser e converter-se em algo outro.

Esse significado central da história para todo conhecimento sociológico é decisivo sobretudo para o movimento operário. As *Teses sobre Feuerbach* de Marx,[14] por exemplo, // não podem ser compreendidas corretamente *in abstracto*, desvinculadas da dimensão histórica, mas têm seu significado no contexto da expectativa de uma revolução iminente existente em sua época; sem uma tal expectativa, elas degeneram em uma mera fórmula mágica. Que após essa possibilidade dada não se realizar, Marx tenha-se sentado durante décadas no Museu Britânico para escrever uma obra teórica de Economia Política, sem se dedicar efetivamente a tanta práxis assim, isso não é uma mera questão de acaso biográfico, mas expressa também justamente um momento histórico.

Em grandes sociólogos burgueses como Max Weber e Durkheim, o material era essencialmente histórico ou também etnológico, embora aqui o etnológico pode ser sem hesitação subsumido sob o conceito de história, na medida em que o interesse especificamente sociológico em material etnológico e antropológico consiste em geral em acreditar – correta ou equivocadamente – que se pode apreender, a partir de rudimentos do que se chama de estágios mais antigos da humanidade, o que teria acontecido também em tempos idos no que seriam nossas próprias culturas desenvolvidas. Teoremas como o referente à "consciência coletiva" de Durkheim, ou o

---

14 As assim chamadas "Thesen über Feuerbach" [*Teses sobre Feuerbach*], de Marx foram escritas como anotações em 1845, com o título: *Ad Feuerbach*; ver Marx/Engels, *Werke*, op. cit., v.3, Berlin, 1969, p.5-7.

referente ao "espírito do capitalismo" de Weber, com o nexo de religião e estruturas sociais, são possíveis apenas como teoremas históricos e não como eventualmente apenas demonstrados mediante um material histórico. Não preciso salientar quão produtivos eles demonstraram ser para o conhecimento da sociedade. Mas é preciso alertar a um risco da perspectiva histórica para a Sociologia – uma vez que [aceitem] um conceito tão professoral como é o de risco, quando em geral o professor ergue o indicador para falar de caminhos e descaminhos da ciência, dos quais eu normalmente prefiro os descaminhos. Em tais casos, o risco consiste em que, // através da relação da sociedade ao passado ainda não determinado totalmente pela economia e não tão socializado como atualmente, se gera a impressão de que em tempos idos ou até mesmo de um modo geral e em qualquer circunstância, houve o predomínio do espírito na sociedade, e não, como podemos postular para a sociedade atual, justamente o predomínio do nexo econômico, ao qual entrementes também foram integrados os chamados fenômenos espirituais em toda sua abrangência. Ora, tanto Durkheim quanto Weber despenderam infinitos esforços para diferenciar a Sociologia da Psicologia: Weber mediante o conceito de racionalidade[15] – a que já me referi – e Durkheim por meio do conceito do fato social como impenetrável.[16] Um motivo especial faz que eu volte aqui à posição da Sociologia diante da Psicologia. É que a resistência à inclusão de momentos psicológicos, à dimensão psicológica, não é somente da sociologia burguesa positivista especializada, mas é

---

15 Ver a 9ª Aula {11.6.1968} e a nota 22, 9ª Aula {11.6.1968}.
16 Ver a 5ª Aula {7.5.1968} e a nota 3, 5ª Aula {7.5.1968}.

partilhada de modo amplo inclusive por marxistas. Recordo-me do seminário acerca da personalidade autoritária ocorrido no semestre passado,[17] quando um estudante marxista questionou toda a problematização da personalidade autoritária porque compreendeu esta como desvio subjetivista em oposição à teoria objetiva dos valores. De maneira geral os marxistas foram contra a Psicologia e talvez até hoje o sejam, à exceção solitária de um Trotski, difamado por seu reconhecimento da Psicanálise. Está em causa aqui um fenômeno que conforme uma expressão de Frenkel-Brunswik eu gostaria de designar como *intolerance of ambiguity*,[18] "intolerância diante da ambiguidade", ou seja, aquela estrutura do pensamento que opera com estereótipos do tipo "preto-branco", rejeitando tudo o que remete à crítica e à auto-reflexão. Existe inclusive uma carta de Benjamin – que eu não conhecia e foi publicada na revista *alternative* por ocasião de sua polêmica comigo – em que ele afirma: "Nada me agradaria mais do que acompanhar o curso do seu pensamento" – trata-se de um destinatário desconhecido – "Porém a meu ver o significado de Psicologia Social deve ser decidido conforme o fundamento de uma teoria social que tornou os conflitos de classe" – etc. – "seu objeto privilegiado. Na Alemanha não tivemos e ainda não temos (correção: também) hoje em dia um excesso de contribuições a uma teoria social fundada no método materialista nesses termos e que são diferentes das chamadas pesquisas metodo-

---

17 O seminário "Probleme der autoritätsgebundenen Persönlichkeit" ["Problemas da personalidade autoritária"] foi oferecido por Adorno no semestre de inverno 1967-68.

18 Ver *The Authoritarian Personality*, op. cit., p.461ss.

lógicas".[19] Isso comprova de modo inconteste a antipatia de Benjamin pela Psicologia Social. Em relação a isso cabe dizer que certamente predomina na sociedade um primado da correspondência objetiva às leis. Em primeiro lugar, porque a "autoconservação" do gênero humano, através da economia e da "autoconservação" de cada homem em particular, é antes de tudo prioritária em relação aos determinantes psicológicos. Mas, em segundo lugar, devido a uma razão que assinalei de várias maneiras durante este curso, ou seja, que o lado institucional objetivo da sociedade se autonomizou e se consolidou frente aos homens de que a sociedade se compõe. De outro lado, há que pensar que também os sujeitos fazem parte da sociedade e, para que esta possa ser preservada em sua forma vigente, precisa ser acompanhada de uma determinada situação dos sujeitos. Se os sujeitos fossem outros ou se fossem emancipados (*mündig*), como se diz corretamente hoje em dia, então essa sociedade, apesar de todos os meios de coação existentes à sua disposição, provavelmente sequer poderia ser preservada nos termos vigentes. O papel do fator subjetivo se transforma no curso do processo social como um todo. Diante de uma integração crescente, a relação base – superestrutura perde sua acuidade // anterior. Quanto mais os sujeitos são

---

19 Ver Walter Benjamin, "*Brief an einen unbekannten Adressaten*", in: *Alternative*, ano 10, out./dez. 1967, caderno 56-57, p.203. – A carta de Walter Benjamin de 12 de junho de 1938 é destinada a Norbert Elias. – Em relação à polêmica da revista *alternative* contra Adorno como editor e intérprete de Benjamin, ver Adorno, *Interimbescheid* e a nota do editor in: Theodor W. Adorno, *Über Walter Benjamin. Aufsätze, Artikel, Briefe. Revidierte und erweiterte Ausgabe*, ed. Rolf Tiedemann, Frankfurt a. M., 1990, p.91-6.

presas da sociedade, quanto mais intensa e completamente eles são determinados pelo sistema, tanto mais o sistema se conserva não apenas mediante a aplicação de coações aos sujeitos, mas até mesmo por intermédio deles. Nesse sentido a teoria da evolução de Spencer seria confirmada de uma forma que só pode ser irônica e que ultrapassa de longe o que ele mesmo poderia imaginar. Nisso naturalmente pode se apoiar de maneira muito cômoda a ideologia segundo a qual tudo depende unicamente das pessoas. Os sujeitos são hoje como se fossem momentos negativos; como toda ideologia, eles se movem com mais lentidão e dificuldade do que as relações econômicas e as forças produtivas, e a sociedade se preserva precisamente por meio dessa capacidade inercial dos sujeitos. Certa vez eu cheguei mesmo a afirmar que em grande medida hoje em dia os sujeitos representam uma parte da ideologia[20] e não vejo nenhum motivo para mudar essa formulação. De certo modo ela corresponde a uma outra muito anterior, provavelmente de Horkheimer, segundo a qual a Psicologia ou a composição psíquica dos homens individuais se converte no "cimento"[21] que mantém coesa a sociedade integrada também no que se refere

---

20 Adorno escreveu na *Negativen Dialektik* (*Dialética negativa*): "Reanimar a ontologia por meio de uma intenção objetivista, tem como base o que é francamente incompatível com seu conceito: que em grande medida o sujeito se tornou ideologia, ocultando o nexo funcional objetivo da sociedade e amenizando o sofrimento dos sujeitos na mesma. Nesta medida, e não só a partir de hoje, o não-eu encontra-se preestabelecido de maneira drástica diante do eu" Adorno, GS 6, p.74.

21 É provável que essa formulação frequentemente usada por Horkheimer (ver Adorno, GS 10-2, p.722) seja de Erich Fromm (1900-1980), que no início da década de 1930 trabalhava no esboço de uma Psi-

ao seu lado subjetivo. Os trabalhos do Instituto de Pesquisa Social que se voltaram sobretudo à investigação e crítica da ideologia participaram propriamente de modo essencial nesse "cimento". Portanto, é possível perceber que o tema da psicologia social conforme nosso ponto de vista, ou seja, como instrumento ou momento das relações de produção, não só tem sua razão de ser em uma teoria crítica, mas praticamente íntegra. Poderíamos afirmar que, em sua conformação vigente, o sujeito é ambas as coisas: de um lado, ideologia, justamente porque ele não é decisivo e simplesmente porque se sentir como sujeito nessa sociedade // já é algo ilusório; de outro, contudo, é o potencial, o único potencial por meio do qual essa sociedade pode se transformar, em que se acumula não só toda a negatividade do sistema, como também tudo o que aponta para além deste em sua forma vigente. Afirmei que, apesar disso, devemos nos ater ao primado da objetividade; contudo é preciso acrescentar que o conhecimento da reificação da sociedade não deve, por sua vez, ser reificado a ponto de impedir pensamentos que se subtraiam ao encanto da reificação – caso contrário incidimos em um pensamento mecânico. Cabe à essência da Sociologia referir-se à relação entre o sistema e os homens. Quero ainda demonstrar a relevância dessa questão a partir de um problema que a rigor caberia à pesquisa social empírica, mas ao qual, por motivos que provavelmente não

---

cologia social analítica. Investigava sobretudo "a função das forças da libido humana, que formam o cimento sem o qual a sociedade não se conserva coesa e que contribuem para a produção das grandes ideologias sociais em todas as esferas culturais". Erich Fromm, *Über Methode und Aufgabe einer analytischen Sozialpsychologie*, in: *Zeitschrift für Sozialforschung*, ano I, 1932, caderno I/2, p.50.

preciso alongar, foi dedicada até agora muito pouca atenção. Todos nós em certa medida tomamos como ponto de partida que a indústria cultural, que deve incluir todas as forças da integração social em um sentido muito amplo, efetivamente produz, cunha ou ao menos conserva os homens tal como eles são. Mas há nisso realmente algo de dogmático, algo de não comprovado; e, se de fato pude aprender algo a partir dos desenvolvimentos do último ano, é que essa identidade entre estímulos objetivos e estruturas objetivas da consciência que efetivamente marcaram os homens, não pode ser simplesmente atribuída ao comportamento dos homens. A meu ver, a tarefa mais importante da pesquisa social empírica hoje seria descobrir realmente até que ponto os homens efetivamente são e pensam nos termos em que são formados pelos mecanismos. A partir de trabalhos feitos no Instituto de Pesquisa // Social,[22] que lamentavelmente ainda não pudemos aprofundar tanto quanto seria necessário, temos elementos que indicam a existência de uma curiosa ambiguidade. Isto é, que, de um lado, os homens se subordinam aos mecanismos da personalização como estes são promovidos pela indústria cultural – quero lembrar apenas o papel de Soraya e Beatriz. Mas, ao mesmo tempo, basta avançar um pouco além da superfície, sem precisar recorrer a entrevistas profundas, pois é muito

---

22 Adorno se referia à pesquisa: "Zur Rezeption rechtsextremer Propaganda" ["A recepção da propaganda de extrema direita"] então iniciada no *Institut für Sozialforschung* sob o impacto dos êxitos eleitorais do NPD, o Partido Nacional Alemão. As pesquisas seriam concluídas em 1972 e foram publicadas em Ursula Jaerisch, *Sind Arbeiter autoritär? – Zur Methodenkritik politischer Psychologie*, Frankfurt a. M., Köln, 1975.

fácil constatar isso, todos os homens a rigor sabem que a princesa Beatriz, a senhora Soraya etc., não têm toda essa terrível importância. Se isso de fato ocorrer, se os homens efetivamente são envolvidos, mas simultaneamente também não o são, se portanto há aqui uma consciência duplicada e em si mesma contraditória, isso poderia ser a base de apoio do esclarecimento social que é necessário diante do fenômeno da personalização, que evidentemente é apenas parte de um contexto muito mais amplo, para esclarecer as pessoas de maneira exitosa de que o fundamental que lhes é imposto na sociedade – inclusive as chamadas *images*, as imagens públicas dos políticos – na realidade nem de longe têm a relevância que lhe é imputada. Aqui é possível perceber que também para uma sociologia crítica as possibilidades de uma análise sociopsicológica são essenciais e, pelos motivos apontados, não se pode prescindir da psicologia social.

Senhoras e senhores: praticamente chegamos ao fim. Posso dizer apenas que de novo naturalmente nem de longe eu quis (sic) dizer tudo o que pretendia. Isso se deve também ao fato de termos perdido mais horas do que o desejado. De outro lado, entretanto, ao encarar // uma série de problemas com menos ingenuidade, uma introdução pode apenas estimulá-los no sentido de refletir acerca desses. Além disso, eu já havia exposto o motivo pelo qual não apresentei uma visão panorâmica completa do assunto.

Quero ainda dizer algumas palavras acerca de um assunto acadêmico. Refere-se ao que ocorreu em relação ao meu colega Stern.[23]

---

23 Adorno relatou esse acontecimento em uma carta dirigida a Jacob Taubes em 11 de julho de 1968 e escrita após oferecer o presente

Quero antes informar que anos atrás o senhor Stern me atacou de maneira incisiva como teórico marxista da literatura. Gostaria de acrescentar que a seguir, voluntariamente, o senhor Stern se desculpou comigo por essas agressões[24] comportando-se com a maior lealdade, pelo que merece meu maior respeito. Quero dizer ainda que evidentemente entre mim e as concepções do senhor Stern existem diferenças fundamentais que são totalmente transparentes e, além disso, que as diferenças entre mim e o seu professor Staiger[25] são tão extremas que – eu diria mesmo – excluem inclusive a possibilidade de uma discussão entre nós. Uma vez isso posto, creio que os métodos, ou seja, que não se permita a um professor acadêmico a possibilidade de expressar livremente seus pensamentos e de defender seus pontos de vista acadêmicos, constitui algo incompatível com ausência de repressão, com emancipação e com autonomia. E penso que justamente em decorrência das diferenças temáticas existentes nesse caso, tenho legitimidade especial para lhes dizer, e inclusive pedir, que esse tipo de ataque seja evitado na luta pela reforma da Universidade e também na luta pela transformação social. Sem querer me intrometer, não posso porém me identificar

---

    curso: "Eu próprio tive uma experiência horrível quando em minha última aula protestei contra a maneira brutal com que, aos berros, o germanista Stern, com o qual sabe Deus que não concordo, foi impedido de dar aula".

24 Martin Stern (nascido em 1930 em Zurique), a partir de 1967 professor de alemão na Universidade de Frankfurt, polemizou em 1962 na revista *Schweizer Monatshefte* (ano 41, março de 1962, caderno 12, p.1326ss.) contra os ensaios *Jene zwanziger Jahre* e *Voraussetzungen. Aus Anlaß einer Lesung von Hans G. Helms* de Adorno. No início de 1966, por ocasião de uma conferência de Stern, os dois se encontraram, em decorrência do que Stern se desculpou por seus ataques anteriores em uma carta de 18 de janeiro de 1966.

25 O historiador da literatura suíço Emil Staiger (1908-1987), heideggeriano e principal representante da chamada "interpretação imanente", lecionou a partir de 1943 na Universidade de Zurique.

com essas coisas, e nisso meu ponto de vista se identifica ao que Habermas também desenvolveu nas teses[26] que se tornaram famosas [*Fortes assobios*]. Creio que eu seria ... bem, senhoras e senhores [*Assobios fortes e prolongados*], senhoras e senhores, ... lamento muito, mas quando pontos de vista que por algum motivo não nos agradam são silenciados mediante assobios, // isso contraria o conceito de discussão, e creio ter conquistado o direito de discutir com os senhores acerca de tais coisas e de não me submeter a tais meios de protesto. É sabido que eu – sabe Deus – jamais me furtei à discussão de quaisquer dessas coisas, e não pretendo fazê-lo agora, mas então precisamos discutir realmente e não procurar eliminar essas questões mediante a simples manifestação do desagrado. Mas, seja o que for, eu lhes agradeço muito pela atenção demonstrada durante esse curso e principalmente por terem-se mantido fiéis a este curso em tão grande número, apesar das condições climáticas difíceis, seja no sentido da política universitária, seja no sentido físico do clima, e lhes desejo boas férias.[27]

---

26 Ver Habermas, *Die Scheinrevolution und ihre Kinder*, op. cit.; ver também a nota 1, 9ª Aula {11.6.1968}.

27 Em outra correspondência escrita após o término do curso e dirigida a Hellmut Becker em 11 de julho, Adorno afirma em retrospecto do semestre: "Na próxima semana, por fim férias. Passei pelo semestre bem melhor do que poderia imaginar; todos os aborrecimentos por que passei fazem parte do plano que denomino desgraça passada".

Posfácio do editor alemão

A *Introdução à Sociologia* é o último curso oferecido por Adorno e o único cujas gravações em fita foram conservadas por completo. Isso foi decisivo para motivar a decisão do *Theodor W. Adorno Archiv (Arquivo Theodor W. Adorno)* de privilegiar esse curso diante de outros mais importantes e de iniciar por ele a parte IV das *Nachgelassene Schriften* [Escritos póstumos], em que está prevista a publicação de quinze cursos de Adorno. Sem que isso implique superestimar o valor das gravações em fita, a conservação destas representou, contudo, a possibilidade de iniciar uma edição abrangente dos cursos de Adorno com uma autenticidade documentada de seu estilo como professor, nem sempre presente de modo tão detalhado nas transcrições já disponíveis sem a possibilidade da comparação com os registros gravados. Desde o semestre de inverno de 1957-58, quando ofereceu um curso sobre a "Teoria do Conhecimento" (*Erkenntnistheorie*), Adorno mandou transcrever seus cursos a partir de gravações em fita, para poder utilizá-los em trabalhos posteriores. Ele próprio jamais pensou em publicar tais transcrições, tão grande lhe parecia ser a diferença entre a palavra escrita e a palavra falada. Mas não foi apenas o fato da conservação em arquivo do registro em fita que motivou o *Theodor W. Adorno Archiv* a começar a publicação dos cursos mediante a *Introdução à Sociologia*. Como resumo de décadas de seu trabalho sociológico, o presente curso oferece ao mesmo tempo uma introdução à Teoria Crítica da Sociedade que Adorno representou nas décadas de 1950 e 1960 e de cujo desenvolvimento participou de modo decisivo. Justamente o curso de Sociologia centrado em torno à crítica do positivismo demonstra de maneira exemplar o que foi a razão de ser da Teoria Crítica: seu "vínculo interno", seu resoluto impulso vital, foi a exigência "de um desenvolvimento e inter-relacionamento dialético de teoria filosófica e práxis científica específica", feita programaticamente por Max Horkheimer no início da década de 1930 para o *Institut für Sozialforschung* e com o qual Adorno se comprometeu em todos os seus trabalhos.

A afirmação de Adorno segundo a qual o registro em fita constitui "a impressão digital do espírito vivo", a tentativa de "fixar firmemente" a "palavra efêmera", ela própria um sintoma do "mundo administrado" (ver Adorno, *Gesammelte Schriften*, 20-I, p.360), e, de outro lado, o compromisso diante das palavras registradas de não falsificar a exposição livre em sua forma muitas vezes improvisada, inopinada, impuseram problemas editoriais não desprezíveis. A ideia um pouco vaga evocada pelo discurso da exposição "livre" pôde no caso de Adorno se tornar mais concreta por meio dos apontamentos manuscritos de que se servia como referência: eles não ultrapassam mais do que nove páginas de um bloco de papel com linhas no formato A4, das quais quatro se encontram anotadas dos dois lados. Qualquer tentativa de reduzir a distância entre palavra falada e palavra escrita conforme a caracterização feita por Adorno implica um dilema casuístico: torna mais imprecisa uma delas sem conseguir conferir plenitude à outra. A oportunidade única de poder através dos registros em fita ouvir novamente a exposição em sua linguagem falada – de que dependeu a articulação sintática de muitas das sentenças da transcrição – deveria ser aproveitada mesmo diante do risco de dificuldades de linguagem provocadas por construções incomuns na formação de sentenças, com cuja compreensão o leitor depara de modo inesperado em textos escritos. Também em questões específicas se seguiu esse procedimento geral: a base para a elaboração foi formada por um nova transcrição fiel dos registros fonográficos, que incluíram todas as observações referentes a assuntos acadêmicos, técnicos e relativos ao Instituto. As correções efetuadas procuram preservar o caráter da exposição livre, mesmo quando no alemão escrito os procedimentos seriam diferentes, ou seja, foram mantidos posicionamentos não usuais de palavras e de construções de sentenças, bem como repetições que retomam algum "fio" ou que se destinam a alguma ênfase específica. A articulação da exposição oral exigiu paralelamente à função gramatical dos sinais de pontuação, inclusive a utilização destes por determinação retórica: o uso frequente de hífens, dois-pontos e vírgulas, para incorporar em uma referida sentença acréscimos, eventuais objeções, considerações à margem, intervenções diretas dos ouvintes ou reflexões acerca da própria exposição. Correções formais de anacolutos contextualizados, a remoção de erros gramaticais inequívocos e que deturpam o sentido, a eliminação por vezes de repetições que não acrescentam nuances e dificultam desnecessariamente sentenças já em si pouco transparentes, foram implicitamente realizadas. Termos como "agora", "então", "ora", foram evitados quando usados repetidamente como meras expressões da fala, sem representar qualquer alteração de significado. Além disso acréscimos do editor são feitos entre colchetes [ ], quando se trata de complementações de palavras em lacunas motivadas por razões técnicas ou em passagens ininteligíveis que puderam ser superadas sem problemas. Em alguns poucos casos, uma interrogação após parênteses ( )? indica uma transcrição incerta baseada em má qualidade da gravação; uma pequena perda de texto que não pôde ser superada é indicada por três pontos entre colchetes [...]. Igualmente entre colchetes [ ] encontram-se manifestações e reações do auditório, por exemplo "Aplausos" ou "Risos", que não são reproduzidas por motivos relativos ao "clima", mas porque sempre interrompem o fluxo da exposição, e, por sua vez, provocam reações do expositor, levam a repetições e desse modo influenciam a exposição. Acréscimos de Adorno em citações encontram-se entre parênteses ( ). Foram mantidas peculiaridades da linguagem de Adorno, que aparecem em reiterada repetição, mesmo quando se distanciam do uso oficial. Títulos de obras e citações são destacados no texto com itálico e entre aspas.

As notas pretendem ser explicações temáticas relativas a nomes citados, obras e acontecimentos e em alguns casos em que uma situação complexa é mencionada apenas de passagem ou o que é pretendido pelo expositor não é suficientemente explicitado, procuram esclarecer a intenção dele por meio da indicação de trechos correspondentes nos escritos de Adorno. Nem sempre indicações ou alusões puderam ser comprovadas. Adorno teria manifestado satisfação diante das dificuldades da compulsão editorial por uniformidade e coerência – o que porém não converte em virtude a dificuldade editorial. Citações e títulos de obras de Adorno, inclusive trabalhos coletivos de que participou, encontram-se nas notas entre aspas e em itálico. O Sumário destina-se meramente à orientação do leitor e não pretende sugerir uma construção ou sistematização da obra que esta não possui.

O editor agradece a Ludwig von Friedeburg, Elisabeth Matthias e Elfriede Olbrich, do *Institut für Sozialforschung* de Frankfurt, pelas numerosas informações e por sua grande disposição em colaborar.

C. G.
Março de 1993

Os escritos de Adorno são citados conforme a edição das *Gesammelte Schriften (GS)*, editada por Rolf Tiedemannn em colaboração com Gretel Adorno, Susan Buck-Morss e Klaus Schultz, Frankfurt a. M., 1970ss.

Aos números dos volumes citados correspondem os seguintes escritos:

GS 3: Max Horkheimer e Theodor W. Adorno, *Dialektik der Aufklärung. Philosophische Fragmente*. 2. Auflage, 1984

GS 4: *Minima Moralia. Reflexionem aus dem beschädigten Leben*. 1980

GS 5: *Zur Metakritik der Erkenntnistheorie/Drei Studien zu Hegel*. 3. Auflage, 1990

GS 6: *Negative Dialektik/Jargon der Eigentlichkeit*, 4. Auflage, 1990

GS 8: *Soziologische Schriften* . 3. Auflage, 1990

GS 9.2: *Soziologische Schriften II. Zweite Hälfte.* 1975

GS 10.1: *Kulturkritik und Gesellschaft I: Prismen/Ohne Leitbild.* 1977

GS 10.2: *Kulturkritik und Gesellschaft II: Eingriffe/Stichworte/Anhang.* 1977

GS 11: *Noten zur Literatur.* 3. Auflage, 1990

GS 13: *Die musikalischen Monographien*. 6. Tsd. (3. Auflage), 1985
GS 14: *Dissonanzen/Einleitung in die Musiksoziologie*. 3. Auflage, 1990
GS 16: *Musikalische Schriften I-III. Klangfiguren/Quasi una fantasia/ Musikalische Schriften III*. 2. Auflage, 1990
GS 18: *Musikalische Schriften V*. 1984
GS 20.1: *Vermischte Schriften I*. 1986
GS 20.2: *Vermischte Schriften II*. 1986

Índice onomástico

O índice de nomes citados contempla o texto do curso, as notas e o Posfácio da organização editorial. Registros indiretos têm menção igual. Os números de páginas em itálico referem-se às notas.

A
Abendroth, Wolfgang 116, *116*
Adorno, Gretel *157*
Albert, Hans 54, 104, *105*
Aristóteles 69, *69*, 232
Aron, Betty *189*
Auerbach, Erich 277, *277*
B
Bachmann, Josef *133*
Bauer, Fritz 275, *275*, 276
Baumert, Gerhard *186*
Beatriz, rainha da Holanda 344
Becker, Hellmut *346*
Benjamin, Walter 26, 75, 76, *76*, 216, 339, 340, *340*
Birnbaum, Norman *322*
Blair, Eric ver *George Orwell*
Blind, Adolf 278, *278*, 279,
Bloch, Ernst 216

Bluntschli, Johann Caspar 104, *104*
Böll, Heinrich *181*
Bolin, Wilhelm *199*
Borkenau, Franz 242, *242*
Brecht, Bertolt 111, *111*, 112, *112*
Buck-Morss, Susan 357
C
Carnap, Rudolf 80, 117, *117*
Comte, Auguste 53, 56, 57, 58, 59, 60, 61, 62, 65, *65*, 66, 67, 122, 147, 148, 201, 236, 237, 300, *300*, 301, 302, *302*, 303, 311, *313*, 324, *324*
Coser, Lewis A. 172, *172*, 174
Croce, Benedetto 277, *277*
D
Dahrendorf, Ralf *41*, 48, *61*, 84, *84*, 172, *172*, 174, 201, *201*
Décamps, Jacques *147*, *148*
Descartes, René *54*, 230, 276

Dilthey, Wilhelm *143*, 212, *212*
Dirks, Walter *55*
Dorn, Valentine *57*
Durkheim, Emile 33, *53*, 115, *115*, 116, 117, *117*, 118, 119, 123, *123*, 140, 195, 196, 197, *197*, 198, *198*, *199*, 201, *201*, 202, 207, 218, 235, 238, 256, *256*, 268, *268*, 273, *273*, 274, 280, 291, 337, *338*,
Dutschke, Rudi 133, *133*

E

Elias, Norbert *340*
Engels, Friedrich 89, *110*, *157*, *174*, *213*, *274*, *324*, *331*, *337*
Enzensberger, Hans Magnus *181*
Euchner, Walter *332*

F

Feuerbach, Ludwig 199, *199*, *337*
Fichte, Immanuel Hermann *46*
Fichte, Johann Gottlieb 165, *165*, 247, *247*
Ford, Henry *334*
Frenkel-Brunswik, Else 189, 191, *191*, *339*
Freud, Anna *75*
Freud, Sigmund 75, *250*, 264, 265, *265*, 267, *267*, 268, 269, 270, *270*, 271, *271*, 272, 273, 278,
Freyer, Hans 183, *183*, *312*, *312*
Friedeburg, Ludwig von 45, *45*, *83*, *133*, *252*, *332*, *351*
Frings, Manfred *53*
Fromm, Erich *341*, *342*

G

Gehlen, Arnold *176*, 254, *254*
Goethe, Johann Wolfgang von 50, *50*, *165*, *334*
Grassi, Ernesto *276*, *276*
Groethuysen, Bernhard *212*
Guttman, Louis 188, *189*

H

Habermas, Jürgen 94, *94*, 105, *105*, *143*, *155*, *181*, *182*, 203, 293, *293*, 297, 328, *328*, 332, *332*, *345*, 346
Hawthorne-Untersuchung ver *Elton Mayo*
Hecht, Werner *111*
Hegel, Georg Wilhelm Friedrich 56, *56*, 59, *59*, 65, *65*, 66, 71, *71*, 72, *72*, 85, *85*, 132, 141, *141*, 157, *157*, 165, *165*, 169, 173, 208, 210, 213, *213*, 248, 252, *252*, 260, 268, 272, 302, *324*, 326
Heidegger, Martin *193*
Helms, Hans G. *345*
Herberger, Lothar *147*, *178*
Herlitschka, Herberth E. *154*
Hertz Levinson, Maria *189*
Hobbes, Thomas 231
Hörlemann, Jürgen *83*
Horkheimer, Max 18, 25, 29, 154, *154*, 194, *219*, *237*, *242*, *264*, 277, *277*, 315, *341*, *341*
Hübner, Peter *83*
Husserl, Edmund *143*
Huxley, Aldous 154, *154*

I

Ibsen, Henrik 247, *247*

J

Jaerisch, Ursula 116, *116*, *172*, *342*
Jodl, Friedrich *199*
Jung, Carl Gustav 268, *268*

K

Kaiser, Joachim *182*
Kant Immanuel *172*, *172*, 175, 184, *184*, 200, *200*
Kluth, Heinz 42, *42*
Knopf, Jan *111*
König, René *53*, *99*, *245*, *316*
Koepnick, Giselheid *186*

Korsch, Karl 112, *112*
Krakauer, Siegfried 216
Kuhr, Irma 186
Kulenkampff, Arend 145, *145*, 205
Kunst, Hermann 95

L

Lacan, Jacques 250, *250*
Lasswell, Harold D. 217, *217*, 218, *218*, 219
Lazarsfeld, Paul F. 185, *185*, 314, *314*, 315, *315*.
Leibniz, Gottfried Wilhelm 54, 184, *184*, 220
Leites, Nathan *218*
Levinson, Daniel J. *189*
Lévi-Strauss, Claude 250, *250*
Likert, Rensis 188, 227, 228
Locke, John 332, *332*
Löwe, Adolf 73, *73*
Luckmann, Thomas 143, *143*
Luhmann, Niklas *198*
Lukács, Georg 193, *193*
Lundberg, George A. 202, *202*
Lynd, Helen M. 233
Lynd, Robert S. 161, 233, *233*

M

Mach, Ernst 80, *81*
Mannheim, Karl
Mann, Thomas
Maquiavel, Nicolau 277, *277*
Marx, Karl
Matthias, Elisabeth 351
Maus, Heinz 116
Mayo, Elton 150, *150*, *303*, 304
Merton, Robert 84, *84*, 251, *251*
Mills, Charles Wright 321, 322
Mitscherlich, Alexander *133*, *181*, 319, *319*
Montesquieu, Charles Secondat de 333, *333*

Moreno, Jacob Levy 244, *244*
Morrow, William *189*
Münsterberg, Hugo 200, *200*
Mussolini, Benito 69

N

Negt, Oskar 66, 302
Neumann, Franz 130, *130*
Neurath, Otto 80
Nietzsche, Friedrich 81, *81*, 100, *100*
Noelle-Neumann, Elisabeth 192
Nunberg, Hermann 152, *152*

O

Oehler, Christoph 332
Olbrich, Elfriede 351
Orwell, George 154, *154*

P

Pareto, Vilfredo 63, *63*, 68, 69, *69*, 70, 217, *217*, 235, 300
Parsons, Talcott 53, *54*, 238, *238*, 251, *251*, 263, *263*
Platão 232, 235, 299, *299*
Popper, Karl 94, *95*, 105, *105*, 165, 225, *225*, 244, *244*, 293
Pross, Helge 104, *104*

R

Rammstedt, Otthein 170
Rickert, Heinrich 200, *200*, *330*
Rolfes, Max 185
Rüegg, Walter 181

S

Saint-Simon, Claude Henri de 59, 66, *66*, 67, 147, 148, 201
Salomon-Delatour, Gottfried 231, *231*
Sanford, R. Nevitt *189*
Saussure, Ferdinand de *250*
Schachter, Stanley 243, *243*
Scheler, Maria 199
Scheler, Max 52, *52*, *53*, 199, *199*
Schelling, Friedrich Wilhelm Joseph 46, 247

357

Schelsky, Helmut 99, 101, *101*, 142, *142*, 152, *152*, 186, *186*
Scheuch, Erwin K. *41*, 82, *82*, 99, *100*, *105*, 131, *131*, 201, *201*, 245, *245*, *246*, 247, 259, 260, *260*, 320
Schlechta, Karl 81
Schlick, Moritz 80, 81, *81*
Schmid Noerr, Gunzelin 80
Schmidt, Alfred 80
Schmoller, Gustav von 280, *280*
Schröter, Manfred 46
Schütz, Alfred 143, *143*
Schultz, Klaus 357
Silbermann, Alphons 221, *221*
Simmel, Georg 26, 42, 170, *170*, 171, *171*, 172, *172*, 173, *173*, 174, 175, 235
Smith, Adam *174*
Sombart, Werner 42, 284, *284*
Soraya 344
Spencer, Herbert 90, *90*, 122, 123, *123*, 125, *125*, 236, 238, *238*, 239, 302, 303, *303*, 304, *304*, 341
Spinoza, Baruch de 230, 276
Staiger, Emil *345*, 345
Steinmetz, Rudolf *164*
Stern, Martin 343, 345, *345*
Sumner, William Graham *114*, 116
Szondi, Peter 62

T

Tarde, Gabriel 239, *239*
Taubes, Jacob *343*
Taylor, Frederick Winslow 150
Teschner, Manfred 139, *139*
Thurstone, Lewis L. 188

Tiedemann, Rolf 76, *340*, 357
Trotski, Leon 339
Trubetzkoj, Nikolaj 250, *250*

U

Unseld, Siegfried *181*

V

Valat, P. 57
Veblen, Thorstein 103, *103*, 208, *208*, 305, *305*, 329, *329*,
Vetter, B. 90
Vico, Giambattista 70, 276, *276*, 277, *277*
Vierkandt, Alfred *170*
Vischer, Friedrich Theodor 260

W

Wagenseil, Kurt *154*
Walser, Martin *181*
Weber, Alfred 300
Weber, Max 33, *42*, 93, *93*, 102, *102*, 159, *159*, 171, *195*, 196, *196*, 197, *197*, 198, *198*, 199, *199*, 207, 208, 211, *211*, 213, 218, 235, 247, 251, 252, 253, *253*, 254, 255, 256, *256*, 257, 260, *260*, 261, *279*, 280, *280*, 281, 282, 283, 284, *284*, 285, *285*, 286, 287, *287*, 288, 289, 307, 321, 326, 337, 338
Weltz, Friedrich 322
Wertheimer, Max 289, *289*
Wiese, Leopold von 42, 170, *170*
Windelband, Wilhelm 200, *200*, *330*
Witte, Karsten *218*
Wittgenstein, Ludwig 71, *71*
Wyatt, Frederick 113, *113*

SOBRE O LIVRO

Formato: 14 x 21 cm
Mancha: 23 x 44 paicas
Tipologia: Venetian 301 12,5/16
Papel: Pólen Soft 80 g/m² (miolo)
Cartão Supremo 250g/m² (capa)
1ª edição: 2008

EQUIPE DE REALIZAÇÃO

Edição de Texto
Claudia Abeling (Preparação de original)
Agnaldo Oliveira, Maria Silvia Mourão Netto
e Rosani Andreani (Revisão)

Editoração Eletrônica
Eduardo Seiji Seki (Diagramação)

Assistência Editorial
Olivia Frade Zambone

MUNDIAL**GRÁFICA**
www.mundialgrafica.com.br